SABEDORIA
É
DEDICAÇÃO

SABEDORIA É DEDICAÇÃO

APRENDA. PRATIQUE. REPITA.

RYAN HOLIDAY

TRADUÇÃO
ANDRÉ FONTENELLE

intrínseca

TÍTULO ORIGINAL
Wisdom Takes Work: Learn. Apply. Repeat.

PREPARAÇÃO
Ilana Goldfeld

REVISÃO
Luana Luz de Freitas
João Guilherme Rodrigues

ADAPTAÇÃO DE PROJETO GRÁFICO E DIAGRAMAÇÃO
Julio Moreira | Equatorium Design

DESIGN DE CAPA
Jason Heuer

IMAGEM DE CAPA
Coruja de mosaico: De Agostini
Borda: Getty Images, Repina Valeriya

FOTO DO AUTOR
Dawson Carroll

CIP-BRASIL. CATALOGAÇÃO NA PUBLICAÇÃO
SINDICATO NACIONAL DOS EDITORES DE LIVROS, RJ

H676s
Holiday, Ryan, 1987-
Sabedoria é dedicação : Aprenda. Pratique. Repita. / Ryan Holiday ; tradução André Fontenelle. - 1. ed. - Rio de Janeiro : Intrínseca, 2026.
336 p. ; 21 cm.

Tradução de: Wisdom takes work
Sequência de: Faça o certo, faça agora : a justiça em um mundo injusto
Inclui índice
ISBN 978-85-510-1660-2

1. Sabedoria. 2. Virtudes. 3. Estóicos. I. Fontenelle, André. II. Título.

25-100846.1 CDD: 179.9
CDU: 179.9

Carla Rosa Martins Gonçalves - Bibliotecária - CRB-7/4782

[2026]

EDITORA INTRÍNSECA LTDA.
Av. das Américas, 500, bloco 12, sala 303
22640-904 – Barra da Tijuca
Rio de Janeiro – RJ
Tel./Fax: (21) 3206-7400
www.intrinseca.com.br

Não deixe ninguém adiar a buscar pela sabedoria na juventude ou renunciar a essa busca na velhice. Pois não há idade precoce ou tardia demais para uma alma sã. E dizer que a idade para o estudo da filosofia ainda não chegou ou que já passou é como dizer que o tempo da felicidade está por vir ou não existe mais.

EPICURO

SUMÁRIO

PARTE 2: AS SEREIAS (OS ROCHEDOS PERIGOSOS QUE VOCÊ DEVE EVITAR)

PARTE 3: A APOTEOSE (COMO TOCAR O DIVINO)

AS QUATRO VIRTUDES

Já faz muito tempo desde que Hércules chegou à encruzilhada.

Em um vale silencioso entre as colinas da Grécia, à sombra de pinheiros nodosos, o grande herói da mitologia encontrou seu destino pela primeira vez.

Ninguém sabe exatamente onde ou quando aconteceu. Ouvimos sobre esse episódio nas histórias de Sócrates. Podemos vê-lo retratado nas mais belas obras de arte do Renascimento e sentir o ímpeto crescente do herói, seus músculos robustos e sua angústia na cantata clássica de Bach. Se o desejo de John Adams tivesse sido cumprido em 1776, a cena de Hércules na encruzilhada teria sido imortalizada no brasão oficial dos então recém-fundados Estados Unidos.

Isso tudo porque, naquele momento, antes de sua fama imortal, antes dos doze trabalhos e antes de mudar o mundo, Hércules teve uma crise, tão real e transformadora quanto as crises que qualquer um de nós já enfrentou.

Para onde ele se encaminhava? Para onde estava tentando ir? Essa é a questão principal da história. Sozinho, anônimo e inseguro, Hércules, assim como tantos outros, não sabia.

De um lado da bifurcação, uma bela deusa ofereceu ao rapaz todas as tentações que ele poderia imaginar. Adornada com elegância, ela lhe prometeu uma vida tranquila e jurou que ele jamais passaria necessidade, nem sentiria infelicidade, medo ou dor. "Siga-me", disse ela, "e todos os seus desejos serão realizados".

Do outro lado, uma deusa com uma expressão mais severa, trajando um vestido branco, esperava-o. Fez uma proposta menos exuberante. Não prometeu recompensa, exceto as que resultariam do trabalho árduo. Explicou ao rapaz que seria um caminho longo. Que haveria sacrifícios e momentos assustadores, mas que se tratava de uma jornada digna de um deus, o percurso de seus ancestrais. Que ele se tornaria o homem que tinha nascido para ser.

A história é verdadeira? Aconteceu mesmo?

Se estamos falando só de uma lenda, tem alguma importância?

Tem, pois é uma história sobre nós.

Sobre nosso dilema. Sobre nossas encruzilhadas.

Hércules precisava escolher entre vício e virtude, entre o caminho fácil e o caminho difícil, entre a estrada trilhada por muitos e a estrada menos percorrida. Assim como todos nós.

Depois de apenas um segundo de hesitação, Hércules escolheu o caminho que fez toda a diferença.

Escolheu a virtude.

A palavra *virtude* pode soar antiquada. Na verdade, "virtude" — *areté* — tem uma tradução muito simples e atemporal: excelência. Moral. Física. Mental.

Na Antiguidade, a virtude possuía quatro atributos fundamentais.

Coragem.

Temperança.

Justiça.

Sabedoria.

O rei-filósofo Marco Aurélio os chamava de "os pilares da bondade". Milhões de pessoas os conhecem como as "virtudes cardeais", quatro ideais praticamente universais adotados pelo cristianismo e por boa parte da filosofia ocidental, mas também valorizados no budismo, no hinduísmo e em quase todas as filosofias que se possa imaginar. C. S. Lewis destacou que essas virtudes são chamadas de "cardeais" não porque tenham sido instituídas pela Igreja Católica, mas porque se originaram do latim *cardo*, ou dobradiça.

São coisas *essenciais*. Que abrem as portas para a boa vida.

Também são o tópico deste livro e desta série.

Quatro livros.[1] Quatro virtudes.

Um objetivo: ajudar você a escolher...

Coragem, bravura, resistência, fortaleza, honra, sacrifício...

Temperança, autocontrole, moderação, compostura, equilíbrio...

Justiça, equidade, serviço, companheirismo, bondade, gentileza...

Sabedoria, conhecimento, educação, verdade, autorreflexão, paz...

Esses atributos são o segredo para uma vida de honra, glória e *excelência* em todos os sentidos. Traços de personalidade que John Steinbeck descreveu muito bem como "agradáveis e desejáveis para [seu] possuidor e que permitem que ele realize atos dos quais possa se orgulhar e com os quais possa se sentir satisfeito". Aqui, porém, o *ele* quer dizer "toda a humanidade". No latim, a palavra *virtus* (virtude) não era feminina nem masculina, simplesmente *era*.

E ainda é. Não importa o gênero com o qual você se identifique. Não importa se você é fisicamente forte ou extremamente tímido, um gênio ou alguém de inteligência mediana. A virtude é universal. Continua sendo um imperativo universal.

Todas as virtudes são inter-relacionadas e inseparáveis, embora cada uma seja distinta das outras. Fazer a coisa certa quase sempre exige coragem, assim como é impossível atingir a disciplina sem a sabedoria do que vale ser escolhido. De que vale a coragem se não for aplicada à justiça? De que vale a sabedoria se não nos tornar mais modestos?

---

[1] Este é o livro 4. O livro 1 é *O chamado da coragem*; o 2, *Disciplina é destino*; e o 3, *Faça o certo, faça agora*.

Norte, sul, leste, oeste. As quatro virtudes são uma espécie de bússola — há um motivo por que os pontos cardeais são chamados assim. Elas nos orientam, nos mostram onde estamos e o que é verdade.

Aristóteles descreveu a virtude como uma espécie de ofício, algo que devemos buscar da mesma maneira que buscamos dominar uma profissão ou uma habilidade. "Nós nos tornamos construtores construindo e nos tornamos harpistas tocando harpa", escreve ele, "do mesmo modo, portanto, nos tornamos justos realizando ações justas, moderados realizando ações moderadas e corajosos realizando ações corajosas".

A virtude é algo que *fazemos.*

É algo que escolhemos.

Não uma só vez, pois a encruzilhada de Hércules não foi um acontecimento único. Trata-se de um desafio diário, que enfrentamos constante e repetidamente. Seremos egoístas ou abnegados? Corajosos ou temerosos? Fortes ou fracos? Sábios ou estúpidos? Cultivaremos um hábito bom ou ruim? A coragem ou a covardia? A felicidade da ignorância ou o desafio de uma nova ideia?

Permanecer o mesmo… ou crescer?

O caminho fácil ou o caminho correto?

INTRODUÇÃO

A finalidade da existência é o saber; e, caso se diga que a finalidade do saber é a ação... está certo, mas a finalidade dessa ação, mais uma vez, é o saber.

RALPH WALDO EMERSON

De todas as virtudes, a mais difícil de alcançar é a sabedoria. Ela é algo a que se aspira, que estamos sempre tentando adquirir.

No entanto, compreendemos que é quase certo que nunca vamos atingi-la, pelo menos não em sua plenitude. Na melhor das hipóteses, a verdadeira sabedoria é algo de que só é possível *se aproximar*. Apesar de uma vida inteira dedicada a ela, a cada instante ela nos escapa, distanciando-se um pouco mais a cada passo, como o horizonte inalcançável.

Essa mesma fugacidade se aplica à tentativa de definir a sabedoria. É óbvio que ela ultrapassa a simples inteligência, a posse de conhecimento e de informações, até o discernimento. É inteligência, intuição, experiência e educação, filosofia e compreensão prática, consciência e sagacidade, perspectiva, perspicácia e, sim, a "prudência" que na Antiguidade às vezes chamavam de sabedoria.

É tudo isso junto e, ainda assim, de alguma forma, muito mais.

Então você está me dizendo que não consegue definir o que é sabedoria nem como adquiri-la?

Isso mesmo. A vida é assim. Ela é complexa. Só um tolo acredita em fórmulas simples acompanhadas de um manual de instruções.

A sabedoria *dá trabalho*. Tal qual o amor, a felicidade e tudo aquilo que vale a pena, não se pode chegar à sabedoria por meio de truques e atalhos. Quem alegar que conhece um jeito fácil de obtê-la está mentindo, assim como é provável que seja o caso de quem alegar possuí-la.

Uma coisa que sem dúvida se pode afirmar a respeito da sabedoria é que ninguém nasce com ela.

No entanto, é inquestionável que as outras virtudes decorrem dela. Não por acaso, a sabedoria é chamada de "mãe de todas as virtudes". Aquele que não tem noção do risco pode ser considerado de fato corajoso? Sem a sabedoria, como saber se algo exige coragem? Não é um desperdício do autocontrole direcioná-lo para a coisa errada ou usá-lo de forma ineficiente? Por mais que se tenha um bom coração, sem competência, sem perspicácia e perspectiva, é certo que o esforço para ser justo vai malograr.

Poderíamos afirmar, então, que a sabedoria é ter ciência...

... do *que* fazer

... de *quando* fazer

... de *como* fazer.

A sabedoria é *ter ciência do que cada coisa é*.

É a capacidade de enxergar com nitidez o que está diante de si. É se aproximar da compreensão de como as coisas funcionam, de por que elas acontecem, do estado em que se encontram no presente e do que pode vir a ocorrer. Não se trata de um conhecimento enciclopédico de fatos ou de números, e sim de algo mais profundo e prático — afinal, Gandhi não virou o Mahatma por causa de seu profundo conhecimento jurídico.

Embora a sabedoria seja difícil de definir, esse não é o caso de seu oposto. Assim como a coragem é complexa, mas a covardia é simples, o mesmo ocorre com a sabedoria, virtude cuja fugacidade se opõe diametralmente à insensatez. Dá para reconhecer uma pessoa insana só de observá-la: sabemos que não queremos ser iguais a ela.

Assim como ninguém nasce sábio, ninguém nasce estúpido... ignorante, sim, mas continuar nesse estado é uma questão de escolha. Qual será a nossa?

Tanto a sabedoria como a insensatez são como aquelas assíntotas da matemática. Alguns de nós estamos mais longe do eixo que outros (alguns são mais inteligentes, outros são mais instruídos). Porém, como a função é infinita, as possibilidades também são. Sempre há algo a mais a aprender, a conhecer, a compreender a respeito do mundo e de si. O inverso também é verdadeiro: por mais estúpido que alguém pareça, sempre podemos nos surpreender, já que a estupidez humana também é infinita.

A busca pela sabedoria existe por uma razão essencial: precisamos dela. Tanto hoje como amanhã. A vida é um jogo para quem pensa. Um dia, surge na nossa frente uma decisão sobre o futuro; no dia seguinte, um dilema moral. Problemas complexos. Gente complicada. Situações confusas. Oportunidades ocultas.

Nessas ocasiões, grandes ou pequenas, ou você tem a sabedoria de que precisa, ou não tem. Ou terá acumulado experiência, conhecimento e compreensão, ou não. Ou terá estudado o suficiente, ou não. É nessa hora que descobrimos por que não há aprendizado sem esforço.

A sabedoria, portanto, é um indicador tardio de um trabalho realizado muito antes, o fruto cultivado de uma semente plantada tempos atrás. E, como nos ensinam os sábios da Antiguidade, só se colhe aquilo que se plantou.

ESTE É O CAMINHO

Sêneca conta a história de um romano pretensioso, mas preguiçoso. Ele queria impressionar os amigos instruídos, só que, em vez de passar várias horas lendo, comprou um grupo de escravizados cultos. Um deles recitava Homero de cor. Outro conhecia Hesíodo. Ele tinha um escravizado para Safo, outro para Píndaro e mais um para Simônides. Um para cada poeta grego antigo que um romano das classes altas precisava conhecer de cor e salteado.

Esse homem achava que ninguém jamais perceberia sua ignorância pois pedia àqueles homens que lhe soprassem frases nos jantares, e eles estavam à sua disposição sempre que precisasse pesquisar algo. Até que um amigo sugeriu a ele que fizesse aulas de luta livre. "Mas sou magro e frágil", retrucou o homem. "Não diga isso", provocou o amigo. "Veja só quantos escravos em plena forma você possui!"

Bem que nós gostaríamos que houvesse um jeito de conseguir tudo sem ter que fazer nada e ir direto à parte em que já "temos" o que queremos. Procuramos truques e jeitinhos, como se fosse possível ser sábio sem um tremendo esforço, sem uma vida inteira de estudo. Esse é um compromisso, como nos relembra Sêneca, impossível de delegar.

Tecnologia alguma pode fazer isso por você. Não existe aplicativo para isso. Nenhum professor é capaz de simplesmente fazer um download de tudo para seu cérebro. Nenhum guru pode levá-lo à iluminação, assim como nenhum xamã pode lhe ministrar tudo em dose única. O que importa não é aquilo com que você nasceu, e sim o que você *faz* com isso.

O caminho da sabedoria não é apenas acidentado, ele é repleto de monstros escondidos sob pontes, à espera para cobrar pedágios. É cheio de obstáculos. Há becos sem saída. Há poços de desespero. Há montanhas extraordinárias e maravilhas assustadoras. O percurso é longo. Nele, você vai encontrar gente pouco amistosa e ideias pouco agradáveis. Você será forte o suficiente para aguentar? Tem disposição para uma longa jornada? Ou quer que tudo seja prazeroso, organizado e fácil?

Mesmo que tenha uma aptidão natural, ou seja formado nas melhores escolas, você não detém a sabedoria. De acordo com Sêneca, há "muito trabalho pela frente; para concluí-lo, você deve dedicar todas as suas horas de vigília e todo o seu esforço".

Este livro, portanto, não é um livro a respeito da sabedoria, e sim desse esforço para cultivá-la. É uma tentativa de explicar os métodos de algumas das pessoas mais sábias que já viveram, assim como as armadilhas nas quais os tolos tropeçam. São métodos que nem sempre foram explanados pelos indivíduos citados. Os sábios quase nunca falam da própria sabedoria, e os tolos ignoram a própria estupidez. Entretanto, ambos nos deram algo melhor: seus exemplos.

Há milênios, a sabedoria é obra de grandes homens e mulheres, muito antes de Sócrates ter feito, como se diz, a filosofia descer dos céus. Analisaremos as ideias de Montaigne e Emerson (nossos guias neste livro) e ao mesmo tempo a arrogância e a estupidez de gente ignorante. Vamos examinar a sabedoria prática e paciente de Abraham Lincoln, contrapondo-a à imaturidade impulsiva de supostos gênios que, apesar do cérebro privilegiado, não conseguiram compreender muita coisa.

Acima de tudo, vamos investigar o esforço que fizeram — porque ninguém adquire sabedoria de graça.

Assim como as outras virtudes, a sabedoria é um subproduto de se ter feito a coisa certa, do jeito certo, no momento certo, não apenas uma vez, e sim com constância, ao longo da vida. É o resultado de um método, e mesmo assim nunca se consegue possuí-la de verdade.

O motivo é que *ela é o método*.

Não se trata tampouco de um método revolucionário, e sim das mesmas práticas, as mesmas perguntas que foram feitas e ações que foram realizadas desde que começamos a perambular por este planeta. São mentores e pupilos. É o estudo da história. É a leitura, muita leitura. É a busca por experiências. É devassar, descobrir, desmontar, discutir, debater e demandar respostas. É foco e observação. É evitar erros... e aprender com eles. É se avaliar. É questionar nossas premissas. É ser eternamente um aprendiz, por mais velhos e realizados que sejamos.

* * *

Os métodos podem ser simples. Porém, se você se mantiver fiel a eles pela vida inteira? No cotidiano, os benefícios podem ser modestos, mas ao longo da vida toda…

Podemos ficar mais sábios, porém nunca sábios.

Mais inteligentes, porém nunca inteligentes.

Mais próximos, porém nunca chegando *lá*.

A sabedoria está à disposição de qualquer um que queira adquiri-la.

A sabedoria não é confortável.

A sabedoria é uma batalha a ser vencida.

A sabedoria exige esforço.

A sabedoria vale a pena.

SABEDORIA
É
DEDICAÇÃO

PARTE 1

A AGOGÊ
(SEU CAMPO DE TREINAMENTO)

Nenhum homem jamais foi sábio por acaso.

SÊNECA

Temos que nos virar por conta própria. Ninguém pode nos dar educação. A decisão mais importante que se pode tomar na vida é se tornar e continuar sendo um aprendiz, não apenas na escola ou no trabalho como também durante toda a vida. Há um motivo pelo qual as pessoas sábias falam tão pouco sobre a sabedoria. Elas estão ocupadas demais buscando-a, pois ainda se veem como aprendizes. Uma boa educação nos incute uma boa moral, boas ideias e bons hábitos, ou seja, o conjunto de habilidades que nos permite aprender tudo aquilo que o mundo é capaz de ensinar. Aquilo que armazenamos no cérebro, sobretudo desde cedo, mas também no dia a dia, forma uma espécie de conta bancária, da qual poderemos fazer saques no futuro. A prática que adotamos hoje vai nos sustentar... ou nos destruir. É preciso se tornar aprendiz da história, da humanidade. É preciso cultivar a capacidade de ouvir, de observar, de aprender. É preciso aguçar um senso poderoso de curiosidade, um desejo insaciável de adquirir conhecimento. Traçar nossa rota de estudos exigirá uma disciplina imensa e coragem considerável. Vamos começar.

UMA EDUCAÇÃO BASTANTE INCOMUM...

Como descendente de uma família nobre, Michel de Montaigne deveria ter passado a juventude cercado de serviçais e paparicado em meio ao luxo. Em vez disso, seus pais o mandaram para morar com uma família de camponeses da região — não por negligência, e sim para lhe dar algo que em casa ele não poderia ter. A maioria das crianças ricas do século XVI era entregue a amas de leite e babás. Montaigne, com a enorme propriedade que carregava seu sobrenome ainda ao alcance da vista, mas a um mundo de distância, foi, em suas palavras, "formado pela fortuna sob as leis das pessoas comuns e da natureza".

Foi um início atípico para uma educação atípica, que continuaria até o último suspiro de Montaigne, aos 59 anos.

Após esse período inicial no seio da família substituta, Montaigne foi levado de volta para casa, onde seu pai decretou que ninguém poderia falar outra língua além de latim perto do filho. Em vez do dialeto local, uma variante do francês, Montaigne foi criado no mundo de Horácio e Catão, acostumando-se com naturalidade à língua, tal qual ocorria na Antiguidade.

Até os moradores do vilarejo seguiram esse plano. Anos mais tarde, Montaigne ficou surpreso quando um deles se referiu de modo casual a uma ferramenta pelo nome em latim, uma prova de como o hábito se tornara arraigado. Como nenhum outro idioma era permitido ao alcance de seus ouvidos (seu tutor de latim era alemão e nem sequer falava francês), o menino absorveu a língua materna da filosofia com rapidez e sem sofrimento. Os romanos chegaram a Bordeaux pela primeira vez em torno do ano 60 a.C. Séculos depois, o império ruiu. Para Montaigne, porém, a *urbs aeterna* continuava eterna.

Em pouco tempo, Montaigne era mais fluente que seus pais e mais hábil que o tutor. "Quanto a mim", diria Montaigne mais tarde, "aos 6 anos não compreendia o francês melhor que um árabe".

Seria de se esperar que uma educação tão rígida e direcionada, para não dizer estranha, fosse infeliz. Montaigne teve sorte, pois sua formação foi tão cheia de amor e ternura quanto desses experimentos. Ele aprenderia grego de um jeito um pouco mais tradicional, mas seu pai encarava a coisa toda como um jogo. Montaigne recordava o prazer de "rebater as declinações como bolas" com seus instrutores, e assim aprendia sem se dar conta. Relembrava que, durante as viagens do pai ao exterior, especialistas em educação o aconselharam a moldar a alma do filho "inteiramente por meio de gentileza e liberdade", que suas escolhas tinham que ser respeitadas e que ele precisava *gostar* de aprender. Seria de se espantar, então, que até o leito de morte Montaigne acreditasse que seu pai era o melhor que já existira?

Apenas duas vezes na vida Montaigne foi castigado fisicamente (de leve, como ressalvou), algo que até hoje muitas crianças não podem dizer e que também era a realidade de poucas no século XVI. Quase todas as manhãs, ele era acordado não por pais exigentes ou por um mestre sisudo, e sim por lindas melodias executadas por músicos contratados pelo pai. Era uma forma de ensinar música ao filho, mas também um jeito de resolver uma preocupação comovente: seu pai acreditava que sobressaltar o "cérebro frágil" das crianças, acordando-as com um grito ou um safanão, beirava a crueldade.

Aos 7 anos, Montaigne lia Ovídio por diversão, já cansado das histórias complacentes para crianças. Contudo, ele não era um simples rato de biblioteca. Na casa dos Montaigne, tudo representava uma oportunidade de aprender... até as travessuras e os erros eram material para discussão e lições. Tudo era elaborado para "servir como um excelente livro", cada situação proporcionava um ensinamento, até "uma desonestidade de um pajem, uma estupidez de um criado ou uma frase à mesa" eram uma oportunidade de discutir, debater, analisar. Tudo podia ser questionado. Cada ideia era remontada à sua origem. Recorria-se aos grandes pensadores, em busca de conselhos e respostas, mas nem eles estavam isentos de questionamentos. "Passe tudo pela peneira", diria Montaigne sobre como educar uma criança, "e não aloje nada em sua mente apenas por meio da autoridade ou da fé".

Montaigne foi ensinado a não ser severo demais diante de erros e incentivado a assumir aqueles que cometesse. O mais importante a transmitir às crianças, disse ele a respeito da verdadeira lição que havia aprendido na juventude, era que "confessar um erro no próprio argumento, mesmo tendo sido o único a percebê-lo, é um ato de justiça e integridade, que são as principais qualidades que se buscam". Na família de Montaigne, a teimosia era um vício e a crença na própria infalibilidade ou superioridade era o único equívoco digno de vergonha.

A primeira vez em que Montaigne pisou em uma sala de aula (no Collège de Guyenne, que seu pai havia ajudado a fundar) deve ter sido um choque — estar de repente cercado por outros alunos, naquilo que chamam de "escola". Como é provável que Montaigne soubesse, a raiz dessa palavra é o termo grego para "lazer". Quanta distância há entre a etimologia e a realidade ontem e hoje.

Montaigne não apreciava o quanto ele e os colegas eram "abandonados à mercê do humor colérico e melancólico de um mestre de espírito perturbado". Havia deveres demais, os dias eram intermináveis; ele e os colegas achavam insuportável "submeter-se à tortura e à provação, catorze ou quinze horas por dia, como um estivador". Eram forçados a decorar, recitar e traduzir trechos, como se esses ruídos, sons e símbolos fossem substitutos da compreensão. É trágico, pensava Montaigne, porém não espantoso, quantas crianças odeiam ir para a escola, e mais triste ainda quantos professores odeiam seus alunos.

Assim como o pássaro carrega a comida no bico "sem sequer experimentá-la, para jogá-la dentro do bico de seus filhotes", disse Montaigne, "nossos professores vão pinçando a ciência nos livros e a seguram apenas com a ponta dos lábios, para cuspi-la e soltá-la ao vento". E os colegas capazes de repetir aquilo que haviam aprendido dos professores? Não passavam de papagaios. "Saber de cor não é saber", diria Montaigne mais tarde, "é conservar na memória o que lhe forneceram".

A escola ensinou-lhe o básico: matemática, lógica, poesia. No entanto, ele sonhava em poder tomar as rédeas dos próprios estudos e sentiu inveja quando descobriu que Sócrates deixava seus pupilos falarem mais do que ele.

Ao contrário do método adotado pela escola, o restante de sua educação na juventude foi *ativo*. Dança, equitação, manejo da lança, habilidades com instrumentos musicais, tudo lhe foi ensinado. Montaigne e os irmãos aprenderam a jogar tênis em sua versão francesa da época, o que era incomum, pois a educação física não era considerada importante. Montaigne brincou que muitos de seus colegas fariam bem em aprender *apenas* a jogar tênis, porque isso os pouparia da escola e pelo menos ajudaria a mantê-los em forma. Também seriam poupados, observou ele, da pretensão que vem com o sentimento de ser alguém instruído. Seja como for, ele não foi criado para ser um intelectual afetado, e sim um homem ativo e vigoroso.

O que salva muitas instituições de ensino são os professores. Por mais que sua educação convencional fosse frustrante e imperfeita, Montaigne foi abençoado com vários professores ótimos. Um deles, George Buchanan, fora morar em Bordeaux para fugir da perseguição religiosa. Futuro tutor de reis, ele estava bem longe de casa e pôde oferecer ao jovem Montaigne uma visão cosmopolita. Buchanan era apaixonado por teatro e encenava muitas peças na escola, o que levou aquele menino diferenciado à atuação.

Talvez fosse Buchanan o professor a quem Montaigne mais tarde atribuiu o incentivo ao hábito de leitura. Em uma época de livros caros e censura constante, esse professor compreendeu que a curiosidade de Montaigne não seria saciada pelo currículo escolar. Eles chegaram a um acordo: desde que cumprisse todos os deveres, Montaigne teria liberdade para pesquisar por conta própria. Dá para imaginar Buchanan incentivando seu aluno a ler esse ou aquele livro e até emprestando exemplares da própria biblioteca. "Fingindo nada perceber", disse Montaigne, agradecido, "ele abria meu apetite, deixando-me devorar esses livros às escondidas".

Também foi um golpe de mestre, pois Montaigne via que muitos dos colegas saíam da escola com ódio pela leitura.

Um dos livros que leu foi um belo exemplar da obra de Terêncio, editado pelo pensador Erasmo e comprado pelo próprio Montaigne aos 16 anos, em 1549. Até o fim da vida, ele leu e releu Terêncio, e achava impossível, cada vez que pegava o livro, "não encontrar nele alguma nova beleza e graça".

Montaigne completou os estudos na escola vários anos antes do previsto. Saiu-se bem. Sua experiência foi melhor que a da maioria. "Mesmo assim", disse ele, resumindo sua experiência na instituição, "continuava sendo a escola". O que ele tinha a mostrar, depois dos anos que passou lá? Nada, se comparado ao que adquirira em casa, onde aprendeu a amar aprender.

O objetivo da educação sempre foi atiçar a curiosidade, o desejo de compreender o mundo e nosso lugar nele. Com frequência, é justamente isso que acabamos perdendo.

Apesar de toda a herança que o rapaz viria a receber (uma lista que incluía propriedades enormes, uma vinícola e um castelo), esse foi o maior presente de todos. "Ele foi criado sob algumas das mais bizarras limitações já impostas a uma criança", comentou Sarah Bakewell, uma biógrafa de Montaigne, "e, ao mesmo tempo, recebeu uma liberdade quase ilimitada. Ele era um mundo em si mesmo".

Porém, em algum momento, como qualquer formando, Montaigne tinha que se tornar parte do mundo real. Seu pai sempre compreendeu que a educação do filho não era um simples fim em si mesmo, e sim uma preparação para que o jovem cuidasse dos negócios da família, exercesse cargos públicos, fosse um líder e contribuísse para a sociedade, mantendo acesa a tocha de valores que não muito tempo antes tinham se perdido em uma "idade das trevas". Talvez Montaigne preferisse continuar sendo um intelectual, mas a vida — e o pai — tinha outros planos.

"Ele deve à educação formal apenas os primeiros quinze ou dezesseis anos de sua vida", escreveria Montaigne mais adiante. "O restante se deve à ação." Todos vivenciamos essa transição, da escola à experiência, da sala de aula à escola da vida. A partir de então, Montaigne teria que encarar tudo que tinha lido (sobre a democracia grega, o Império Romano, os casos jurídicos de Cícero, o poder da Igreja medieval) não sob o brilho dos tempos áureos, e sim como parte do presente turvo e confuso.

Após estudar direito, Montaigne começou a trabalhar como magistrado no parlamento de Bordeaux. A função exigia que ele estudasse processos complexos e lidasse com diferentes tribunais. Naquela época, os magistrados eram selecionados e entrevistados de duas formas bem diferentes. Um método, usado até hoje, é avaliar o desempenho e a capacidade acadêmica do candidato ao testar seus conhecimentos. Um método mais simples era atribuir um processo ao futuro magistrado para julgá-lo e ver como ele se sairia, o que revelaria sua linha de raciocínio.

Esse último procedimento era superior, observou Montaigne, "embora ambos sejam necessários e tenham que estar juntos, porém o talento para o conhecimento deve ser menos apreciado que o talento para julgar. O julgamento pode prescindir do conhecimento, mas o conhecimento não prescinde do julgamento".

É muito provável que Montaigne tenha obtido o cargo por meio das relações de seu pai, mas, durante seus quinze anos na profissão, acabou chegando à conclusão de que conhecer a lei e *entender* a lei são dois processos bem diferentes. Ele aprenderia, como todas as grandes mentes do direito, que é a teoria que tem que se encaixar na realidade, e não o contrário, e que só as experiências autênticas e dolorosas ensinam o indivíduo a ter domínio da profissão.

Montaigne logo percebeu que muita coisa ficou de fora dos livros ao se deparar com as complexidades do coração humano ou analisar a ambiguidade de certos desfechos. Seus colegas não encaravam a profissão com tanta ponderação. Montaigne relatou seu horror ao ver um juiz, que ele sabia ser infiel à esposa, condenar um acusado pelo mesmíssimo crime e logo depois escrever um bilhete amoroso à amante.

Ano após ano nesse cargo, Montaigne foi aprimorando seu juízo: sobre o que motiva as pessoas, como identificar um mentiroso ou como chegar à verdade de uma questão. Por esse motivo, foi chamado para servir na corte do rei Carlos IX e, no fim da carreira jurídica, agraciado com a Ordem de São Miguel, na prática o equivalente francês ao título de cavaleiro.

A entrada no mundo real é um choque para todos os jovens. A transição do reino das ideias para o reino dos monarcas e dos tribunais criminais sempre será confusa e decepcionante. Contudo, a França em que Montaigne viveu e atuou devia parecer decadente.

Na geração anterior, Michelangelo havia pintado a Capela Sistina. Fernão de Magalhães havia feito a circum-navegação do globo. Copérnico havia tirado a Terra do centro do universo. O Renascimento tinha florescido, trazendo a beleza de sua arte e seu despertar revolucionário. Um novo mundo tinha sido descoberto do outro lado do Atlântico. À medida que chegavam os relatos de culturas diferentes, até a noção de forma e tamanho do planeta teve que ser revista.

Contudo, junto a essas descobertas e invenções veio a desestabilização. A Igreja, que sempre atuara como força unificadora, foi enfraquecida pelas novas formas de pensamento e pelas novas tecnologias, que disseminavam novas ideias. Havia, na expressão de Montaigne, a impressão geral de que "o mundo estava de cabeça para baixo". Pela primeira vez, as pessoas começaram a questionar o papel repressivo que os padres exerciam sobre a sociedade e começaram a questionar, de forma mais ampla: *por que as coisas são assim?* E: *será que elas devem continuar assim?*

Martinho Lutero afixou suas teses na porta do templo. Irromperam a Reforma e a Contrarreforma. Seguiram-se distúrbios e agitações. Apareceram novas denominações religiosas, que lutaram não apenas por seus direitos como também pelo poder para esmagar todas as outras como heréticas. Inquisições e perseguições se disseminaram. A flor do Renascimento murchou no cadafalso. A tolerância e a aceitação do Iluminismo ainda estavam a *séculos* de distância. Era, e continuou sendo, nas palavras de um estudioso, um mundo iluminado apenas pelo fogo.

Em 1562, Montaigne, na época a serviço de Carlos IX, assistiu à carnificina provocada pelo cerco de Rouen, uma violenta insurreição católica que provocou mais de mil mortes; um confronto sangrento provocado pela tensão religiosa que dividia a França. Poucos meses antes, o duque de Guise havia massacrado dezenas de huguenotes franceses que assistiam a uma cerimônia religiosa na cidade de Vassey. Um ano depois, o próprio duque seria morto a tiros por outro nobre francês, em uma emboscada de beira de estrada. Quando o assassino foi capturado, acabou sendo esquartejado... só que a sentença foi mal executada e, após várias tentativas fracassadas de separar os braços e as pernas de suas articulações, foi preciso pôr fim ao sofrimento pela espada do carrasco.

Retaliações sucederam retaliações, culminando no Massacre de São Bartolomeu, em que dezenas de milhares de pessoas foram mortas, e os cadáveres, jogados no rio Sena.

Tudo isso deve ter parecido especialmente horripilante para um homem ensinado a manter a humildade intelectual, que acreditava que as ideias deviam ser questionadas e que o ser humano é propenso ao erro. "É dar um valor muito alto a suas conjecturas", diria Montaigne, "se, por causa delas, cozinha-se vivo um homem". Entretanto, essa era uma prática comum na época em que ele viveu. Milhares foram queimados em estacas por crimes em grande parte imaginários. Na Inquisição, vários parentes de Montaigne foram condenados à fogueira, entre eles um tataravô.

As guerras religiosas francesas duraram décadas e provocaram mais de 1 milhão de mortes, a maioria de forma indescritivelmente horrenda.

Como isso era diferente dos dias idílicos e seguros da juventude de Montaigne, quando o pai o protegia do banho de sangue em torno dele e de suas consequências, quando os professores sorriam para ele, incentivando toda a sua curiosidade e excentricidade.

Em um mundo ainda de práticas medievais, definido pelo medo e pela perseguição, ser um pensador livre ou fora do convencional era um objetivo arriscado. Destacar-se também era. Comerciantes novos-ricos, os Montaigne não tinham como evitar isso. O lado materno da família era composto de marranos, judeus espanhóis convertidos ao cristianismo para não morrer. Os tios paternos eram protestantes.

Quando lia sobre povos diferentes, sobretudo os comentários sobre os recém-descobertos que viviam no "Novo Mundo", Montaigne ficava mais curioso do que crítico. "Veem-se tantos caráteres, seitas, juízos, opiniões, leis e costumes que isso nos ensina a julgar os nossos de forma sã", afirmou. Os povos da Amazônia esquartejavam uns aos outros, queimavam pessoas em estacas, acusavam uns aos outros de magia sombria? Quem eram os verdadeiros bárbaros?

Mais adiante, Montaigne mandaria cunhar uma moeda para carregar consigo como lembrete. "Que sei eu?", dizia ela. Ele não seria arrastado para o fanatismo e o fundamentalismo. Não participaria de brigas e conflitos. Não correria atrás daquilo que todos perseguiam, nem lutaria para derrotar ou superar alguém. Manteria a cabeça fria, enquanto o restante do mundo perdia a sua.

Essa disciplina, essa tolerância, não angariou as amizades que merecia. Ele se sentia um homem sem pátria. Sabia que tinha um alvo nas costas. "Fui fustigado de todos os lados", lamentou Montaigne, "para os gibelinos, eu era guelfo; para os guelfos, eu era gibelino". Aqueles que se recusam a escolher um lado acabam tendo o dobro de inimigos.

Ele deve ter sentido que chegara ao fim da linha no serviço público. Como alguém poderia cuidar das questões de Estado quando o assassinato e a perseguição eram publicamente aceitos? Quando o extremismo tinha sido banalizado? Quando o futuro parecia tão incerto?

"Só ele sabe", escreveu o romancista Stefan Zweig, ao debruçar-se sobre a obra de Montaigne enquanto vivia os primeiros anos de ascensão do nazismo, "que não há tarefa mais árdua e difícil que manter a independência intelectual e moral e preservá-la imaculada em meio a um cataclisma de massa". Não enlouquecer com a loucura à sua volta exige coragem, disciplina, equidade e sabedoria.

O cataclisma acometeu Montaigne no fim da década de 1560, de forma inesperada. Durante um passeio em sua propriedade, Montaigne chocou-se a toda velocidade com outro cavaleiro e caiu. Enquanto os amigos carregavam seu corpo ferido e agonizante para a residência, Montaigne sentiu que a vida lhe escapava, como se sua alma estivesse dançando em seus lábios.

Porém, de forma igualmente repentina, Montaigne recobrou as forças e ganhou uma segunda chance. "Imagine que você morreu", escreve Marco Aurélio em *Meditações*. "Agora, pegue o que lhe resta de vida e viva-a de maneira apropriada."

Marco Aurélio é um dos poucos estoicos que Montaigne nunca citou, mas ele captou a mensagem. Diante da experiência de quase-morte, o direito não lhe pareceu mais tão importante. Os assuntos e rituais do tribunal devem ter parecido a ele algo estúpido ao extremo, até grotesco.

Por isso, ele se aposentou.

"No ano da graça de 1571", escreveu ele no latim que aprendera com o método paterno, "aos 38 anos, na véspera das calendas de março, aniversário de seu nascimento, Michel de Montaigne, farto já há muito tempo da servidão ao parlamento e dos encargos públicos, ainda na plenitude da força, retirou-se no seio das doutas virgens, onde, em repouso e segurança, passará os dias que lhe restam. Que o destino lhe permita aperfeiçoar esta morada dos doces retiros de seus antepassados, que ele dedicou à sua liberdade, à sua tranquilidade, aos seus lazeres".

Ali, então, naquela biblioteca, o homem cuja educação havia sido por tanto tempo dirigida ou supervisionada estava assumindo as rédeas por completo. Seu pai já havia falecido, sua carreira chegara ao fim. Ele mesmo quase havia morrido. Passara mais da metade da vida dedicado ao estudo dos outros, a tratar dos problemas alheios.

Naquele momento, ele estava dizendo *chega* e passando a seguir o antigo conselho do grande Oráculo de Delfos: *Conhece a ti mesmo.*

Nos primeiros anos depois do acidente, foi como se Montaigne não fizesse nada além de ler. Em uma torre na propriedade herdada do pai, ele organizou os livros em estantes longas, que se estendiam por paredes inteiras da construção circular. Podia ver a biblioteca inteira de uma vez só: milhares de livros, uma vida de aprendizado disposta diante de si. Montaigne transformou a sala que o pai usava como capela em um templo da sabedoria. "Os livros são meu reino", afirmou. "E aqui busco reinar como senhor absoluto."

Quando não estava lendo, estava refletindo, desfrutando da própria companhia e da liberdade de nutrir os próprios pensamentos, de exercitar a mente.

"Ele passeia pelo salão", conta um biógrafo, retratando Montaigne em seu habitat, "tirando das estantes livro após livro, abrindo-os ao acaso, lendo um fragmento e comentando-o. Conforme faz isso, conversa de maneira sábia, espirituosa, gentil, a luz trêmula da lareira brinca em seu rosto sensível e inteligente, e a lua da Gasconha brilha refletida no chão, até que o mundo ao qual estamos acostumados se dissolva sob sua fala e as partes que o compõem ondulem e tremulem junto à luz do fogo".

Nas estantes, havia seu exemplar de Terêncio dos tempos de escola. Estoicos. Lucrécio, Horácio, Virgílio e Diógenes Laércio. Seu tão querido Plutarco. "Que lucro ele não obterá da leitura das *Vidas* do nosso Plutarco?", pergunta Montaigne, arrebatado, celebrando o biógrafo da Antiguidade não pela forma como ele registrou "a data da ruína de Cartago", e sim "o caráter de Aníbal e de Cipião"; menos pelo "local onde morreu Marcelo" e mais por "lembrar que ele morreu ali por ter sido indigno de seu dever".

Montaigne se deu ao trabalho de gravar algumas de suas citações favoritas nas vigas do teto de seu escritório, logo acima dos livros. Muitas eram de Sexto Empírico, um filósofo grego. ου καταλαμβανω (Não entendo). επεχω (Detenho-me). σκεπτομαι (Examino). De Terêncio: "Sou um homem e nada que é humano me é estranho." De Sócrates: "A falta de piedade acompanha o orgulho como um cachorro." De Plínio: "A única certeza é a de que nada é certo." E, é óbvio, de Epicteto: "O que perturba os homens não são as coisas, e sim a opinião que eles têm sobre elas."

É de espantar, então, que, quando Montaigne se sentava para escrever, começava sempre com uma pergunta, e não com uma afirmação? *Que sais-je?* (Que sei eu?) O que Montaigne sabia sobre si mesmo? O que tinha aprendido com sua educação peculiar? Com os livros? Com os padrinhos camponeses? Com o pai? Com os professores? O que ele *de fato* sabia?

Distanciando-se da violência e da insanidade do seu tempo, ele decidiu explorar a condição humana por meio de meditações labirínticas, algumas de menos de uma página, outras do tamanho de um livro curto. Em francês, isso seria chamado de *essai*, um ensaio, uma *tentativa*.

Montaigne escreveu sobre vários assuntos: o medo, o ócio, a afeição que sentimos por nossos filhos, a crueldade, a experiência. Também redigiu sobre seus escritores favoritos e sobre os canibais do Novo Mundo, dos quais ouvira falar. No entanto, os temas desses ensaios eram, no máximo, um ponto de partida, uma desculpa para explorar e refletir sobre *qualquer coisa* que considerava interessante. E, no fim, tudo voltava ao principal personagem de sua busca: ele mesmo. "Prefiro ser uma autoridade sobre mim mesmo do que sobre Cícero", afirmou.

"Ele acompanha seu tema como um cachorrinho segue uma carruagem, desviando-se cem vezes da estrada para investigar os arredores", escreveu um biógrafo. "Sua mente flexível é serena, leve, mas ao mesmo tempo séria. Ele tira a casca das coisas e sente com alegria o odor da fruta (...) Ele é um analista, um examinador, um cético. Espreita as crenças, as opiniões e práticas dos homens e, ao pinçar uma ideia, retira dela, uma por uma, como quem descasca uma alcachofra, os envoltórios do costume, do preconceito, do tempo, do lugar. Pega a opinião de uma escola, louva-a e admira-a, e depois a opinião contraditória de outra escola, louvando-a e admirando-a. Em sua balança, ele pesa ideia contra ideia, homem contra homem, prática contra prática."

Nascer em um mundo tão caótico propiciou a Montaigne uma oportunidade. Durante muito tempo, a Igreja foi a autoridade absoluta. Porém, demasiado conhecimento jazia enclausurado apenas em mosteiros, inacessível e impraticável. Durante séculos, os indivíduos ouviram que eram insignificantes. Colombo e Copérnico demonstraram que verdades por muito tempo tidas como irrefutáveis estavam risivelmente erradas. Perguntas básicas que não tinham sido feitas durante tempo até demais, e que com certeza permaneciam sem resposta, começaram a emergir. Prova disso é o simples fato de que até então ninguém havia escrito um ensaio!

Certo dia, observando seu gato enquanto o distraía com um brinquedo, Montaigne parou e pensou: *Quem está brincando com quem?* Seus ensaios são repletos de histórias envolvendo animais, com a intenção de ilustrar a existência de um mundo vasto e belíssimo que mal chegamos a vivenciar e, em alguns casos, sequer somos capazes de começar a imaginar. O que o gato estava pensando enquanto Montaigne brincava com ele? O que Montaigne representava para aquele gato? Da mesma forma, Montaigne ficava perplexo com a própria anatomia, com seu desejo sexual, com suas emoções. Tudo o que queria era *saber* o máximo que pudesse sobre qualquer coisa.

Tudo isso era uma absoluta novidade. Era inovador e até transgressor. A ideia de que aprender era importante, que a verdade era importante, que Montaigne — que o indivíduo — era um assunto digno de investigação. Contudo, só porque havia um quê de simplicidade, só porque era divertido, não significava que as respostas seriam fáceis. É um "empreendimento espinhoso", disse ele, "seguir uma trilha tão sinuosa quanto a da mente e penetrar as profundezas sombrias de suas reentrâncias". Ele queria que o leitor soubesse que era *mais difícil do que parece.*

Durante quase uma década, Montaigne matutou nesses ensaios, que acabaram preenchendo mais de mil páginas ao todo — escritas, antes de tudo, para benefício próprio, criando pelo caminho um tipo bem diferente de "autoaperfeiçoamento". Isso seria relevante para alguém? Enquanto a guerra civil dilacerava a França, que lutava por contendas de doutrina religiosa, ele estava em guerra contra a própria ignorância, explorando as coisas que tornam o ser humano tão estranho e maravilhoso. Esta seria sua contribuição duradoura para a humanidade: puxar o fio com que até hoje tecem os artistas, jornalistas, cientistas sociais, psicólogos e memorialistas.

Em 1580, ele publicou seus primeiros ensaios, que em pouco tempo chegaram aos lares de quase todos os fidalgos alfabetizados da França. O rei Henrique III leu um exemplar. Francis Bacon leu e adorou. Em 1603, quando o texto de Montaigne foi traduzido para o inglês, um dramaturgo autodidata (e também admirador de Plutarco) de nome William Shakespeare comprou um exemplar — na verdade, um trecho de Montaigne parece ter sido habilmente plagiado em *A tempestade*, e talvez inspirado uma de suas frases mais famosas: "Sê fiel a ti mesmo acima de tudo." Os livros que Montaigne havia escrito apenas para si se revelaram aptos para todos e se tornaram aquilo que chamaríamos de best-sellers (e o são até hoje).

Montaigne comemorou a conclusão de sua obra e seu sucesso fazendo algo que não fizera por muitos anos: viajar. Oficialmente, ele teve que ir à Itália a trabalho, mas, acima de tudo, a viagem lhe serviu como oportunidade para contemplar novos lugares e viver novas experiências, ao mesmo tempo que continuava aprendendo, escrevendo e absorvendo.

Aqui, ele está explorando ruínas antigas. Ali, absorto em um livro à sombra de uma árvore. Acolá, nas ruas de Roma, pensando em voz alta sobre César e Cícero, "a resmungar por entre os dentes tais grandes nomes, fazendo-os ressoar em meus ouvidos". Aqui, ele se encontra em uma hospedaria, com os ensaios dispostos diante de si, satisfeito com algo que escreveu ou, quando lhe dava vergonha, reescrevendo sem hesitação. Ali, surge um momento de inspiração, e ele dita ao escudeiro algumas frases enquanto caminham apressados. Acolá, tem nas mãos um livro que acabou de comprar, mais um volume pesado para suas bolsas. "Os livros", afirmava ele, "são o melhor suprimento que um homem pode levar consigo na jornada da vida".

No fim das contas, ele não tinha como se retirar por completo da vida pública. Nenhum sábio consegue fazer isso. Ele prestou consultoria ao parlamento sobre fortificações. Henrique de Navarra, então herdeiro do trono francês, nomeou-o Cavaleiro da Câmara. Montaigne recebia convidados importantes para jantar. Viajava em missões diplomáticas. Correspondia-se com as principais mentes de sua geração. Foi eleito, e reeleito, prefeito de Bordeaux, que na época já era uma cidade grande e importante. Em determinado momento, a perseguição que tanto temia aconteceu, e ele foi atirado à masmorra da Bastilha. Entretanto, foi salvo pela fama e liberto por Catarina de Médici. Apesar de tudo, nunca parou de ler, escrever e revisar seus ensaios. Mesmo nos últimos meses de vida, aconselhava o rei Henrique III, tentando torná-lo um rei-filósofo.

Em Roma, ele pediu a cidadania honorária. Entretanto, na verdade, ele era um cidadão do mundo. Amigo de si mesmo e de todos, viveu fora do tempo e do espaço — convivendo e conversando com "as mentes mais preciosas, que viveram nas melhores épocas" — desde a infância.

Ele não deixou sua marca na arena política, ou no campo de batalha, nem mesmo sob a forma de descobertas científicas ou obra acadêmica. Em vez disso, persistiu no experimento educacional que começou na infância, segundo a perspectiva que o pai teve para ele, acreditando no esforço do filho para se provar digno de toda a expectativa e todo o esforço de seus mestres. Explorou um continente novo, desconhecido e sem precedentes: ele mesmo.

Fez mais perguntas do que deu respostas, leu mais do que escreveu, viu mais do que compreendeu. Tentou colocar a si mesmo e sua época em perspectiva. "Será muito", escreveu, "se daqui a cem anos as pessoas lembrarem, de modo geral, que em nosso tempo houve guerras civis na França". Ele sabia que seria em grande parte esquecido. Não se deixava abater. Recusava-se a desistir da humanidade. E, nisso, era um verdadeiro sábio.

O que podemos dizer que sabemos, o que podemos dizer que aprendemos com a vida de Montaigne? Em primeiro lugar, que a educação é um processo que nunca acaba. Sabemos que a educação, ainda que no começo dirigida pelos outros, em algum momento recai em nossas mãos... se quisermos aprender algo, temos que ensinar a nós mesmos. Aprendemos com Montaigne que o ego é inimigo da sabedoria, que a vaidade é um impedimento ao conhecimento. De seu exemplo, tiramos a necessidade de sermos sempre curiosos, de sempre questionarmos, de estarmos sempre abertos, sempre prontos a aprender uma novidade. Por fim, compreendemos que aprendemos a fim de viver, que qualquer realização é pouco quando comparada à mais rara das coisas raras: a *consciência de si*.

A educação de Montaigne começou com uma perspectiva inovadora e se baseou em métodos heterodoxos. O mais singular de tudo é o fato de ela nunca ter terminado. Na juventude, ele explicou: "Eu estudava para me exibir; depois, um pouco, para me tornar mais sábio; agora, faço por diversão, nunca pelo lucro."

Ele continuou a aprender até a morte. E, de fato, as perguntas que Montaigne fez, a jornada interior que ele descreveu de forma tão eloquente, continuam até hoje dentro de nós.

Se formos corajosos e disciplinados o bastante para assumir a tarefa que ele nos propõe.

CONVERSE COM OS MORTOS

Ele tinha chegado da Fenícia. A viagem fora longa, de porto em porto Mediterrâneo afora, negociando corante púrpura, a cor dos mantos usados pelos gregos mais abastados.

Naquele dia, porém, Zenão não viajava a negócios.

Ao percorrer a Via Sagrada até o Templo de Apolo, sede do Oráculo de Delfos, ele iniciou o ritual sagrado, lavando as mãos na fonte sagrada. Acendeu um incenso. Ao longo do caminho, a luz trêmula das tochas o levava ao santuário interno, onde uma sacerdotisa aguardava sua pergunta.

Qual é o segredo de uma vida boa?

"Serás sábio", respondeu a sacerdotisa a Zenão, "quando começares a conversar com os mortos".

Foram necessários muitos anos e um terrível acidente para que ele compreendesse essa resposta. Aos 30 anos, Zenão se viu em Atenas, náufrago e sem um tostão no bolso. Passou por um vendedor de livros na ágora e ouviu uma história da vida de Sócrates. De repente, o sentido das palavras da sacerdotisa se revelou.[2]

Já fazia anos que Sócrates estava no túmulo. No entanto, Zenão escutava-o como se o filósofo estivesse vivo. *Conversas com os mortos.* É isso o que os livros são!

Naquela banca de livros, Zenão estava cercado pelos mortos... poetas e filósofos, dramaturgos e contadores de histórias. Naqueles textos, eles apresentavam sua sabedoria e suas experiências, ideias e reflexões. Quando ele pegava um exemplar de Platão ou

---

[2] Por acaso, a história ouvida por Zenão era sobre a escolha de Hércules, a mesma que abre todos os livros desta série.

de Xenofonte, de Eurípedes ou de Homero, de Aristóteles ou de Safo, conseguia ouvi-los... E, de seu punho, ele podia responder nas margens.

De fato, atualmente nos referimos à leitura e ao estudo dessas obras, muitas das quais compõem o chamado "cânone ocidental", como *a grande conversa*.

No entanto, a maioria das pessoas opta por não participar dela ou só o faz de vez em quando. O indivíduo médio assiste a cerca de vinte horas de televisão por semana e passa quase cinco horas por dia no celular. Quase ninguém lê tanto assim.

Enquanto isso, quando era presidente da França, Charles de Gaulle terminava de dois a três livros por semana e era notório por ler todos os ganhadores dos prêmios literários anuais. No cargo, a chanceler alemã Angela Merkel se dedicava a livros de história de 1.500 páginas sobre o século XIX e mergulhava em Shakespeare. Como secretário de Defesa dos Estados Unidos, o general James Mattis reservava uma hora por dia para "almoço/tempo de leitura". Antes de ocupar essa posição, chegou a ler os estoicos e centenas de outros livros enquanto atuava em uma guerra. Napoleão levou 125 livros consigo durante a invasão do Egito. Franklin Delano Roosevelt conseguiu ler *Mein Kampf* [Minha luta] em *alemão* em 1933, pouco antes de se tornar presidente, em meio a uma crise econômica esmagadora e interminável.

Todos nós temos tempo para ler.

Só não o fazemos o suficiente.

Talvez essa seja a coisa mais absurda do mundo. Imagine possuir um superpoder, como ser capaz de falar com os mortos, e não o utilizar! Imagine ser capaz de conversar com as pessoas mais sábias que já viveram, como disse Tolstói, e não aproveitar essa oportunidade!

Quando se pensa no alto preço pago pelas sofridas lições pessoais e históricas contidas em tantas biografias, livros de memórias e romances, é quase um insulto o quanto os livros são baratos. Eles não cabem no seu orçamento? Pois são gratuitos nas bibliotecas!

Saber ler não importa. Quando não lemos, como disse o general Mattis, escolhemos ser *analfabetos funcionais.*

Existem muitos caminhos para a sabedoria, mas quase todos passam pelos livros.

É possível conceber uma pessoa verdadeiramente sábia, mas que não lê? Você consegue pensar em algum conhecido seu que leia muito e não deseje poder ler ainda mais?

Criado em uma cidadezinha de alguns milhares de habitantes, Harry Truman, que se tornaria presidente dos Estados Unidos, encontrou nos livros não apenas conhecimento como também uma válvula de escape, a capacidade de ir a mundos diferentes e de viajar no tempo. Ele calculava ter lido, na infância, quase todos os livros das duas salas da biblioteca municipal, a começar pela seção infantil. Aos 15 anos, já tinha lido a Bíblia do início ao fim três vezes, assim como "todas as histórias de líderes mundiais e narrativas que pudesse encontrar".

Qual a *sua* idade de leitura? Não me refiro à faixa etária do seu nível de leitura, e sim quantos anos de vida e experiência você adquiriu por meio da leitura. Truman talvez tenha sido o adolescente mais velho do Missouri. Seu hábito de leitura não apenas o transformou como também o possibilitou viver *várias* vidas e a absorver as experiências de *várias* gerações. E não estamos nem falando da ficção, que nos permite explorar outros mundos, outras espécies e fantasias!

Truman, assim como Montaigne, também foi leitor de Plutarco. Na infância, economizou dinheiro para comprar um livro do grego e implorou ao pai que lesse para ele. Foi a primeira das várias vezes em que Truman explorou as biografias que Plutarco escreveu sobre os grandes homens e as grandes mulheres da Antiguidade. Uma prática que começou como lazer continuou como um recurso para desenvolver sua carreira. "Quando eu estava na política", refletiu, "nas vezes em que tentava entender alguém, sempre recorria a Plutarco, e em nove em cada dez vezes eu encontrava um paralelo".[3]

Infelizmente, existe muita gente que não foi ensinada *como* ler, como de fato extrair algo útil dos livros ao nosso alcance. Essas pessoas tampouco foram autorizadas, enquanto leitoras, a deixar de lado as obras ruins, a discordar de um livro ou a mergulhar na toca do coelho do conhecimento a fim de dominar um assunto específico.

Como a leitura é uma conversa, os melhores leitores não são passivos. Eles travam uma batalha com os livros, submetem o autor a um julgamento. Fazem perguntas. Retrucam. Não leem apenas de vez em quando, e sim o tempo todo, devorando tanto ficção como não ficção, filosofia e história, memórias e biografias, poesia e prosa.

Assim como Montaigne (cujo tão adorado exemplar de Lucrécio sobreviveu com todas as anotações de próprio punho), John Adams, um dos Pais Fundadores dos Estados Unidos, produziu durante toda a vida aquilo que é conhecido como "marginália". As páginas de seus livros mostram que ele não era um leitor passivo, nem era fácil convencê-lo de alguma ideia ou algum argumento. "Tolo! Tolo!", anotava ele. "Bobagem!" Contudo, quando ele gostava de algo, registrava sua concordância, às vezes atribuindo ao autor um merecido "Excelente!". Em um livro sobre a Revolução Francesa, John Adams escreveu cerca de 12 mil palavras de notas e comentários.

A leitura pode ser um atalho, mas ainda dá muito trabalho.

É um esforço que vale a pena.

A sabedoria que Zenão adquiriu por meio da leitura, das experiências e das perdas pessoais, 25 séculos atrás, não apenas salvou

---

[3] Não apenas Plutarco. Um repórter, em sua pesquisa a respeito da origem de uma declaração de Truman, encontrou na Biblioteca do Congresso um livro que ninguém pegava emprestado havia muitos anos. A última pessoa que o lera? O senador Harry Truman, em 1939.

sua vida como também constituiu a base do estoicismo, tradição que perdura até hoje. É isso que os livros nos possibilitam: adquirir a baixo custo o conhecimento que custou dor e sofrimento a alguém.

Pense em quantas pessoas já viveram antes de você. Pense na imensidão da vida delas, do que disseram, do que ouviram, do que fizeram. Pense nelas sentadas à escrivaninha, lutando para articular suas experiências para os outros. Pense nos historiadores, filósofos e sábios que dedicaram carreiras inteiras a descobrir como e por que certos acontecimentos ocorreram, por que e como indivíduos tomaram decisões cruciais. Pense em todos os livros que leram e destilaram apenas para criar e publicar um único volume.

Todos eles estão mortos há muito tempo. Porém, continuam ao nosso alcance, aproximando os séculos e rompendo barreiras, viajando através do tempo e do espaço e seu amplo leque de perspectivas. Estão lhe oferecendo a mão para caminhar com você, vida afora.

Você vai aceitar essa oferta? Vai escutá-los?

O grande fluxo da civilização e da experiência está aí. Vamos participar dele? Vamos beber dessa fonte?

Cada um de nós é único, com perspectivas próprias, gostos próprios e experiências próprias. Isso significa que cada livro que lemos provoca um impacto singular sobre nós. Também significa que perdemos conexões e sabedoria cada vez que deixamos de pegar um livro para ler. Levando em conta o conceito de Heráclito, se não tomarmos cuidado, o rio vai passar por nós, e nunca mais será possível voltar nem passar por ele outra vez.

Você precisa ler.

Leia algo novo.

Leia algo velho.

Releia algo.

Leia algumas páginas deste ou daquele. Detenha-se ao encontrar um trecho marcante.

Leia algo crítico.
Leia algo bonito.
Leia algo sombrio.
Leia algo de que você discorde.
Reflita.
Leia mais.
Repita.
Converse com os mortos até você morrer.

TENHA CURIOSIDADE

Não passavam de duas crianças curiosas. Foi assim que começou.

O pai tinha chegado em casa, voltando de uma de suas viagens com um brinquedinho. Um palito com elásticos e duas hélices. *Só que voava.*

Como?

Orville e Wilbur observaram encantados, brincando por horas com a máquina voadora, que lhes atiçava a curiosidade a tal ponto que passariam o resto da vida em busca daquilo.

"Não é certo dizer que não tivemos nenhuma vantagem especial", diria Orville mais tarde, depois que ele e o irmão mudaram o mundo e elevaram o ser humano aos céus. "O que mais nos favoreceu foi termos sido criados em uma família na qual sempre havia muito incentivo à curiosidade intelectual."

A casa dos Wright era repleta de livros. Tucídides. *Declínio e queda do Império Romano*. Milton. *Vidas*, de Plutarco. Darwin. Dickens. Twain. As estantes transbordavam tanto de clássicos como de obras da ciência mais inovadora da época. Todo mundo na família tinha que ler.

E ter boas notas na escola? Era importante, mas os pais sempre entenderam que, se os meninos tivessem um projeto, era preferível que o colocassem em prática. O mais importante era seguir a própria curiosidade até seu fim natural. Mesmo que fosse inconveniente e mesmo que criasse uma bagunça. "Ela nunca destruía nada que os meninos estivessem tentando fazer", disse a irmã, Katharine Wright, a respeito da mãe. "Cada coisinha que eles largassem no caminho dela, ela pegava e guardava em uma prateleira da cozinha."

Como os irmãos Wright, com menos de 1.000 dólares de capital próprio e sem curso superior, conseguiram resolver o problema do voo tripulado antes de governos do mundo inteiro? Como o avião deles suplantou um projeto do governo dos Estados Unidos que custou cerca de 70 mil dólares (equivalente a *milhões* de dólares em valores de hoje)?

O que os motivava não era o dinheiro, embora tenham se tornado muito ricos com suas invenções. "Se meu pai não tivesse sido do tipo que incentivava os filhos a se aprofundar em seus interesses intelectuais, sem qualquer preocupação com o lucro", explicou Orville, "nossa curiosidade precoce a respeito de voar teria sido podada cedo demais para dar frutos".

No começo, a maioria das iniciativas, sobretudo as arriscadas ou experimentais, é horrivelmente *deficitária*. As cartas parecem marcadas contra você. Todo tipo de incumbência enfadonha e beco sem saída despontam no horizonte. Um fascínio autêntico, um desejo de *saber*, é a única força poderosa o suficiente para impulsionar alguém a uma descoberta real.

Não houve qualquer lucro nas primeiras fases de experimentos dos Wright, primeiro em Kitty Hawk e depois de volta a Ohio. Pelo contrário: os irmãos realizavam um breve período de voos e depois voltavam para casa, ao trabalho árduo em sua fábrica de bicicletas, arrecadando os fundos para bancar uma nova rodada de voos. "Em vez de pensar em ganhar dinheiro com o aeroplano", disse Orville, "nossa maior preocupação era sempre conseguir dinheiro para aplicar nele. Fazíamos aquilo pela diversão. Era algo com que gastávamos dinheiro porque nos interessava, assim como um homem gasta dinheiro com golfe porque se interessa, sem pensar em recuperar o gasto".

Um general sábio disse que o segredo do sucesso na vida era querer saber o que tem do outro lado da montanha. Não foi apenas o brinquedo que despertou o interesse dos irmãos, nem era apenas o voo que eles eram ávidos por desvendar; na verdade, quase todas as máquinas, engenhocas e fenômenos que os irmãos testemunhavam acendiam neles a curiosidade. Iniciavam um processo que nem sempre, mas muitas vezes, terminava com algum tipo de ideia, projeto ou entendimento.

É mágico... interessar-se por algo. É poderoso... esse motor chamado curiosidade.

Por que funciona assim?

Será que é possível...

Fico pensando se...

Conte-me mais!

E se tentarmos...?

Perguntas assim os ajudaram a montar uma máquina de impressão na infância, e depois um negócio de consertos e fabricação de bicicletas. "Ganhar dinheiro foi algo que veio depois", diziam eles. A maioria das pessoas se empenha mais em algo que lhes interessa do que algo de interesse *financeiro*.

Ao se tratar de aeroplanos, talvez outros fossem mais inteligentes ou mais instruídos — enquanto incontáveis outros *sabiam* que voar era impossível. No entanto, foram os irmãos Wright que pediram ao instituto Smithsonian todos os livros já escritos sobre voo. Foram eles que ficaram fascinados observando pássaros e tentando entender seu segredo. "A curiosidade, como a gravidade, possui aceleração", escreveu David McCullough, biógrafo dos irmãos. "Quanto mais você sabe, mais quer saber."

E quanto a você? Até que ponto cultiva curiosidade? Com o que gosta de mexer? Que descobertas tem feito?

Sêneca disse que precisamos ler como um espião lê o campo inimigo: explorando ideias das quais discordarmos ou escolas de pensamento das quais nada sabemos. O dramaturgo Ben Jonson adorava essa ideia; ele escreveu em todos os livros que possuía uma espécie de marginália, *tanquam explorator*, a versão latina da frase de Sêneca: "Como um explorador."

É isso o que você é?

Quando estava na escola, Anne Frank teve que fazer um trabalho sobre o Império Romano, a respeito do qual nada sabia. Quando pediu ajuda ao pai, ele respondeu: "Bem, vamos ver o que dá para achar", e então foram até a biblioteca. Que presente maravilhoso para dar a uma criança! A ideia de que tudo é solucionável, que a informação que você busca existe, basta sair à procura.

Foi a mera curiosidade que levou Theodore Roosevelt aos cortiços do Lower East Side nova-iorquino. Outros legisladores se contentaram com relatórios ou com o posicionamento ditado por seus financiadores. Theodore Roosevelt queria saber mais. Foi a curiosidade que levou Beatrice Webb a morar com uma família operária em 1883, experiência que resultou em sua dedicação ao ativismo social e à economia. É preciso *querer saber* como vive o "lado de lá"; é preciso ter interesse em saber como é ser alguém diferente de você, ou viver em outro lugar.

As crianças são curiosas. É natural. Contudo, não basta *ter sido* curioso um dia. É preciso manter a chama acesa. É preciso *continuar* curioso.

A curiosidade não é algo que se cura. Não é algo que se satisfaz. Ela nos leva até o outro lado da montanha... e depois à montanha seguinte, enquanto existir um horizonte diante de nós. Ela nos leva à pergunta seguinte, ao projeto seguinte e, assim, obrigatoriamente, a um pouco mais de conhecimento.

Por isso ela é uma força tão poderosa e que se realiza sozinha.

Quem é curioso não tem como *não* aprender.

O contrário, porém, também é verdadeiro.

Não ser curioso?

Sabemos, com certeza, que não leva a nada.

Não leva a lugar nenhum além de onde já estivemos.

FAÇA A PERGUNTA

Como qualquer mãe ou pai, ela queria ter certeza de que o filho estava aprendendo. Queria que ele se comportasse, garantir que fosse obediente às regras. Queria que ele fosse bem na escola, para progredir na vida, de modo que a geração seguinte daquela família de imigrantes se situasse melhor.

Porém, quando Isidor Rabi chegava do colégio Manual Training (hoje John Jay), sua mãe nunca lhe perguntava sobre as notas. Não perguntava quanto ele tinha tirado na prova nem se tinha ou não se metido em confusão. Não perguntava, como toda mãe judia do Brooklyn na virada do século XX gostava de fazer, se o filho havia aprendido algo.

"Izzy", dizia ela, "você fez alguma pergunta boa hoje?"

Parece pouco, mas é tudo. Afinal, são as perguntas que impulsionam as descobertas. Elas são a encarnação da curiosidade. Perguntas sobre tudo, de ideias a pessoas, eram a chave da sabedoria socrática.

"Essa é a essência da ciência", explicou Jacob Bronowski, outro cientista imigrante judeu do mesmo período. "Faça uma pergunta impertinente e você estará no caminho de uma resposta pertinente."

Nem toda pergunta precisa ser profunda ou incisiva. Elas podem ser simples: "O que você quer dizer?" Podem ser indagadoras: "Como isso funciona?" Podem buscar uma explicação: "Desculpe, não entendi, poderia explicar de outro jeito?"

Para o jovem Isidor, essa ênfase em fazer perguntas resultava em um desempenho acadêmico brilhante. Ele esquadrinhava a biblioteca local em busca de livros sobre ciências. Publicou seu primeiro artigo científico ainda no ensino fundamental. Suas notas o levaram à Universidade Cornell, depois à Columbia e em seguida a todos os grandes institutos europeus. Ele foi consultor do Projeto Manhattan, e conselheiro do presidente Dwight Eisenhower. Seu grupo no Massachusetts Institute of Technology (MIT) ajudou a inventar o radar. Ele colaborou com algumas das mais renomadas mentes científicas da época, entre elas Niels Bohr e J. Robert Oppenheimer. O impulso de perguntar, investigar e entender as coisas o transformou em um dos grandes físicos de seu tempo. Isso inclusive lhe rendeu a indicação ao Prêmio Nobel, por Albert Einstein, em 1940, e o Nobel de 1944. Sua obra levou à invenção da ressonância magnética.

Perguntar não apenas é a chave para o conhecimento como também para o sucesso, para a descoberta e para a maestria. É como aprendemos e melhoramos.

Nós nascemos repletos de perguntas. Queremos saber o nome das coisas. Queremos saber como funcionam. Acima de tudo, queremos saber *por quê*, *por quê*, *por quê*. Entretanto, muita gente perde esse impulso na vida adulta. "Acho que os físicos são os Peter Pans da raça humana", disse Isidor certa vez. "Nunca crescem. E conservam a curiosidade."

Frustrados pelas demandas da própria vida, muitos adultos tolhem e tiram a curiosidade das crianças, menosprezando-a com um "Porque sim". Isso se repete até o dia em que a criança para de fazer perguntas.

Temos que lutar para preservar o pedacinho de nós que tem a audácia de indagar.

Richard Feynman foi outro grande cientista, contemporâneo de Jacob Bronowski e Isidor Rabi. O pai de Feynman não apenas o incentivou a fazer perguntas desde bem pequeno como também *lhe mostrou* a arte de questionar. Nunca disse ao filho para deixar um assunto para lá, tampouco respondeu "Não sei", a menos que fosse o ponto de partida para explorarem juntos determinado assunto.

Ele gostava de fazer longas caminhadas pela mata com o filho. "Está vendo aquele pássaro?", perguntava. "Que tipo de pássaro é aquele?" Seu intuito, no fundo, não era testar o conhecimento do menino, até porque às vezes o pai de Feynman simplesmente inventava um nome. Por mais que você soubesse os nomes de todos os pássaros em todas as línguas do mundo, dizia ele, isso não significava nada. O que ele queria mesmo descobrir junto ao filho era *por que* aquele pássaro estava bicando as próprias penas. Os dois ficavam sentados observando. Era para esticar as penas depois de um voo? Era um ritual de acasalamento? Nenhuma hipótese parecia fazer sentido. Após alguma observação e pesquisa, eles descobriram. Ah, o pássaro estava tirando piolhos. Que bacana!

O que Richard aprendeu foi a notar pequenas coisas e investigar o que tinha percebido. Desse processo, resultavam descobertas interessantes. Uma pergunta levava a outra, o que era algo bom. Seu pai queria que ele também percebesse as *grandes* coisas, aquelas que é fácil deixar de notar quando se está concentrado demais naquilo que se tem diante de si.

"O que faz o brinquedo andar?", perguntava o pai.

"O brinquedo anda porque eu dei corda nele."

"E como a mola interna foi acionada?"

"Eu dei corda nela."

"E de onde você tirou forças para dar corda?"

"Comendo."

"E a comida só foi produzida porque o sol brilha."

Richard Feynman ganharia o Prêmio Nobel. Contudo, na infância, era seu pai que fazia perguntas *a ele*.

Ele fez o filho questionar até os títulos e as honrarias. Ao apontar para uma foto do papa em um jornal, ele perguntou a Richard: "Aqui tem um homem de pé e, na frente dele, várias pessoas fazendo reverência. Pois bem, qual a diferença?" Como Richard não soube responder, o pai, que era vendedor de uniformes, disse, brincando, que a única diferença era que o papa podia usar aquele chapéu.

Por fim, esse hábito ficou arraigado. "Pai, me diga", comentou Feynman certo dia, arrastando consigo um brinquedo. "Tem uma coisa que eu reparei. Quando puxo o vagão, a bolinha rola para o fundo. Mas, quando eu paro de puxar de repente, a bola rola para a frente. Por que é assim?"

Ninguém sabe direito o *porquê*, explicou o pai, dando ao filho a primeira aula de física, mas "o princípio geral é que as coisas que se mexem tendem a continuar em movimento, e as coisas que estão paradas tendem a continuar assim, a não ser que levem um belo empurrão. Essa tendência é chamada de 'inércia', mas ninguém sabe por que é assim". O que chamou a atenção de Feynman é que o pai não apenas respondeu, não apenas deu a ele o *nome* do fenômeno, como também o ajudou a *compreendê-lo*. Melhor ainda, o instigou com o lado misterioso da questão, levando o filho a investigá-la pelo restante da vida.

Perguntas levam a respostas, e respostas levam a novas perguntas. Da ignorância passamos ao conhecimento e, no fim, à verdade. É por isso que precisamos compreender que não existe pergunta estúpida. Na verdade, uma pessoa *só* consegue se tornar inteligente se fizer perguntas. Quanto mais incessantes e impertinentes, melhor.

Temos que fazer perguntas quando somos jovens e precisamos ter humildade suficiente para perguntar quando somos idosos, poderosos e bem-informados. Marco Aurélio comentou como Antonino, seu antecessor como imperador e seu mentor por duas décadas, fazia "perguntas incisivas nas reuniões" e "quase nunca ficava contente com as primeiras impressões ou quando a discussão terminava de forma prematura".

O sujeito que deveria ter todas as respostas, que tomava todas as grandes decisões — até ele ainda tinha um monte de perguntas... assim como todos devemos ter.

Nós perguntamos e os outros perguntam a nós, em um ciclo infinito de aprendizado e exploração.

Anos mais tarde, quando Feynman chegou em casa após um dia de aula no MIT, seu pai tinha uma pergunta para ele. "Agora que você aprendeu sobre essas coisas", disse ele, "há uma dúvida que eu sempre tive e nunca entendi direito a explicação. Até onde sei, quando um átomo faz a transição de um estado para outro, ele emite uma partícula de luz chamada fóton. O fóton já está no átomo antes?"

"Não", respondeu Feynman, "não existe fóton antes".

"Bem", retrucou o pai, nem de longe satisfeito, "de onde ele vem, então? Como surge?"

E assim a formação universitária do gênio mostrou-se insuficiente. Ele tinha que continuar pensando e bolar um jeito melhor de explicar física avançada ao pai, ainda curioso.

FOCO, FOCO, FOCO

Quando Samuel Scudder chegou para a entrevista para um cargo subordinado ao grande biólogo de Harvard Louis Agassiz, em 1864, é provável que ele esperasse que o questionassem sobre seus conhecimentos ou que lhe dessem um problema complexo para resolver.

Durante a primeira parte do exame, Agassiz confirmou que Scudder sabia grego e latim o suficiente para lidar com a classificação das espécies. Fez algumas perguntas sobre as pesquisas até então mais recentes e indagou sobre o quanto andava lendo. Gostou de saber que Scudder tinha sido esgrimista.

A partir daí, porém, a entrevista enveredou por um rumo estranho. Agassiz virou-se para trás, tirou um peixe morto de um frasco com álcool e o colocou em uma bandeja metálica diante de Scudder. "Fique olhando para o peixe" foi a única instrução que deu antes de sair da sala.

Quanto tempo você consegue ficar contemplando um peixe? As horas foram passando, e Scudder começou a lutar contra o tédio. Ele pegou o peixe, virou-o, enfiou os dedos goela abaixo. Nenhum sinal de Agassiz. Ele começou a contar as espinhas. Em seguida, fez um desenho do peixe.

Quando voltou, Agassiz não ficou impressionado. "Você não observou com muita atenção", disse. "Não viu sequer uma das características mais chamativas desse animal, tão evidente diante de seus olhos quanto o peixe em si; olhe mais, olhe mais!" E saiu de novo.

Na manhã seguinte, esse diálogo se repetiu. "Já viu?", perguntou Agassiz. "Não", respondeu Scudder. "Tenho certeza de que não vi, mas agora percebo o quanto eu enxergava pouco antes." Mais um dia se passou, e, depois de algumas longas ponderações, Scudder achou que talvez tivesse visto algo. "Talvez você esteja se referindo ao fato de o peixe ter lados simétricos, com órgãos pareados?", indagou a Agassiz.

"Isso é bom, isso é bom", Scudder lembra que Agassiz lhe disse, "mas não é tudo; continue". Ao todo, ele passou três dias com aquele peixe, proibido de olhar para qualquer outra coisa. As únicas instruções eram: "Olhe, olhe, olhe."

O que Scudder acabou descobrindo?

Absolutamente nada. Como Scudder explicou, a lição era mais profunda, talvez a mais importante que ele recebera em sua carreira de cientista: o poder do foco. A importância de olhar com intensidade, com empenho e sem interrupção, para algo tão simples e comum quanto um peixe, de modo a de fato enxergá-lo. Era "uma lição cuja influência disseminou-se para os detalhes de todos os meus estudos subsequentes; um legado que o professor deixou para mim, assim como para muitos outros, de valor inestimável, que não pode ser comprado nem abandonado".

O foco é a habilidade da qual depende a sabedoria. Não apenas durante alguns minutos como também durante dias, meses, até anos. Olhar para um peixe por tanto tempo sem se distrair exige certo tipo de paciência e determinação que é útil para quem deseja dedicar a vida a ser biólogo.

Concentração e disposição a dedicar seu tempo são fatores essenciais para qualquer trabalho. "Para exercer bem a física", explica Feynman, "você precisa de uma quantidade de tempo absolutamente sólida (...) exige muita concentração".

Isso vale não apenas para a física. Dizem que Jim Brown, grande jogador de futebol americano, às vezes parecia distraído ou distante no campo, como se não estivesse prestando atenção. Era o exato contrário, como ele explicou um dia ao escritor Alex Haley. "Eu estava mentalmente focado."

O foco é um trabalho árduo. É mais difícil que qualquer proeza física e ainda mais difícil de manter em nosso mundo de algoritmos. No entanto, também pode ser fonte de alegria, consolo e beleza.

O foco é um ritual. Maquiavel, que viveu em uma época tão violenta e revolucionária quanto Montaigne, escreveu sobre seu ritual diário. Em um momento particularmente sombrio da vida, depois de perder seu cargo na corte de Florença, ele se exilou no interior, longe da sede do poder e do luxo da vida urbana. Quando voltava dos campos ou do trabalho no albergue local, Maquiavel tirava as roupas e as botas manchadas de lama antes de entrar em seu quarto. Só depois de se lavar e pôr roupas limpas se sentia pronto para mergulhar nos livros. "Vestido corretamente", explicou, "adentro nas cortes veneráveis dos antigos, onde, gentilmente acolhido por eles, me nutro daquele alimento que é somente meu e para o qual fui gerado; onde não me envergonho de conversar com eles nem de questioná-los sobre os motivos de seus atos, e eles, na sua humana gentileza, respondem-me. Durante quatro horas seguidas não sinto enfado, esqueço meus problemas, não lamento a pobreza, não sinto medo da morte. Fico completamente absorto neles."

Quatro horas de foco e estudo ininterruptos, é isso mesmo?

É.

Quatro horas de liberdade. Quatro horas de viagem no tempo. Quatro horas de conversa com os mortos.

Pense só no que você seria capaz de fazer se conseguisse manter esse grau de dedicação e concentração.

"Para acertar um pássaro na asa, é preciso manter o foco com toda a sua vontade", disse certa vez Oliver Wendell Holmes Jr., juiz da Suprema Corte dos Estados Unidos, a respeito da caça. Não dá para ficar pensando em si mesmo. Não dá para pensar em dez coisas ao mesmo tempo. Não dá para prestar atenção pela metade. É preciso acompanhar, mirar e atirar em um único movimento, rápido e fluido... uma coordenação perfeita de corpo e mente. "Toda façanha", disse ele, "é um pássaro atingido na asa".

Descobrir algo novo. Achar uma correlação surpreendente. Encadear as palavras na ordem exata. Encontrar a nota certa. Compreender uma situação em todos os seus pormenores. Resolver aquele problema insolúvel. *Ver* de verdade o que está diante dos olhos. São pássaros atingidos na asa.

Sem foco, esses pássaros vão escapar de você.

No entanto, não se nasce com essa habilidade. Ela é algo que demanda treino.

A célebre artista Marina Abramović é basicamente uma atleta. As façanhas por trás de suas performances mais famosas são tanto de força mental como de força física. Ficar sentada diante de completos desconhecidos durante várias horas sem ser distraída por eles exige um foco incrível. Em uma de suas performances, ela morou durante doze dias no que era, na prática, um diorama construído a 2 metros do solo. O tempo todo um metrônomo batia de forma, rítmica ao fundo. Imagine como o tempo passava com uma lentidão insuportável para ela, sem poder comer, falar, nem sequer escrever. A única saída era descendo uma escada... feita de facas de açougueiro. Ela era obrigada a superar o tédio e a dor para manter o foco, sem nada além dos próprios pensamentos e da vida interior para se manter ocupada. Além de simplesmente suportar e sobreviver a essas experiências, antes de tudo é preciso considerar também a criatividade necessária para pensar nelas!

Mais uma vez, é evidente que ela não nasceu assim. Para adquirir essa habilidade, ela treinou a si mesma e seus alunos. É uma técnica diferente daquela de Agassiz. Em vez de fazer os alunos olharem diretamente para um objeto, ela fazia um aspirante a artista caminhar de costas, por um longo período, com um espelho nas mãos, para que começasse a observar a realidade como um reflexo. Ou os levava para caminhar na mata, vendava seus olhos e mandava acharem o caminho de volta. "Como uma pessoa cega", dizia ela, "o artista ou a artista precisa aprender a enxergar com o corpo inteiro". Ela os instruía a fazer algo bem devagar, forçando-os a perceber cada momento sofrido do ato de beber, de tomar banho ou até de ir ao banheiro. "Depois de passar três horas abrindo uma porta devagar", dizia, "a porta deixa de ser uma porta".

O foco é assim. Às vezes ajuda a ver o que está presente. Às vezes pode ajudar a ver o que *não* está presente.

Uma existência caótica, uma mente indisciplinada, uma capacidade mais limitada de prestar atenção em determinada coisa... todos esses exemplos são inimigos da sabedoria. Eles nos impedem de fazer tudo aquilo de que somos capazes. Leonardo da Vinci era brilhante e, quando queria, conseguia se concentrar. No entanto, também deixou grande parte de suas principais obras inacabadas, porque passava para o projeto seguinte. Nos séculos desde então, é terrível pensar em quantas descobertas foram interrompidas pelo telefonema de um credor, quantas conexões foram perdidas porque um papel ficou perdido em uma mesa, quantos detalhes passaram despercebidos, quantas ideias deixaram de ser expressas.

Sem foco e presença, ficamos perdidos.

Por isso, olhe.

Olhe, olhe, olhe.

Olhe de novo.

Foco!

APRENDA A ESCUTAR

Zenão conversava com os deuses. Ele foi discípulo de Crates. Anos mais tarde, montou a própria escola no centro da ágora de Atenas, um pequeno pórtico onde ele e seus pupilos se sentavam para conversar.

Ali, na *stoa poikile* (a palavra grega para "pórtico", *stoa*, é a raiz da palavra "estoico"), ele deu aula a dois alunos bem diferentes.

Aríston era um aluno brilhante e atrevido, um talento daqueles que só aparecem uma vez por geração. Acreditava piamente no estoicismo, mas amava acima de tudo a argumentação. Ele argumentava com os colegas, assim como com o professor. Muitas vezes tinha razão e muitas vezes prevalecia; porém, mais até do que vencer, o que Aríston amava era *falar*, ponto-final. Era conhecido pelos discursos longos e pelas digressões intermináveis. Divergindo do ditado de Zenão segundo o qual nós temos dois ouvidos e uma só boca por um bom motivo, Aríston falava muito mais do que se preocupava em escutar.

Em contrapartida, Zenão tinha outro aluno que no geral parecia menos promissor. Cleantes teve um começo tardio na filosofia. Não tinha sido um menino brilhante, e sim um trabalhador braçal que carregava água para os jardins dos atenienses abastados. Não chamava muita atenção na *stoa poikile* e com certeza não fazia interrupções irritantes. O que Cleantes fez foi se sentar e escutar... durante vinte anos.

Ele absorveu tudo das milhares de palestras, longas caminhadas e interações. Às vezes, chamamos um ótimo ouvinte como Cleantes de "esponja", mas Zenão possuía uma analogia mais precisa. Seu aluno, disse ele certa vez, era como uma tabuleta de cera dura: é difícil de escrever nela, mas, depois de gravada, a inscrição ficava para sempre.

No entanto, alguns dos colegas de Cleantes cometiam o mesmo erro que universitários ignorantes cometem até hoje com os colegas de mais idade quando os julgam velhos e deslocados. O apelido dele era "burro", porque demorava para aprender. É óbvio que quem já viu um burro sabe que esse animal é superatento ao que acontece em volta... e também teimoso e independente. Cleantes sempre respondia algo do tipo: "Tudo bem, é bom ser um burro, isso significa que eu sou forte o bastante para carregar o fardo."

E foi o que ele fez após duas décadas de estudo e de aprendizado, porque foi a Cleantes, e não a Aríston, que Zenão confiou o futuro do estoicismo.

De que adianta ir à escola ou encontrar um mentor se você não escutar o que é dito? Quando se fala, não se escuta. Quando abrimos a boca, fechamos os ouvidos.

Na verdade, estamos fechando portas. Poderíamos ter aprendido algo, ter conhecido o ponto de vista de outra pessoa, ter ouvido sua experiência, ter recebido seus conselhos.

Quando não estamos falando, não há como nos metermos em encrenca. Quando estamos ouvindo, deixamos esse risco para os outros.

Contudo, é por insegurança que tagarelamos. Sentados diante de uma pessoa inteligente, alguém que admiramos, de repente começamos a contar tudo a nosso respeito. Às vezes nem percebemos a habilidade com que essa pessoa, mais disciplinada e mais curiosa, faz perguntas a nós, embora sejamos muito menos interessantes ou experientes. É só quando vamos pegar o carro no estacionamento que a ficha cai: *Monopolizamos a conversa. Não aprendemos nada novo. Perdemos essa oportunidade.*

O que poderíamos ter aprendido se tivéssemos sido mais receptivos, mais interessados no outro do que no som da nossa voz?

Lembre-se do espartano a quem perguntaram se era um tolo, pois não tinha dito uma palavra sequer durante o jantar inteiro.

"Um tolo não conseguiria ficar em silêncio", respondeu ele, e então continuou escutando. "Seja apenas um ouvinte", aconselhou Thomas Jefferson ao neto. "Contenha-se e se esforce para estabelecer consigo mesmo o hábito de silenciar, sobretudo na política." Foi o que Gandhi fez quando saiu da África do Sul e voltou à Índia como um ativista célebre. Por recomendação de um de seus consultores políticos mais próximos, passou quase um ano sem fazer discursos ou iniciar novas campanhas. Em vez disso, viajou pelo país (onde ele não morava desde a faculdade de direito) com "os ouvidos abertos, mas a boca fechada". Era uma espécie de jornada de escuta, ou uma missão investigativa. É uma pena essas expressões terem se tornado chavões da política, porque designam pontos essenciais e que quase nunca são praticados.

Como você pode se tornar um líder sem ter escutado as pessoas que vai liderar? Como pode tentar resolver um problema sem perguntar aos que já tentaram? Que informações você está deixando de lado ao jogar tanta conversa fora?

Cleantes gostava de uma frase de Sófocles: "Silêncio, silêncio, que teus passos sejam leves."

Esse é o método de quem sabe escutar. É o que conduz ao aprendizado.

Não se trata apenas de concordar com tudo. Ser um ouvinte não é ser passivo. "Pratique escutar de verdade o que as pessoas dizem", escreveu Marco Aurélio para si mesmo nas *Meditações*. Ali dá para ver, sobretudo no primeiro capítulo, o quanto ele aprendeu com seus mestres e mentores ao longo dos anos. Não ficava só assentindo. Não, ele pegava o que lhe diziam e refletia a respeito. Colocava no papel. Anos mais tarde, ele ainda estava discutindo esses assuntos, tentando colocá-los em prática com seu toque pessoal.

No mundo, não falta gente que saiba falar.

O que falta é quem saiba escutar.

Na juventude, Maya Angelou era, como ela mesma definiu, "um ouvido gigante que absorvia todo e qualquer som". Ela teve uma infância triste e assustadora, mas os momentos passados no quarto respirando poesia, ou escutando as vozes em casa, na rua e no rádio, lhe serviam de consolo. "Eu prestava atenção nos sotaques", relembrou, "e ainda adoro o som dos seres humanos. Não existe voz humana que não seja bela para mim. Adoro, e isso me permite aprender idiomas, porque eu de fato gosto do jeito como as pessoas falam. Qualquer ser humano falando ou cantando ainda me deixa animada".

Há tanta gente mais inteligente, mais sábia ao nosso redor, assim como muita experiência e lições aprendidas a duras penas. A lei do retorno está em toda parte. Cada ação nossa gera uma reação.

Contudo, em geral isso é bem sutil.

O mundo sempre fala conosco, mas muitas vezes não passa de um sussurro. A maioria dos professores não repete o que diz, não nos pede para ficarmos sentados, em silêncio, escutando.

Isso é algo que cabe a nós fazer.

Precisamos estar abertos a isso.

Não seja uma grande boca. Seja um ouvido gigante.

Fale menos. Escute.

CRIE UM SEGUNDO CÉREBRO

Tudo começou quando a mãe de Joan Didion lhe deu um caderninho, na esperança de manter ocupada aquela menina precoce de 5 anos.

Oitenta e dois anos depois, ela ainda estava preenchendo cadernos. Utilizava-os como repórter e como escritora. Refugiava-se neles quando precisava processar o sofrimento. Usava-os em suas viagens, assim como para organizar as ideias depois das sessões de terapia. Ao longo dos anos, preencheu tantos que perdeu a conta. Quando morreu de Parkinson, seu espólio teve que decidir o que fazer com dezenas de cadernos deixados ainda em branco... Era evidente que Didion acreditava que ainda havia muito a observar, registrar e escrever.

Didion recorria aos cadernos, assim como às fichas de papel, para registrar observações e ideias que lhe serviram para produzir cinco romances, treze livros de não ficção, roteiros como o de *Nasce uma estrela* e incontáveis artigos. Assim como qualquer pessoa criativa, as observações nesses cadernos eram sua matéria-prima, ou, para usar um termo mais moderno, *um segundo cérebro*, ao qual ela confiava sua vida pessoal e profissional.

Em um ensaio célebre, ela se referiu aos cadernos como uma espécie de fundo de aposentadoria, para o qual contribuía desde o dia em que a mãe lhe dera o primeiro caderninho escolar da marca Big 5, em 1939. "Nas manhãs em que o mundo parece ter perdido todo o encanto", explicou ela, "nos dias em que estou só empurrando com a barriga o que preciso fazer, que é escrever... nessas manhãs de falência eu apenas abro o caderno, e sempre haverá uma história esquecida que rendeu juros, uma passagem gratuita de volta ao mundo exterior".

Durante séculos, os apaixonados por livros e ideias tiveram algo chamado "caderninho de referências", em que colecionavam observações, citações, ideias, notas de diário e anedotas que queriam preservar. A *ars excerpendi* (a arte dos fragmentos) era uma atividade a ser ensinada e que remonta aos greco-romanos. "Nunca leia sem anotar trechos", aconselhava Plínio, o Velho, no primeiro século antes da era cristã.

Aprendida na escola ou não, essa tradição persiste até hoje. Anne Frank enchia seu diário com trechos de biografias e livros de história que estava lendo, elogiando suas frases preferidas e as histórias que a comoviam. Na juventude, James Mattis, que se tornaria general, fez uma longa caminhada só para ouvir uma palestra do filósofo Eric Hoffer. Anos depois, Hoffer (talvez o único filósofo que também trabalhou como *estivador*) deu a Mattis um breve conselho que mudou sua vida: "Não deixe de colocar no papel tudo de interessante que você encontrar." O resultado foi uma série de fichários que Mattis batizou como seu "Livro da Sabedoria", ao qual recorria na hora de elaborar o planejamento de batalhas, ponderar sobre decisões difíceis, escrever discursos ou rascunhar ordens.

Montaigne adotou esse mesmo hábito mais ou menos nessa idade. Seus primeiros ensaios, de tão cheios de citações, parecem arrancados diretamente das páginas de seus cadernos de referências. Emerson referiu-se a seus diários como sua "poupança". E de fato muitas de suas melhores falas e seus melhores escritos, de reflexões em estilo livre sobre suas frases preferidas a temas de seu interesse, apareceram primeiro neles. Porém, conforme esse hábito foi ganhando corpo com o passar dos anos, ele se deparou com o mesmo problema vivenciado por todo aficionado dos cadernos de referências: como não se perder diante de tanto conteúdo? Os diários de Emerson abrangiam centenas de cadernos, que ocupavam várias prateleiras. Por isso, no fim da década de 1830, ele iniciou um caderno à parte, que servia como uma espécie de índice de todos os outros. Dez anos depois, aquilo tinha se tornado uma lista de 400 páginas de tópicos e temas, citando a localização exata em seus diários de onde encontrar o melhor material.

Os cadernos de referências de John Adams representavam sua luta para "examinar como os homens pensam". Naquelas páginas, registrou os segredos e as perspectivas sobre o que é grandeza, que colocaria em prática em seu esforço para criar um governo baseado em ideias que proporcionassem paz e prosperidade a vários milhões de pessoas.

Não basta ler. É preciso embarcar na prática de capturar a informação, registrando-a para recorrer a ela no futuro. Assim como a leitura, as viagens propiciam material abundante para uso futuro. Quanto do que vivenciamos em nossas viagens acaba esquecido de imediato? Pode-se dizer o mesmo de conversas, mentorias e experiências. Se você não colocou no papel, será que aconteceu mesmo?

"Uma coleção de histórias e máximas é o maior tesouro de um homem do mundo", explicou Goethe, porque podemos recorrer a elas em conversas e em momentos de crise pessoal. Aquela pequena epifania que tivemos durante uma trilha. Aquele conselho que nossa avó nos deu pouco antes de morrer. O erro que cometemos e não queremos repetir. Aquele momento fugaz de paz, alegria e serenidade. Aquele lindo trecho do romance que lemos nas férias.

Coloque no papel. Registre no papel. Não confie na memória. Capture, antes que suma.

Faça isso do jeito que funcionar melhor para você. Mattis usava fichários. Emerson tinha seus diários e seu índice. Tem gente que usa aplicativos ou programas de computador. Os florentinos foram pioneiros com seus *zibaldone* (talvez o primeiro objeto que reconheceríamos como semelhante a um caderno atual), desde o século XIV. Eles eram feitos para serem passados adiante e continuados por gerações da mesma família.

Existe um sistema alemão do século XVI chamado *zettelkasten*, que usa fichas de papel, em geral armazenadas em caixinhas. O biólogo Lineu tinha sua versão. Ronald Reagan, presidente dos Estados Unidos, também. Ele manteve durante toda a carreira política um sistema de pequenos fichários para colecionar casos e citações que usava nos discursos. Certo dia, Joan Didion aconselhou uma jovem escritora que estava escrevendo uma grande matéria a anotar todas as partes em fichas e depois "espalhar tudo no chão e dar um jeito de encaixar tudo, com alguns espaços no meio, como quem faz uma colcha de retalhos". Quando a atriz Joan Rivers morreu, ela tinha *1 milhão* de fichas 3x5 datilografadas. E Eric Hoffer, que incentivou Mattis a registrar o que lia, preencheu bem mais de cem cadernos com ideias, além de vários armários de aço contendo fichas catalográficas repletas de citações que ele achava que poderia em ser úteis um dia.

Estude esses sistemas, mas escolha o seu: aquele que você de fato usará.

Porque a questão é essa. Quer estejamos iniciando uma obra criativa, quer estejamos tentando resolver um problema complexo, nunca se começa do zero. Invariavelmente, em algum momento de nossa vida, lemos ou ouvimos algo que poderia ser útil naquela situação. No entanto, será que vamos nos lembrar? Será que teremos acesso a esse material?

O exemplar de Lucrécio que Montaigne releu várias vezes mostra sua evolução como pensador e como ser humano. Anne Frank, se não tivesse sido assassinada, teria se tornado uma escritora maravilhosa. As páginas que lhe forneceram tanto conforto momentâneo também teriam lhe proporcionado muito para relembrar anos depois.

Guardamos os cadernos, sim, mas, no fim, são os cadernos que nos guardam.

Cada acontecimento, cada conversa, cada instante que reconhecemos como importante o suficiente para ser registrado é uma janela para aquilo que somos em um momento que nunca mais vai ocorrer. Ao tomar nota, estamos nos preservando para nosso futuro eu... e talvez para as futuras gerações também.

ENCONTRE SUA SALA DE AULA

Claude Monet queria ser artista. Na juventude, suas caricaturas lhe renderam certa notoriedade e um ganha-pão bastante razoável. Um pintor talentoso chamou o jovem para uma conversa e falou que ele tinha um talento evidente. "Espero que você não pare por aí", disse a Monet. "Estude, aprenda a observar e a pintar, desenhar, fazer paisagens."

Entretanto, o menino sempre foi rebelde, e, tendo um talento natural, não se animava com a ideia de estudar, sobretudo da forma como os grandes pintores do passado aprenderam, sob a orientação de um mestre rigoroso. Os pais de Monet, devemos reconhecer, propuseram mandar o filho para estudar na Escola de Belas-Artes, a escola de arte mais prestigiosa do mundo, mas essa ideia inspirava em Monet medo e tédio profundos. Desde muito novo, ele só gostava de ficar ao ar livre, correndo pelos penhascos e remando nas águas da Normandia. Para ele, as escolas e os ateliês eram como prisões.

O curso de sua vida foi decidido quando, aos 20 anos, Monet foi convocado para prestar sete anos de serviço militar no Exército francês. Seus pais, ricos e receosos de que o filho desperdiçasse a própria vida, reconheceram uma oportunidade para intervir. "Deixe de lado essa fantasia estúpida de boemia e nós pagamos para livrar você do serviço militar", disseram. "Crie juízo. Vá para uma escola *de verdade*."

Era um ultimato: se não fosse, ele seria deserdado.

Só que, para Monet, o Exército era a sala de aula onde ele queria estar. "Um amigo que estava nos *Chasseurs d'Afrique*, e que adorava a vida militar, me contou seu entusiasmo e me inspirou com seu amor pela aventura", contaria em suas memórias. "Nada me parecia mais atraente do que caminhadas sem fim sob o sol forte, as operações, o espocar da pólvora, o esgrimir dos sabres, as noites no deserto sob as tendas..."

Ele ignorou a ameaça dos pais e pediu para se alistar no regimento africano, o exato tipo de missão perigosa que todos tentavam evitar.

"Na Argélia", explicou, "passei dois anos realmente encantadores. Eu via algo novo o tempo todo; nas horas de lazer, tentava reproduzir o que tinha visto. Não dá para imaginar o quanto ampliei meus conhecimentos e, assim, o quanto minha visão se enriqueceu". Embora a intuição o tivesse atraído para a África, ele não tinha como prever o que aprenderia lá. "As impressões de luz e de cor que lá obtive só viriam a se classificar tempos depois", disse. "Continham o germe de minhas futuras pesquisas."

Não surpreende que gerações passadas tenham usado a força física para coagir os filhos a irem à escola, tão irritante e inadequada para tantos de nós. Tudo nela tem um toque de tirania: sente-se. Cale a boca. Leia isto. Assista àquilo. Adapte-se. Comporte-se. Preste atenção. Tire boas notas. Faça este teste. Faça este dever de casa. Assista a esta aula. *Ei, pare de olhar pela janela. Ei, pare de fazer bagunça. Ei, olhe suas notas, você é um fracasso. Ei, ano que vem você vai ter que voltar e estudar tudo isso de novo.*

A arte de Monet, a pintura de paisagens, é, por definição, algo que se faz ao ar livre... Contudo, seus pais queriam mandá-lo estudar em prédios velhos e abafados!

É preciso dar o devido crédito a Monet, que, mesmo muito jovem, parece ter compreendido não apenas o que queria aprender como também onde e como aprender. Ele não só rejeitou aquilo que o desagradava como também encontrou aquilo de que gostava, o que o iluminava, tanto em sentido literal como figurado. Ele sempre gostou das pinturas feitas por Delacroix na Argélia. Ali, naquele terreno, embora grande parte do dia fosse ocupado pelo treinamento e pelas tarefas do exército, ele estava *vivendo* dentro das telas. Banhando-se na luz delas. Aprimorando sua abordagem, suas percepções, até sua força e resistência. Era ali que ele estava aprendendo, nem tanto como pintar as paisagens que o tornariam famoso, e sim algo mais essencial: estava aprendendo a *enxergar* aquilo que iria pintar em paisagens pelo restante da carreira.

Esta é a chave da vida: encontrar a sala de aula que funciona no seu caso, que permite que você assuma o controle da própria educação.

Porque educação não é algo que você "recebe", e sim que assume. É algo que você *faz*.

Ela existe, se a desejarmos o suficiente.

Leonardo da Vinci era filho ilegítimo. Por isso, na Itália do século XV, ele não podia frequentar a universidade. Assim, teve que se tornar autodidata. O mundo virou sua sala de aula. O filósofo Eric Hoffer tampouco fez faculdade. Em vez disso, passou a Grande Depressão trabalhando em campos para migrantes e cidades mineradoras. Durante 25 anos, foi estivador. O tempo todo, lia muito, mas a maior parte de sua instrução adveio das pessoas que conheceu, de seu trabalho árduo às margens da sociedade, lutando para sobreviver.

Para alguns de nós, a sala de aula pode ser a caserna militar ou os colegas de trabalho. Para outros, é abandonar a faculdade e abrir uma empresa. Para alguns, é um estágio com alguém da profissão que almejamos. Para outros, é o mundo acadêmico de cabo a rabo, com todos os diplomas de pós-graduação imagináveis. Não há uma única política. Não há um único jeito.

É preciso encontrar a escola que funciona para você e frequentá-la.

Você deve fazer isso mesmo que seus pais, ou os entendidos, tentem impedi-lo. Mesmo que seja contra as expectativas da sociedade.

Pense em prisioneiros que devoram a biblioteca do presídio. Pense em quantas pessoas nasceram em circunstâncias desfavoráveis, em quantas foram privadas de acesso a escolas ou professores, que sofreram discriminação ou humilhação como escravizadas, que tiveram que enfrentar deficiências de aprendizagem ou pobreza, e mesmo assim conseguiram desbravar o caminho rumo ao aprendizado, aos livros, aos mentores, ao conhecimento.

Em certo sentido, é claro, eles estavam em desvantagem, mas em outro foi melhor para eles: tiveram mais tempo. Mais liberdade. Mais urgência. Menos expectativas. Menos burocracias e protocolos.

A verdade, que pode ser provada, é que dá para aprender em qualquer lugar. No meio da mata, dá para aprender sobre si. Em uma cidadezinha, dá para aprender sobre as pessoas. Ao ar livre, dá para aprender a pintar. Com professores, ou assistindo a várias horas de vídeos que você buscou, dá para aprender a dançar. Com livros recuperados do lixo, dá para aprender matemática. Até em um campus universitário dá para aprender!

Estabelecemos nossas oportunidades onde dá. Tiramos o máximo proveito do que temos à disposição.

O mundo é nossa sala de aula, se assim decidirmos.

ENCONTRE SEU MESTRE

Musônio Rufo não era um professor fácil.

Ele não suportava burrice. Esperava que seus alunos fizessem silêncio. Esperava que prestassem atenção.

Sabia, por experiência própria, que a vida é dura. Teve que se exilar *três* vezes, talvez quatro, por culpa de imperadores cruéis. Assim, não dava moleza a quem fosse aprender com ele. Musônio teve muitos alunos, entre os quais até reis, mas para ele não importava se os alunos eram gente importante ou filhos de gente importante. Não importava se eram sensíveis ou brilhantes. Ele impunha a todos um padrão de exigência incrivelmente elevado.

Epicteto, que foi aluno de Musônio, certa vez cometeu um pequeno erro gramatical em um dever que julgava não ser muito importante. "Não é como se eu tivesse ateado fogo ao capitólio", defendeu-se Epicteto, minimizando o erro. "Nesse caso, foi *só* o capitólio que foi poupado", respondeu Musônio, emendando a correção com um sermão rigoroso. Porque seu aluno não tinha apenas feito bobagem… tinha sido negligente e depois tentado tirar o corpo fora com desculpas.

Seria ótimo se todo professor fosse simpático e engraçado e se toda sala de aula fosse autônoma e ao ar livre. Seria ótimo se toda ideia fosse agradável e inspiradora. Entretanto, isso não prepararia os alunos para enfrentar desafios.

Nem todo aluno aguentava Musônio. Contudo, Musônio tinha superado o exílio, e Epicteto tinha sido escravizado. O sofrimento de ambos criou uma afinidade. Além disso, embora fosse muito rigoroso, Musônio era um homem de bom coração, que adorava ensinar. Até em sua severidade havia uma profunda compaixão…

afinal, ele esperava excelência de um homem que os outros haviam considerado sub-humano. Além disso, Musônio defendia publicamente a inclusão, argumentando, no primeiro século da era cristã, que as mulheres também mereciam aprender filosofia.

Ensinado por Musônio, Epicteto se tornou uma das mentes mais brilhantes da Antiguidade e, mais tarde, uma inspiração para Marco Aurélio. Será que Epicteto teria conseguido fazer isso sozinho? Apenas lendo livros?

Talvez.

No entanto, Zenão não conseguiu. Depois daquele encontro que mudou sua vida na feira de livros, ele perguntou ao vendedor onde poderia encontrar um homem como Sócrates. Por acaso, bem naquele instante, estava passando por ali um grande professor de filosofia chamado Crates. O vendedor apontou Crates, e assim começou a educação de Zenão.

Em Atenas, o apelido de Crates era "o abridor de portas", porque é isso mesmo que fazem os grandes professores: abrem as portas para mundos e possibilidades que não sabíamos existir. Eles invadem, nas palavras de Musônio, "o próprio intelecto de seus ouvintes". Chegam ao âmago deles.

Por meio de um único aluno, um professor pode mudar o mundo.

Helen Keller teria sido o que foi sem sua professora e amiga da vida toda, Anne Sullivan? Platão teria sido Platão sem Sócrates? E Aristóteles sem Platão? E que tal Alexandre sem Aristóteles? E se Rústico não tivesse despertado em Marco Aurélio o interesse por Epicteto? E se, séculos depois, o professor Rhinelander, veterano da Segunda Guerra Mundial, não tivesse indicado o mesmo texto para James Stockdale?

Precisamos achar os grandes professores... e evitar os maus.

Porque um professor também pode empobrecer o mundo, roubar de nós a curiosidade, o espírito inovador e até a bondade. Imagine como os primeiros anos de Malcolm X poderiam ter sido diferentes se seu professor de inglês, sr. Ostrowski, não tivesse destruído seus sonhos: "Todo mundo aqui gosta de você, você sabe disso", disse-lhe o professor. "Mas você precisa ser realista, sendo preto. Advogado… não é uma meta realista para um preto." Ostrowski sugeriu que ele optasse por algo em que pudesse usar as próprias mãos. Malcolm virou bandido de rua.

Alguns professores abrem portas, outros as fecham.

Tudo que o pai de John Adams queria era que o filho ingressasse na faculdade. A única coisa que John Adams não queria era ir à escola. Muitas vezes ele matava aula para pescar, caçar ou empinar pipa. Não gostava dos professores e achava que não aprendia nada útil com eles.

Quando ele afirmou que queria virar agricultor, o pai o levou até o mangue salino para capinar e caminhar pelo lamaçal, para mostrar como seria na prática esse trabalho. No dia seguinte, Adams voltou à escola. Mesmo assim, continuou penando. "Não gosto do meu professor", disse ao pai. "Ele é tão grosseiro e negligente que não vou aprender nada com ele." No dia seguinte, o pai o matriculou em uma escola particular perto dali. Nela, com um professor chamado Joseph Marsh, Adams deu uma guinada total. Passou a se dedicar aos estudos. Passou a ler. Economizou dinheiro para comprar os *Discursos*, de Cícero. Em menos de um ano, o jovem de 15 anos foi considerado "apto para a universidade". No outono seguinte, matriculou-se em Harvard.

Talvez você tenha dislexia. Talvez seja ruim em matemática ou pouco criativo. Talvez sempre tenha odiado a escola. Entretanto, já parou para pensar que talvez simplesmente não tenha encontrado o professor certo?

Existe alguém, em algum lugar, que é o instrutor ou instrutora ideal para você. Existe alguém por aí que *entende* você. Sua tarefa é encontrar essa pessoa. Dizem que, quando o estudante está pronto, o professor aparece. Pode até ser verdade… mas também não podemos ficar sentados esperando por um milagre. Precisamos ir atrás dos professores e das escolas certas para nós. Como pais e guardiães, temos que achar o ambiente de aprendizagem certo para nossos filhos, seja dentro, seja fora das instituições de ensino.

Musônio entendeu a necessidade de fazer do estudante um participante ativo da própria educação, como veículo de transformação. Na verdade, às vezes ele recusava alunos particularmente promissores, só para ver como eles reagiam. "Uma pedra, por conta de sua forma, volta à terra quando é jogada para cima", dizia. "Quanto mais uma pessoa inteligente se afasta da vida para a qual nasceu, mais ela se inclina para essa vida."

Ele não queria que seus alunos fossem apenas inteligentes. Queria que *quisessem* aprender.

Porém, por maior que seja nossa vontade de aprender, precisamos refrear nossa impaciência.

Existe uma história de um guerreiro samurai chamado Banzo, que desejava aprender depressa, para impressionar o pai. Quando um grande mestre lhe disse que seriam necessários dez anos para alcançar o nível almejado, ele ficou perplexo.

"Não posso esperar tanto. E se eu me esforçar ainda mais?"

"Tudo bem", respondeu o mestre. "Trinta anos."

"Mas eu vou fazer o que for preciso para ir mais rápido", implorou Banzo.

"Nesse caso", disse o mestre, "vai levar setenta anos. O estudante com pressa é o que aprende mais devagar".

As lições de que precisamos levam tempo. Algumas podem ser dolorosas. Como Epicteto dizia aos alunos, após ter tido Musônio como modelo: "A sala de conferências do filósofo é como um hospital. Ninguém sai dela sentindo prazer, e sim dor, porque quando entrou não estava bem."

As coisas de valor quase nunca são gratuitas. A educação é uma delas.

Nunca é tarde para encontrar um grande mestre, mas, quanto antes, melhor. Porque não será um processo rápido.

TORNE-SE UM APRENDIZ

Ao contrário da maioria dos integrantes do governo de John F. Kennedy, Lyndon Johnson não se formou em uma das universidades de elite dos Estados Unidos, da chamada Ivy League. No ensino fundamental, ele ia à escola, que se resumia a uma sala de aula, montado em um burro. A única universidade que o aceitou foi o Southwest Texas State Teachers College, a atual Universidade Estadual do Texas, no interior do estado.

Mesmo assim, mesmo sem ter tido grandes professores e salas de aula adequadas, é improvável que alguém tenha se preparado de forma tão meticulosa e metódica para o cargo de presidente quanto ele. Não resta dúvida de que ninguém teve mais mentores no caminho até o poder que Lyndon Johnson.

Ele pagou a universidade com seu salário como uma espécie de assistente do diretor, o dr. C. E. Evans. Até que ponto o estudante era próximo do chefe? Até que ponto era puxa-saco? O anuário da faculdade diz sobre Johnson: "Acredite se quiser... Bull Johnson nunca teve aulas de puxação de saco."

Terminados os estudos, Johnson fez amizade com um senador estadual do Texas chamado Alvin Wirtz. Quando era assessor parlamentar, usou seu cargo dentro do Little Congress, uma associação de servidores, para se encontrar com todas as pessoas poderosas que pôde, entre elas o deputado Sam Rayburn, que se tornaria seu apoiador pelo restante da vida. Quando Johnson conquistou pela primeira vez uma cadeira no Congresso, aos 28 anos, tornou-se próximo do presidente Roosevelt. "Sabe", disse Roosevelt certo dia ao secretário do Interior, Harold Ickes, "esse é o tipo de jovem profissional desinibido que eu poderia ter sido na juventude... se não tivesse entrado em Harvard". Quando se tornou senador, Johnson integrou uma comissão liderada pelo senador veterano Richard Russell, uma verdadeira instituição do Sul dos Estados Unidos.

Nenhum deles foi professor de Johnson no sentido tradicional do termo — não houve aulas nem deveres de casa. Porém, foi com eles que Johnson aprendeu a arte do poder.

Durante anos, Johnson foi a sombra deles. Cumprindo afazeres. Angariando votos. Fazendo campanha. Arrecadando fundos. Cuidando de tarefas desagradáveis. Resolvendo problemas. O tempo todo, ele prestava atenção e escutava. Ouvia dizerem bobagens. Fazia perguntas. Observava como trabalhavam. Os convidava para ir à sua casa ou se convidava para ir à deles. Imitava suas técnicas. Cultivava seu apoio. "Com homens poderosos, homens que podiam ajudá-lo", disse um observador que o conhecia bem, "Lyndon Johnson era um *filho profissional*".

Era mais do que simples mentoria. Ele se associava com tanta força às pessoas com quem queria aprender que acabava quase virando da família. Não teria saído de um fim de mundo no Texas para se tornar "Mestre do Senado", não teria passado de deputado do baixo clero ao Salão Oval da Casa Branca (onde assinou a Lei do Ar Limpo e a Lei dos Direitos Civis de 1964 e criou o Medicaid, o Medicare e o Departamento de Habitação) se não tivesse absorvido tanto desses indivíduos, nem teria conseguido nada sem as portas que eles lhe abriram ao longo do caminho. "Você se aproxima das pessoas que estão no centro das coisas", disse Johnson certa vez ao explicar o segredo para resolver assuntos na política e na vida pessoal. É algo básico para a justiça, assim como a melhor forma de aprender *como* as coisas são feitas.

Existe alguém que consiga alcançar seu pleno potencial por conta própria? Quem é capaz de aprender tudo de que necessita por tentativa e erro?

É óbvio que Johnson tinha certo tino natural para a política. Todos nós temos dons e talentos — e esses são os trunfos que podem ser mais aguçados com a supervisão de um mestre. Como o grande Jack London escreveu em seu romance *Martin Eden*: "Não importa o quanto um homem possa ter nascido com o dom para ser ferreiro, nunca ouvi falar de alguém que tenha virado ferreiro sem antes ter sido aprendiz."

Durante milhares de anos, foi assim que os ofícios, e as habilidades para a vida, foram ensinados. Não em uma sala de aula com centenas de outros estudantes, e sim acompanhando um profissional, que ensinava, em grande parte pelo exemplo, até que o estudante estivesse pronto para se virar sozinho. "Existem algumas coisas", disse certa vez a lenda do tênis Billie Jean King a respeito do período em que foi treinada por Alice Marble, ganhadora de dezoito títulos do Grand Slam, "que só podem ser aprendidas com alguém que foi a melhor do mundo".

Ou, pelo menos, alguém que alcançou a excelência.

Embora o trabalho formal de aprendiz (que, infelizmente, também foi muitas vezes fonte de abuso e exploração) seja em grande parte algo que ficou no passado, aprender com alguém ainda é essencial. O verdadeiro mentor não é aquele a quem se pede conselho de vez em quando, e sim a quem você se apega e que se apega a você.

Na *Odisseia*, a deusa Atena encarna o papel de mentora, guiando e protegendo Ulisses e Telêmaco, seu filho adolescente — o pai na luta para voltar para casa, o filho na luta para se tornar adulto em um mundo tão traiçoeiro quanto o do pai. Não é mero jogo de palavras quando ela assume a identidade de um velho amigo de Ulisses chamado *Mentor* para dar instruções diretas a Telêmaco, ajudando-o a adquirir coragem. Sem a orientação de Atena, Ulisses não teria sobrevivido a dez anos de provações e sofrimento, nem Telêmaco teria evoluído de um menino tímido e indefeso para um homem corajoso e capaz.

Michelle Howard, a primeira almirante quatro-estrelas da história da Marinha dos Estados Unidos, chama a mentoria de "transferência de sabedoria". Todos temos uma escolha, ela explica. "Ou você descobre tudo sozinho e tropeça (...), ou conversa com alguém que passou pelas mesmas coisas."

Nem sempre esse processo é divertido. Muitas vezes é sofrido. O mestre não é seu amigo. É seu *mestre*.

Na *Odisseia*, é Atena quem decide ser mentora de Ulisses, mas na vida real somos mais parecidos com Lyndon Johnson, indo em busca desses relacionamentos e cultivando-os. Como escreveu o biógrafo Robert Caro, Johnson compreendeu que os mais velhos possuem uma "sagacidade" que pode ser útil... caso os mais jovens lhes façam perguntas.

Precisamos encontrar as pessoas capazes de nos ensinar e estar abertos a aprender com elas. Isso é algo negligenciado pela maioria dos que procuram mentores. Eles acham que a mentoria é uma espécie de obrigação *pro bono* que os bem-sucedidos devem cumprir ou desistem de buscá-la, pensando: "Não tenho nada a oferecer a ninguém." Não, é preciso lutar por ela... é preciso mostrar que vale a pena investir em você.

A árvore de treinadores[4] de uma pessoa diz muito a respeito do mestre — admiramos aqueles que abrem portas para os outros —, mas também diz muito sobre o aluno.

Quer estejamos no estágio de vida de Ulisses, quer estejamos no de Telêmaco, existe alguém que sabe mais do que nós, com mais experiência, que pode abrir portas para nós. Como atrair a atenção dessa pessoa? Como podemos nos tornar dignos da ajuda dela?

No começo de sua carreira como treinador de futebol americano, Bill Belichick costumava se oferecer como motorista aos treinadores veteranos, por saber que isso levaria a vinte ou trinta minutos de conversa no carro. O primeiro emprego dele foi trabalhando nos Baltimore Colts, por um salário bruto de 25 dólares *semanais*, porque era um jeito de ir aos jogos, sua chance de aprender sobre o esporte com gente entendida. Dwight Eisenhower, preso em um quartel remoto no Panamá, começou a receber

[4] Veja o capítulo a respeito em *Faça o certo, faça agora*.

dicas de leitura do general Fox Conner, que, ao perceber a disposição daquele menino do interior do Kansas, começou a moldá-lo para a grandeza.

É preciso demonstrar que você tem fome de aprender e de alcançar a excelência. É preciso demonstrar que você escuta. Que tem curiosidade. Que vale a pena lhe ensinar. Que é treinável.

Assim, ganhamos livros para ler, problemas para resolver, charadas para ruminar, exemplos inspiradores ou até sermões... e, em alguns casos, advertências.

Mesmo já presidente dos Estados Unidos, Lyndon Johnson ainda se comportava como o filho profissional obediente, em busca de orientação de quem estivesse disposto a lhe dar. Seu primeiro ato no cargo foi pedir aos integrantes do gabinete de Kennedy que permanecessem e continuassem em suas funções, aconselhando-o.

Um dia, você será o líder. Antes de tudo, no entanto, precisa entender como obedecer. Precisa aprender a servir.

ENCONTRE SEU CÍRCULO SOCIAL

Eles se encontravam em casas por todo o Império: Panécio, filósofo estoico; Públio Rútilo Rufo, político romano que desafiou a cultura de corrupção de Roma; Políbio, o grande historiador. Cipião Emiliano, general célebre, reunia esses homens e outros pensadores, escritores e líderes. Por isso, os historiadores deram ao grupo o nome de Círculo de Cipião.

Cipião não era um soldado qualquer; era um guerreiro-filósofo que adorava se cercar das melhores mentes. Um historiador da Antiguidade afirmou que Cipião era tão dedicado "às armas [quanto aos] estudos; ou estava treinando o corpo, expondo-o ao perigo, ou a mente, aprendendo".

Existem muitos jeitos de treinar o corpo, mas as reuniões do Círculo de Cipião eram a melhor forma que ele encontrou de treinar a mente.

Ali, ele e os amigos debatiam as qualidades de um líder; discutiam os problemas cada vez maiores de Roma; conversavam sobre justiça; compartilhavam livros e recitavam poemas; teorizavam sobre formas de governo e quais proporcionavam a maior chance de estabilidade e progresso; encontravam até motivos para rir: da natureza cíclica da história e dos equívocos humanos, das contradições uns dos outros ou das teorias bizarras daquele tempo, como a de que haveria pessoas que veem dois sóis no céu.

Que cena devia ser. Até uma mosquinha voando despercebida ficaria encantada.

Pessoas excepcionais sempre cultivaram círculos sociais assim.

Em 1764, um pequeno grupo de artistas, escritores e filósofos criou o "Clube". Encontravam-se semana sim, semana não, em diversos locais de Londres. Samuel Johnson ia. James Boswell, Edmund Burke, Edward Gibbon e Adam Smith também. Mesmo que você não conheça esses nomes, saiba que vive em um mundo que eles ajudaram a criar, por meio da crítica literária, de biografias, teorias políticas e descobertas econômicas e histórias.

"Durante anos esse grupo se reuniu", conta o escritor Leo Damrosch em seu fascinante livro sobre o Clube. "Ofereciam ideias uns aos outros. Inspiravam uns aos outros. Desafiavam uns aos outros. Sofriam juntos e também se indispunham entre si."

Assim como o Círculo de Cipião, os amigos do Clube mantinham longas e abrangentes conversas sobre todos os temas imagináveis. Debatiam, provocavam e criticavam o trabalho uns dos outros. Competiam entre si. "Aquele que luta conosco fortalece nossa coragem e aguça nossa habilidade", afirmava Burke, reproduzindo uma metáfora dos estoicos. "Nosso antagonista nos ajuda." Eles também se apoiavam e abriam portas uns para os outros.

Quase na mesma época, do outro lado do Atlântico, um promissor dono de gráfica chamado Benjamin Franklin fundou um clube de doze amigos, ao qual deu o nome de Junto, dedicado ao aprimoramento mútuo de todos os participantes. Foi o primeiro de muitos clubes do gênero que ele fundou, de bibliotecas com livros disponíveis para empréstimo à Sociedade Filosófica Americana. Ele estava tentando tornar seu mundo maior e melhor.

Essa tradição continuou na época de Emerson, em Concord, em 1836, com o Clube Transcendental, formado por pessoas que se reuniam em torno do próprio Emerson, que o fundou. Dele faziam parte Thoreau, Nathaniel Hawthorne, Margaret Fuller, Louisa May Alcott e Elizabeth Peabody. Depois da Primeira Guerra Mundial, a chamada Geração Perdida se reunia em torno de uma espécie de bando de escritores residentes em Paris: Ernest Hemingway, Gertrude Stein, F. Scott Fitzgerald, T. S. Eliot, Ezra Pound, entre outros. Antes, na Londres do século XX, surgiu o influente Grupo Bloomsbury, que incluía figuras ilustres como

Virginia Woolf, E. M. Forster e John Maynard Keynes. Nos anos 1950, os Beats transformaram a literatura, assim como, décadas depois, as cenas punk, grunge e rap transformaram a música. Hoje, existe a chamada Máfia PayPal — Peter Thiel, Reid Hoffman e Elon Musk —, oriunda de uma única startup do fim dos anos 1990.

Não é exagero afirmar que a maioria dessas pessoas, por si só, possuía um talento extraordinário. Muitas delas eram verdadeiros gênios. Mesmo assim, sentiam necessidade de uma comunidade.

Todos sentimos.

O músico Brian Eno cunhou o termo "cênios", aglutinação de "cena" e "gênios", para explicar como nos aperfeiçoamos quando fazemos parte de um grupo, de uma cultura ou de um ecossistema de influências. Existem gênios isolados, solitários por aí? Sem dúvida. No entanto, há *muito* mais "cênios".

Quanto antes encontrarmos nosso círculo social, melhor.

Encontrando suas pessoas, você se encontrará.

Pense em todas as pessoas que não têm essa sorte. Gente que progride com dificuldade, na solidão. Que definha, de forma solitária. Pense em todas as flores que não são polinizadas, cujo vigor deixa de ser aproveitado. Pense nos anos que são desperdiçados, na arte que deixa de ser criada, nas descobertas que demoraram a acontecer porque certas pessoas custaram a encontrar as pessoas certas.

Porém, a mais terrível das alternativas para quem não encontra seu círculo social é o cemitério de gente talentosa e com potencial que vai parar no círculo *errado*. É uma história tão antiga quanto o Círculo de Cipião. Uma mente jovem e talentosa é acolhida por más influências. Um atleta é cercado de vaquinhas de presépio e se torna complacente ou mimado. Um cientista é atraído por um redemoinho de teorias conspiratórias ou indivíduos excêntricos.

É raríssimo que alguém não se aprimore ao se cercar de grandes pessoas. No âmbito social, no profissional e no espiritual. Também é muito comum que gente com grande potencial seja arruinada por influências não tão boas.

"Diga-me com quem tu andas", disse Goethe, "e te direi quem és".

Precisamos encontrar um círculo social que nos desafie, inspire e entenda, que nos exponha a novas ideias, que exija que sejamos responsabilizados por nossas ações, que nos incentive a transpor nossos limites. "Junte-se àqueles que têm mais chance de melhorá-lo", aconselhou Sêneca. "Acolha aqueles que você é capaz de aprimorar."

Seu círculo social pode se reunir uma vez por ano para um fim de semana prolongado. Pode se encontrar para jantar e bater papo no mesmo restaurante uma vez por mês. Pode se juntar nas mesmas conferências. Pode ser um grupo virtual. Pode ser formal. Pode ter estrutura autônoma e ser esporádico. Contudo, tem que ser algo que promova seu crescimento e torne você melhor do que antes.

Hoje, existem inúmeras opções para criar e manter seu grupo. Com tantas oportunidades on-line e presenciais, sua rede pode ser muito maior que o Círculo de Cipião, a Geração Perdida ou o Grupo Bloomsbury poderiam conceber. Você pode criar seu grupo como bem quiser. Basta se certificar de que ele vai tornar você melhor.

E lhe trazer mais sabedoria.

ESTUDE O PASSADO

O major George Patton já tinha passado por aquilo. Tinha certeza.

"Estive nessa batalha quando era menino", disse Patton, enquanto examinava o campo, agora coberto de grama, onde milhares de homens haviam morrido na Guerra Civil, décadas antes de ele nascer.

Às vezes, ele falava com os amigos sobre lampejos de lembranças: que tinha sido carregado no escudo de um viking. Que havia lutado na Polônia no século XIV, com João, o Cego. Que havia marchado nas guerras napoleônicas. Que havia liderado uma legião romana na Gália.

Em meio a seus devaneios em 1933 sobre os acontecimentos de uma batalha da Guerra de Secessão dos Estados Unidos, Patton e o historiador militar com quem ele conversava foram interrompidos por um homem muito mais velho. "Esse senhor está certíssimo", explicou o veterano. "Eu estive nessa batalha, e, senhores, nós corremos para diabo."

Patton insistiu que seu *déjà-vu* era autêntico e que nele reencarnavam os espíritos de gerações de guerreiros. Talvez houvesse um fundo de verdade nisso, pois seus êxitos nos campos de batalha da África, da Itália, da França e da Alemanha, na Primeira e na Segunda Guerra Mundiais, mostraram tanto arrojo e tanta ousadia que pareciam a continuação das míticas campanhas do passado.

No entanto, também há uma explicação mais simples que não retira muito da magia: Patton estudava tanto história, tinha lido tanto (devorando não apenas incontáveis livros como também poemas, romances e relatos em primeira mão dos soldados de outrora), que as lembranças daquilo que estudara se fundiam de forma imperceptível com sua consciência, até não saber mais diferenciar esses dois mundos.

Ele não apenas *conversava* com os mortos, como diria Zenão; tinha passado a viver com eles.

Na verdade, ele praticamente admitiu isso em um texto que começou a escrever para futuros oficiais. "A rota até o alto comando passa por uma longa trilha chamada 'História da Guerra'", escreveu. "Para que seja útil no campo de batalha, o conhecimento militar, assim como a disciplina, precisa ser subconsciente. A memorização de exemplos concretos é inútil, já que na batalha a mente não opera bem o suficiente para que a memória seja confiável. O oficial precisa estar tão embebido do saber militar que executa a ação militar no automático."

A história não é apenas algo que aconteceu. Não é uma teoria. Não aconteceu em preto e branco. A história é *viva*. É *novidade*. Aconteceu aqui e agora, a cada segundo, e poderia muito bem ter acontecido de um jeito diferente.

É por isso que a estudamos. Estudamos história porque ela é...

... biografia.

... psicologia.

... filosofia.

... grandeza humana.

... baixeza humana.

Ela é o esplêndido e o repulsivo, o possível e o impossível.

Historia est magistra vitae. A história é a mestra da vida, e Clio, musa da história na Antiguidade, é nossa mestra.

Poucos sabem disso, mas Patton era disléxico, e ler, na infância, era extremamente difícil para ele. As palavras na página não faziam muito sentido, e os livros despertavam nele verdadeiro terror. Sua família superou esse obstáculo lendo *para* ele o tempo todo. Shakespeare, a *Odisseia*, a *Ilíada*, a Bíblia, Xenofonte, Kipling, as histórias de Plutarco e da Guerra de Secessão... a glória e os horrores da guerra entravam por seus ouvidos o tempo todo, até ficarem bem gravados em sua mente.

No início da adolescência, Patton já conseguia ler por conta própria e lia com o máximo de determinação.

Um de seus biógrafos calcula que, no momento em que estourou a Primeira Guerra Mundial, Patton já havia lido quase todos os livros sobre guerra móvel já escritos. Ele tinha lido as memórias dos grandes generais norte-americanos — Sherman, Grant, Lee — vezes suficientes para decorá-las.[5] É assim que a história capacita, colocando o leitor ao lado dos grandes nomes, aproximando-nos da percepção de que eles eram simples seres humanos e que, se podiam fazer algo, nós também podemos.

No diário de Patton consta várias vezes que ele ficava acordado até meia-noite, lendo à luz do lampião. Quando terminava um livro, escrevia um *R* (de *read*, "lido") na folha de guarda e o inseria na sua biblioteca. Ele não limitava seus estudos à história militar. Lia romances e peças de teatro — ficção escrita no passado e ficção *sobre* o passado. Em 1942, ao saber que estava prestes a ir lutar no Marrocos, leu o Alcorão. Um padre europeu viu Patton em uma catedral, desenhando esboços de vitrais em seu caderno. Fotojornalistas o flagraram em museus. Ele visitou campos de batalha, castelos e cenários de acontecimentos históricos.

Os estoicos diziam que, quando estudamos filosofia, anexamos todas as épocas à nossa época. Cada era, época e acontecimento que estudamos é uma forma de viver aqueles períodos. "Por meio da história", disse Montaigne, "frequentamos as maiores almas dos anos passados". Elas se tornam nossas companheiras, nossas inimigas, nossas Cassandras, nossas inspirações, nossas fábulas morais. Absorvemos o tempo delas — e suas lições de vida — em nosso tempo. Ganhamos uma perspectiva mais abrangente, um ponto de vista maior, ao mesmo tempo que reduzimos o volume das opiniões e vieses fúteis do momento.

---

[5] Depois de uma reunião tensa, ele anotou: "Fiquei um pouco preocupado, mas acho que tinha razão. Pensei em Grant e Nelson e me senti bem. É para isso que serve a história."

Muita gente acha que a história tem que ser emocionante, algo perfeito para o Dia dos Pais. Contudo, a história não é feita só de pontos altos. Não é só composta de grandes nomes e grandes acontecimentos. Ela está repleta de gente comum. Repleta de sofrimento. Repleta de hipocrisia e de fracassos. De séculos e ciclos longuíssimos. São as mesmas coisas se repetindo o tempo todo.

Não é preciso achar interessante o que aconteceu no passado para aprender com ele. É preciso, sim, se envolver.

A palavra grega *historia* significa inquirição, investigação. A história não é algo que é apresentado a você. É algo que se desenterra, peça por peça, livro por livro, visita por visita, pergunta por pergunta. Conforme lemos e estudamos, nós nos transformamos em pioneiros, em refugiados, em soldados da União e proprietários de escravizados, em colonizadores e nativos, em gregos, romanos e bárbaros. Para entender o mundo deles, é preciso habitá-los, enxergar as coisas através de seus olhos, sentir o calor da batalha, o medo da perseguição, a esperança de um futuro melhor.

"Nunca é demais ponderar sobre os crimes e infortúnios da história, porque, não importa o que se diga, é possível prevenir ambos", lembra-nos Voltaire. O estudo da história inspira, mas também desfaz nossas ilusões. Um estudo aprofundado mostra que o heroísmo não é a norma, que o progresso não é inevitável, que a justiça nem sempre triunfa e que as mudanças levam muito tempo. "Que os homens não aprendem muito com as lições da história é a mais importante das lições que a história tem a nos ensinar", disse certa vez Aldous Huxley.

Podemos fazer uma escolha diferente.

Foi o que Patton fez. Quer seu *déjà-vu* fosse um exibicionismo teatral, quer não, baseava-se em algo real e produziu algo real. Ele sabia o que fazer no campo de batalha porque compreendia o que várias gerações de homens haviam feito ali. Conhecia seus erros. Conseguia se colocar no lugar deles. Percebia seus dons. Encenou a grandeza deles, ponderou mil vezes suas decisões de mil pontos de vista diferentes.

A história, há que se entender, não é uma questão de passado. É uma lente para compreender o presente (é por isso que se briga sobre o que deve ser ensinado). É uma forma de prever, e até de determinar, o futuro.

Patton cresceu lendo sobre batalhas de cavalaria e até com elefantes... mas isso o preparou para guerras com tanques e aviões e novas tecnologias inimagináveis. Como o passado o preparou para esse território inexplorado? Porque não estava nem de longe inexplorado. A guerra, a liderança e a política eram diferentes no século XX, por conta de avanços tecnológicos e outros fatores, mas eram tão conhecidas no passado quanto no futuro. "A única coisa nova no mundo", Truman gostava de dizer, "é a história que você não conhece".

Pouquíssima coisa muda com o tempo. Pouquíssima sabedoria é nova.

O que preparou Patton para todas as inovações e rupturas que o futuro traria? A história que ele conhecia.

A história nos mostra que a mudança é constante, e, por mais que tudo mude, muita coisa permanece igual.

Sempre haverá uma história que ainda não conhecemos. Cada acontecimento histórico, cada era, é definido por aquilo que veio antes, remontando ao próprio início do tempo. Não há limite para o número de caminhos e vias paralelas que se pode pegar, um número verdadeiramente infinito de perspectivas a se considerar a cada momento. Sempre existe algo novo a ser descoberto, uma quantidade inexaurível de informações para absorver.

Então, vamos começar com alegria, sabendo que nunca vamos chegar ao fim.

CAIA NA ESTRADA

Heródoto não se tornou o primeiro grande historiador do mundo sentando-se em casa com seus livros. Não, ele caiu na estrada.

Da Pérsia a Atenas, passando por Itália, Líbia, Babilônia, Bizâncio e o Mar Negro, ele viajou milhares de quilômetros ao longo da vida. Singrou o Nilo. Visitou a Fenícia, terra natal de Zenão, um século antes do nascimento do filósofo.

Os gregos sempre foram viajantes, como observou Heródoto. Alguns partiam para fazer comércio, outros para guerrear e outros, segundo ele, quase com certeza falando em causa própria, "por mera curiosidade, para ver o que desse". No passado, assim como hoje, viajar era uma fonte de sabedoria, um jeito de descobrir lugares novos e de conhecer a si mesmo.

Ele analisou templos; experimentou culinárias; conversou com pessoas; visitou cidades grandes e pequenas; viu as floras e as faunas, dos crocodilos aos camelos; caminhou por estradas poeirentas e por belas praias; atravessou desertos e desembarcou em portos movimentados; assistiu a rituais; apreciou monumentos e obras públicas. "Eu mesmo vi", escreveu, a respeito de um labirinto egípcio que contemplou durante várias horas, "e de fato não há palavras para descrever suas maravilhas".

Antes de Heródoto, não existia a "história" como disciplina. Por isso, ele não tinha o que ler. Tampouco havia relatos de viagem — faltavam ainda dezessete séculos para Marco Polo. Se Heródoto quisesse aprender sobre o Extremo Oriente, ou mesmo sobre a cultura de uma nação vizinha, sobre as guerras persas ou os feitos dos grandes espartanos, que deram tudo de si nas Termópilas, ele tinha que ver por conta própria esses lugares e povos.

Heródoto queria chegar à *aitíe* — a causa profunda das coisas. Era fascinado pelos *nomos*, os costumes dos povos, e como eram diferentes dos dele. Ele queria ouvir essas histórias. Queria saber *por que* as coisas eram feitas como eram feitas.

Sua famosa obra, *Histórias*, é repleta de digressões interessantes. O método de arrecadação de impostos dos persas. Como os babilônios irrigavam as plantações. O jeito dos citas de lutar a cavalo.

Maravilhado, Heródoto testemunhou o comércio fluvial no Eufrates e notou que os barcos circulares eram feitos de peles impermeáveis. Ele conta onde os barcos eram fabricados (na Armênia), que mercadorias transportavam (sobretudo vinho), sua capacidade (até 130 toneladas) e, além da tripulação, que passageiros viajavam neles (burros vivos!). Quando atracavam, as embarcações eram desmontadas e vendidas em peças. Os burros, então, carregavam o dinheiro e as mercadorias de volta, e o processo recomeçava. "Isto", afirmou Heródoto, "eu considero a maior maravilha de todas, à exceção da própria [Babilônia]".

Para ficar sabendo de tudo isso, quantas perguntas ele deve ter tido que fazer? Como ele deve ter sido curioso!

Toda cultura considera as próprias normas, digamos, normais. Apenas as viagens permitem abandonar esse etnocentrismo. Em seus deslocamentos, Heródoto conheceu os persas, os hindus, os fenícios, os citas, os babilônios, os egípcios, os lídios, os sírios, os trácios, os frígios. Eles reverenciavam outros deuses, usavam outras roupas, contavam outras histórias, falavam outros idiomas. Eram todos muito diferentes, porém iguais no paroquialismo — como o ser humano ainda é até hoje. Com sua percepção característica, Heródoto observa que os egípcios também se referem aos povos que não falam sua língua como "bárbaros" (os gregos faziam isso porque, para eles, os persas pareciam falar "bar bar bar").

Heródoto comentou, com gosto, que na Índia existia uma pequena seita que comia um pedacinho dos mortos, como parte de um ritual religioso. Obsceno! Asqueroso! Entretanto, como esses povos reagiam ao saber que os gregos queimavam os mortos em um pira funerária? Ultraje! Sacrilégio!

O mundo é muito grande. Nossa cultura é apenas uma entre várias. Existe sabedoria em outros pontos geográficos, nas gerações de pessoas que viveram em um mesmo lugar, adaptando-se à terra e ao ambiente. Basta termos curiosidade para descobrir.

Portanto, caia na estrada! Viaje para lugares conhecidos e pouco conhecidos. Vá de barco, de carro, de trem, de avião e a pé... percorra o máximo que puder a pé. Leia as placas. Sofra com a barreira do idioma. Contemple a paisagem do outro lado da estrada. Prove as culinárias. Vá aos museus. Suba as montanhas. Sente-se em um café ao ar livre. Assista a um concerto. Veja os velhos hieróglifos e repare no grafite pelas ruas das cidades. Ouça o bate-papo das pessoas. Veja os cemitérios. Visite os campos de batalha. Demore-se.

Leve um caderno. Ponha no papel tudo o que vê, sente e pensa.

Encare seu país como um turista. Viva no exterior como se fosse um nativo.

Cada prédio e cada árvore possui uma história. Pense naquilo que testemunharam. Pense em quem já esteve onde você está. Pense no que as pessoas pensaram ali, no que as fez sentirem medo, no que lhes deu esperança, no que acreditavam.

Por que vou me importar com um monte de edifícios antigos? Não quero adoecer. Será que faz mal? Mas é caro demais. Eu vou quando for mais velho, quando minha vida estiver organizada.

Há 1 milhão de desculpas para *não* viajar, mas elas não passam disso: desculpas. Seja uma viagem à Europa bancada pelos seus pais, seja um mochilão financiado lavando pratos, explorar é um passo importante rumo ao crescimento. Vai mudá-lo para melhor. Não é preciso gastar uma fortuna para se tornar cosmopolita...

mas é preciso dar uma olhada no outro lado da montanha, vez por outra.

Quando viajava, Montaigne sugava tudo o que via, como um aspirador de pó. Ele planejava pouco. Mantinha-se aberto aos encontros e às experiências casuais. Como no dia em que encontrou um grupo de homens transportando dois avestruzes em coleiras, como presente para um duque. Ele parava em toda igreja que encontrava, registrando as várias práticas, como um antropólogo. Testemunhou uma circuncisão judaica. Foi a templos protestantes, conversou com o papa no Vaticano. Conversou com uma mulher vestida de homem. Conversou com um agricultor pobre. Comunicou-se com tupinambás brasileiros, levados à França em uma jornada de mais de 7 mil quilômetros através do oceano. Foi emboscado por salteadores de estrada, falando tanto no ouvido deles que acabou convencendo-os, com sua inteligência, a soltá-lo.

A única coisa que aborrecia Montaigne, em suas aventuras, era quando ele encontrava outro francês. Parecia-lhe um desperdício ir tão longe para encontrar um conterrâneo.

"Nunca fui fã de gente que não sai de casa", escreveu certa vez a viajada Joan Didion. "É como se [viajar] fosse parte do seu dever de vida." Seu dever é abandonar a impressão de que você é especial. Seu dever é aprender, explorar, se expor.

Terras novas geram ideias novas, transformam-nos em pessoas novas.

O que teria sido de Gandhi se ele não tivesse morado na Inglaterra? E se ele tivesse voltado para casa, em sua província indiana, sem nunca passar pela África do Sul? Na verdade, aquilo que ele chamava de "experiência mais criativa da minha vida" aconteceu em uma estação de trem em Maritzburg, na África do Sul, onde ele sofreu discriminação por causa da cor da pele. Não foi uma interação *agradável*. Porém, longe do conforto de seu escritório de advocacia e ainda mais longe de sua terra natal, aquilo despertou nele o ativismo que mudaria o mundo.

Foi na Inglaterra, e não na Índia, que o vegetarianismo se tornou parte da identidade de Gandhi. Foi na Inglaterra que Gandhi conheceu o movimento das sufragistas, que lutavam pelo voto feminino, e testemunhou como a não violência poderia funcionar como estratégia política. Foi onde ele foi apresentado à Bíblia e aprendeu os ensinamentos cristãos dos quais se valeria para deixar os britânicos envergonhados com a própria hipocrisia. Foram suas experiências na África do Sul que o despertaram para o sofrimento dos intocáveis na Índia. Como observou um amigo, Gandhi saiu da Inglaterra como advogado e da África do Sul como o Mahatma.

Como muitos de nós, ele conheceu muita gente em suas viagens, descobriu muitas coisas, mas, acima de tudo, encontrou a si mesmo. A viagem exterior facilita a jornada interior.

É isso que o mundo e a estrada nos prometem: um caminho para a sabedoria. Mostram o que existe por aí, quem devemos ser, o que somos capazes de ser.

Siga em frente.

Não amanhã.

Agora.

ADQUIRA EXPERIÊNCIA

Plutarco foi mais que um simples escritor.

Embora seus ensaios sobre o poder e a grandeza tenham influenciado a vida de Montaigne, Truman, Patton e tantos outros líderes e pensadores, os vizinhos de Plutarco o conheciam como alguém um pouco menos glamoroso: uma autoridade local.

Dizem que seus concidadãos sempre se surpreendiam ao ver o escritor e filósofo famoso supervisionando a entrega de um carregamento de pedras para uma nova estrada ou inspecionando um sistema de esgoto.

Contudo, esse era o escopo de um magistrado, função que Plutarco exerceu durante décadas em sua cidade natal, Queroneia, perto do Templo de Apolo, onde ele também serviu como sacerdote. É verdade, ele escreveu histórias grandiosas e inspiradoras sobre notáveis homens e mulheres, mas seu emprego cotidiano exigia cuidar do trabalho de pedreiros, ouvir queixas dos cidadãos, aprovar orçamentos e fazer cumprir as leis. Ele viajava como diplomata em missões importantes. Lidava com cônsules e imperadores. Ele cultivou um círculo social de filósofos e políticos.

A vida política se tornou parte crucial de sua atividade como escritor, e seu amor pelos livros, pelas ideias e pela história era parte essencial daquilo que o tornava um bom líder. "Pode parecer um processo estranho", explicou Plutarco certa vez. "Não é tanto que por meio das palavras eu tenha chegado a uma compreensão total das coisas, e sim que por meio das coisas eu pude adquirir uma experiência que me possibilitou seguir o sentido das palavras."

Plutarco passou anos estudando Cícero e Demóstenes. Com isso, tornou-se um orador melhor. Porém, ao fazer incontáveis discursos em sua terra natal e no exterior, uma demanda do cargo, ele passou a compreender aqueles homens em um nível que pouquíssimos outros escritores teriam conseguido. É por essa razão que até hoje, vinte séculos depois, suas biografias ainda são impressionantes.

Plutarco viu grande parte da Grécia e de Roma. Casou-se. Analisou processos jurídicos. Teve que convencer colegas e superiores desagradáveis. Enterrou um filho amado. Foi importunado por gente com problemas irrelevantes e teve que aguentar idiotas[6] e ególatras. Lidou com a burocracia e encontrou maneiras de colocar as coisas em prática. Deve ter visto como o poder corrompe e sentido a tentação na própria pele. Sentiu o fardo e a solidão do líder. Ele não foi imperador, mas adquiriu experiências, em maior e menor grau, suficientes para compreender tanto Alexandre, o Grande, quanto Diógenes, o Cínico. Viveu a vida, conheceu gente, viu coisas — comuns e extraordinárias. Foi disso tudo que ele extraiu sua sabedoria.

É por isso que Truman encontrava uma resposta para nove entre dez problemas políticos modernos nas páginas dos livros de Plutarco, que impregnava cada trecho com experiências pessoais diretas de problemas humanos parecidos e atemporais. Truman, por sua vez, levava a Plutarco as próprias experiências na guerra e na política, o que lhe possibilitou uma compreensão completa das palavras, como resultado da vida que viveu. Afinal, Truman conheceu um Demóstenes (Churchill), um Péricles (Roosevelt) e um César (MacArthur) e enfrentou mais de um Xerxes (Stálin e Hitler).

Nós costumamos pesar a experiência prática contra os livros, como se fosse uma escolha binária. É preciso ter *ambos*. A educação e a experiência são um ciclo — um processo que se reforça de maneira mútua. Vamos à escola. Ouvimos professores. Lemos. Experimentamos. Escrevemos diários. Observamos mentores.

---

[6] A palavra idiota vem do grego. Referia-se à pessoa que não exercia cargo público e que, aos olhos do público, não tinha experiência.

Fazemos perguntas. Cometemos erros. Exploramos novos territórios. Estudamos as coisas de perto. Fazemos trabalho de campo. Revisitamos os livros. O tempo todo.

Ambas dão trabalho. Ambas são *parte* da nossa tarefa.

Da Vinci, por ser filho ilegítimo, recebeu pouca instrução formal. Assim como Monet, ele não gostava da sala de aula. Preferia estar o máximo possível ao ar livre. Porém, é evidente, foi uma das mentes mais brilhantes que já existiram. Com quem ele aprendeu? Ele era simplesmente um gênio nato? Não. Era, como ele mesmo assinava em suas cartas, *disscepolo della sperientia* — um discípulo da experiência. O termo é italiano, não latino, pois Da Vinci não era muito bom com idiomas. "Embora eu não tenha o poder de citar outros escritores, como eles fazem", disse, comparando-se a seus pares mais instruídos, "recorro a algo muito mais valioso, a experiência".

A experiência era, como ele gostava de dizer, sua amante.

Tudo que ele sabia advinha de suas observações de campo. Da dissecação de corpos. Da aquisição de pássaros para observar como voavam. Dos passeios pelas ruas de Florença. Ele visitava oficinas e observava o trabalho dos artistas. Foi aprendiz de Andrea del Verrocchio. Analisou formas e sombras. Projetou e realizou experiências de vários tipos: em sua imaginação, com esboços detalhados e com modelos concretos. Trabalhou em projetos de engenharia civil e militar com Maquiavel (ele próprio, como Plutarco, alguém que aprendia não apenas com livros como também com a experiência de vida). Da Vinci era metódico no processamento e registro das informações que adquiria e das ideias inspiradas por elas: anotava-as em um bloco que costumava carregar preso à cintura. Ele era uma esponja, sempre observando, encontrando gente nova, experimentando coisas novas.

Da Vinci era um artista, mas também era um *executor*, e foi o que aprendeu com a prática que não apenas o aperfeiçoou como também deu à sua obra as características e a profundidade que fizeram dela o que se tornou.

É preciso descobrir o melhor jeito de praticar. Escritores aceitam trabalhos de redação publicitária. Comediantes aceitam se apresentar em eventos fechados. Médicos se voluntariam em clínicas públicas ou em países em desenvolvimento. Advogados prestam serviço gratuito.

É preciso praticar *botando a mão na massa*. Não uma, e sim várias centenas de vezes. Por horas. Fique mais forte, mais inteligente, mais sábio a cada vez.

"Cacei javalis e observei leões selvagens. Velejei pelo mar Egeu (e comandei barcos), atirei com arco, vivi com pastores, teci panos, construí navios e matei muitos homens", escreveu T. E. Lawrence na Introdução à sua tradução seminal da *Odisseia*. O que o tornava o mais qualificado para embarcar nesse gigantesco empreendimento literário? Os anos que passou estudando grego? As aulas em Oxford? Ou sua odisseia na Primeira Guerra Mundial, em que lutou, fez sacrifícios e viajou enormes distâncias, tão longe de casa?

A resposta é: todas as alternativas anteriores!

O conhecimento e a experiência não são incompatíveis; a segunda é apenas o primeiro sob outra forma. Apesar disso, os estoicos odiavam os chamados filósofos "de pena e tinteiro", aqueles que nunca erguem os olhos dos livros quando estão estudando e, pior ainda, nunca aplicam seus conhecimentos no mundo exterior, onde poderiam beneficiar gente de verdade (embora, sendo justo, talvez seja melhor que esses acadêmicos mantenham sua ingenuidade em um círculo restrito). A ideia é que você precisa ser uma pessoa de ação — porque nenhum estudo está completo sem interação com as pessoas e os lugares à sua volta. Este era o maior receio de Platão: que ele não passasse de um teórico, "sem disposição para assumir nenhuma tarefa prática".

Precisamos ter esse medo também! Pois o propósito do conhecimento é a *ação*.

Você investiria em um empreendedor que nunca trabalhou ou gerenciou uma equipe? Que ideias novas um psicólogo pode propor sem ter passado muito tempo com outros seres humanos? Você gostaria de ser operado por um cirurgião que observou um monte de cirurgias, mas que nunca realizou uma de fato?

Estudar muito e praticar pouco acaba criando uma escassez de conhecimento, um escudo de ingenuidade, por mais inteligentes que sejamos.

Existem algumas coisas que só se pode entender ao vivenciá-las bem de perto. Existe aquilo que faz sentido no papel, mas não sobrevive ao contato com a realidade.

Ou com outras pessoas.

MENS SANA IN CORPORE SANO...

O corpo e a mente são a mesma coisa, apenas expressos de dois jeitos.

SPINOZA

Hoje, quando pensamos em Sócrates, nós o categorizamos como um pensador: um homem dotado de uma grande mente.

No entanto, seus amigos o admiravam por muito mais. Eles o estimavam pela coragem no campo de batalha. Ficavam impressionados com sua capacidade de suportar o frio e o desconforto. Parece quase inacreditável que Sócrates, um *filósofo*, fosse uma espécie de figura máscula, mas ele era.

"Nenhum cidadão tem o direito de ser amador quando se trata de treinamento físico", disse Sócrates certa vez. "Que desonra é para um homem envelhecer sem jamais ter visto a beleza e a força de que seu corpo é capaz."

Não é apenas uma desgraça, é uma falta de curiosidade. Você não quer saber o que consegue fazer? A sabedoria não exige condenar ninguém a uma vida de debilidade raquítica ou a uma falta de coordenação motora digna de um nerd.

Uma mente poderosa precisa de um corpo poderoso, e vice-versa. Na verdade, para os romanos, uma pessoa com baixo grau de instrução era alguém que não aprendera a ler *nem a nadar*.

Você precisa tanto do aspecto mental quanto do físico. Uma pessoa é incompleta e desajustada quando negligencia um em favor do outro.

A inteligência existe de diversas formas. Uma pessoa capaz de realizar coisas brilhantes com a mente é sábia... mas uma pessoa capaz de realizar coisas incríveis com o corpo também é. A música não é a fusão tanto da habilidade física quanto da cognitiva e, ainda por cima, com criatividade? O mesmo se aplica ao jogador de futebol que desmonta metodicamente uma defesa ou ao explorador que conquista a natureza não apenas com disposição física como também com inteligência.

Existe um motivo para tanta gente criativa ser fisicamente ativa. Existe um motivo para os filósofos serem conhecidos pelas longas caminhadas (a escola de Aristóteles era chamada de "peripatética", que significa "caminhante"). Isso também se aplica aos cientistas (Marie Curie e Einstein adoravam caminhar juntos). Colocar o corpo em movimento desbloqueia algo na mente. Também conecta você ao mundo real, onde estão a natureza, as pessoas e a história, ampliando sua perspectiva e trazendo seus pés de volta ao chão e à humanidade. Sócrates fazia seu treinamento físico caminhando por Atenas, conversando e aprendendo.

Precisamos ser fortes tanto no âmbito mental quanto no físico. Cérebro e coragem. Força bruta e delicadeza.

Só um tolo descuida do corpo em favor da mente, ou da mente em favor do corpo.

A virtude, a *excelência*, é o cultivo de todas essas características, a aspiração a ser uma pessoa completa e integral. Inteligente e forte. Forte e inteligente.

PARTE 2

AS SEREIAS (OS ROCHEDOS PERIGOSOS QUE VOCÊ DEVE EVITAR)

Dia após dia, nadamos em um rio de ilusões, eficaz em nos distrair com castelos e cidades no ar, que enfeitiçam os homens à nossa volta (...) Nos intervalos de lucidez, afirmamos: "Que se abra para mim uma porta de entrada para o mundo real; já usei demais o chapéu de tolo."

Ralph Waldo Emerson

O propósito de toda a tradição filosófica e espiritual não se resume apenas a atingir a iluminação, mas também, antes de tudo, abandonar a tolice que é endêmica em nossa espécie. A história humana é um catálogo da nossa estupidez. Todos a temos dentro de nós... e é algo contra o qual devemos sempre nos atentar. A ignorância, diz a tradição védica, é a principal causa do sofrimento. Os gregos tinham uma palavra, *amathia*, para descrever uma espécie de estupidez inteligente. A Bíblia nos mostra que os tolos são crédulos. Os tolos se aborrecem com facilidade. O tolo procura o conflito. Todos nós somos propensos a crer em verdades absolutas, a ceder à soberba, ao fanatismo, a contradições, ao caos, a vieses, à impulsividade, a susceptibilidades, ao pensamento de grupo e à preguiça. A sabedoria é uma batalha constante contra essas forças, pois ter ideias originais é impossível sem um triunfo temporário sobre elas. A tolice é contagiosa, a estupidez busca quem a ela está suscetível. Cada um de nós deve estar em guerra contra o tolo dentro e fora de nós. Nenhum de nós pode se acomodar, achando que, por sermos inteligentes ou educados, somos incapazes de também sermos idiotas.

A TEMPESTADE DENTRO DE NÓS...

Elon Musk é um homem inteligente.

Dizer que ele não é inteligente seria como afirmar que ele não é rico.

Na verdade, ele é ao mesmo tempo um dos homens mais ricos e um dos mais inteligentes do mundo — às vezes o mais rico e talvez, em algumas áreas, o mais inteligente.

Aos 13 anos, Musk projetou o próprio videogame. Ganhou o primeiro computador em 1981. Aos 24 anos, fundou sua primeira empresa de tecnologia, que vendeu quatro anos depois por 307 milhões de dólares. Em seguida, veio o PayPal, que revolucionou a indústria bancária e foi vendido por 1,5 bilhão de dólares.

Existem muitos empreendedores inteligentes e muitas pessoas bem-sucedidas. Elon Musk se destacou quando pegou o dinheiro de suas duas primeiras empresas e investiu quase tudo em *foguetes*, tão complexos e burocráticos na questão científica quanto na questão econômica.

Quem era ele para achar que podia simplesmente cair de paraquedas e se sair melhor que empresas como a Northrop Grumman, a Raytheon, a Lockheed Martin... ou a NASA?

Gente mais rica e mais qualificada já havia tentado e fracassado. Na verdade, existe um cemitério de empresas do setor espacial repletas de doutores em física e bilionários ambiciosos. Países inteiros tentaram e fracassaram na criação de programas espaciais viáveis!

"Quando conheci Elon, percebi na hora que, embora ele tivesse uma mente de cientista e compreendesse os princípios científicos, não entendia nada de foguetes", declarou o engenheiro aeroespacial dr. Robert Zubrin sobre Musk, em 2001. "*Nada*."

Não é justo afirmar que Musk não sabia *nada* quando fundou a SpaceX, porque ele sempre teve curiosidade por foguetes. Ele e os primos começaram a fazer experimentos ainda na infância, como ocorre com a maioria dos cientistas espaciais. "Tenho sorte de ainda ter todos os dedos", refletiu Musk sobre seus experimentos com pólvora e substâncias químicas. "É incrível a quantidade de coisas que dá para explodir."

O bom de não ser especialista em algo é que dá para resolver esse problema. A ignorância, caso você queira, pode ser um estado temporário. A expertise é uma questão de interesse, professores e motivação.

Parece improvável que alguém possa aprender a lançar um foguete a partir de uma lista de livros reunidos por conta própria, mas foi o que Musk fez. Os amigos se lembram de ter visto aquele recém-multimilionário com manuais soviéticos obscuros de engenharia espacial debaixo do braço. Ele pegou emprestado biografias de Wernher von Braun e Sergei Korolev, pioneiros da área. Obteve exemplares de *Aerothermodynamics of Gas Turbine and Rocket Propulsion* e *Fundamentals of Astrodynamics*. Mais surpreendente ainda: ele leu tudo.

"É verdade", explicou um dos primeiros funcionários da SpaceX e a pessoa cuja biblioteca Musk vasculhou. "Ele *devorou* esses livros (...) É o cara mais inteligente que já conheci, e o projeto dele sempre foi construir um foguete."

Musk leu ficção científica desde a infância, sonhando com o espaço e com um futuro melhor, quase inimaginável. Leu as palestras de Richard Feynman e as obras de Isaac Asimov e Douglas Adams. Foi apelidado de Enciclopédia, de tão prodigiosa que é sua memória, tamanha a tenacidade para ler os livros da família de cabo a rabo. Quando os pais não o encontravam em casa, sabiam que bastava procurá-lo na livraria local, aonde ele costumava ir depois da aula e passar três ou quatro horas por dia, até os donos o expulsarem. E isso foi só depois de ter lido, como Truman, tudo o que havia na escola e na biblioteca municipal. "Fui criado pelos livros", disse Musk, "pelos livros e depois pelos meus pais".

"Quando Elon se interessa por algo, ele adquire um grau de interesse diferente das outras pessoas", comentou seu colega de quarto na faculdade. "É o que o diferencia do resto da humanidade." Contudo, não era só o grau de interesse que o diferenciava; era a forma de se dedicar exclusivamente àquilo que importava para ele, deixando de lado tudo e todos que pudessem distraí-lo. "Desde que eu era menino", explicou Musk, "quando eu começo a pensar muito em algo, todos os meus sistemas sensoriais se desconectam. Não vejo nem ouço nada. Passo a usar o cérebro para fazer cálculos, não para receber informações".

Entretanto, sua curiosidade não podia ser saciada apenas pela leitura. Ele ia direto à fonte. Viajou mundo afora para se encontrar com especialistas e lhes fazer perguntas. Entrou para a Mars Society, grupo que inclui cientistas da NASA e até o cineasta James Cameron. Alugou salas de reunião em hotéis e organizou simpósios sobre o espaço, convidando as pessoas mais interessantes do setor, que ele bombardeava com perguntas. Contratou as melhores e mais brilhantes. "No começo, achei que ele estava me desafiando, para ver se eu entendia do assunto", conta um dos primeiros funcionários da SpaceX. "Depois eu me dei conta de que ele estava tentando aprender as coisas. Ele interroga você até aprender 90% do que você sabe."

Saímos empregando a palavra "gênio" por aí com muita facilidade, mas em muitos casos esse rótulo é injusto com quem se quer elogiar. Dá a entender que a pessoa nasceu assim, que é apenas uma aberração da natureza. Até o ensino médio, Elon não era nada além de um aluno um pouco acima da média, tirando notas boas apenas em suas matérias preferidas. Ele tirou 1.400 no teste SAT de avaliação escolar, um resultado respeitável. Foi um aluno promissor, mas longe de ser extraordinário, na Universidade da Pensilvânia e depois em Stanford, onde fez pós-graduação.

Dizem que um dos sinais de uma mente brilhante é a capacidade de compreender a função exponencial — de conseguir conceber números compostos. Ninguém atinge um patrimônio de centenas de bilhões de dólares sem essa compreensão. Porém, no caso de Musk, sua educação era um exemplo da função exponencial. Sua imersão em diversos campos da ciência começou devagar, mas seu foco e sua determinação, multiplicados pela quantidade de *tempo* que ele dedicou aos vários empreendimentos, resultaram em algo incrível. "Em 2007", conta Robert Zubrin com admiração, "[Elon] sabia tudo sobre foguetes... sabia tudo mesmo, em detalhes".

O conhecimento, como se vê, também é uma demonstração da função exponencial.

O plano original de Musk para a empresa que se tornaria a SpaceX era terceirizar a construção dos foguetes, como quase todas as empresas aeroespaciais fazem — inclusive a NASA, hoje em dia. O problema de fazer o que todo mundo está fazendo é que você tende a obter os mesmos resultados que todo mundo. "Embora na maior parte da vida a gente resolva as coisas raciocinando por analogia, o que significa basicamente copiar o que os outros estão fazendo, com ligeiras variações", explicou Musk certa vez, "se você quiser romper barreiras e inovar de verdade, é aí que precisa aplicar um raciocínio a partir do princípio, tentar identificar as verdades mais fundamentais em qualquer área específica, e raciocinar a partir daí".

Aristóteles ensinou que é preciso buscar a origem das coisas, chegando até a verdade primária do assunto, em vez de simplesmente aceitar as observações ou crenças comuns. Musk instou sua equipe a analisar quanto custaria se eles mesmos fabricassem os foguetes, a questionar os processos básicos do setor. "Reduza tudo à física", dizia ele. Quando a equipe da SpaceX fez isso, descobriu que o custo material representava cerca de 2% do preço de mercado dos caríssimos foguetes que ele queria comprar.

Dois por cento! Nem vinte, nem doze. *Dois.*

Ninguém tivera curiosidade suficiente para descobrir isso. Elon Musk perguntou: "E se nós mesmos fizermos?" Então fez isso. Esse não foi o único senso comum da indústria aeroespacial questionado por Musk. Cada subdivisão do setor havia sido engolida pela burocracia e por um modo conservador de pensar. O país que havia enviado pessoas à Lua em 1969 tinha esquecido como fazer isso. Em 2002, completaram-se três décadas desde a última vez que um norte-americano deixou a órbita terrestre. Tudo custava uma fortuna. Tudo demorava uma eternidade.

Foi preciso aparecer um recém-chegado com orçamento limitado para descobrir como fabricar foguetes reutilizáveis e entregar sistemas aviônicos multimilionários por um custo muito inferior. Musk fez coisas que as mentes mais inteligentes do setor disseram várias vezes ser "simplesmente impossíveis". Porque ele precisava fazer. Não podia se dar ao luxo de fazer as coisas do jeito como sempre eram feitas... ou como *não* eram feitas.

Foi em parte por causa dessas experiências que Musk teve a ideia daquilo que batizou de "índice de idiotice". A diferença entre o preço de mercado de algo (um foguete, uma pilha ou o contrato para construir uma nova instalação) menos o custo da matéria-prima é o índice de idiotice. Quanto maior o índice, maiores as chances de que haja desperdício, ineficiência ou apenas estupidez.

Com o passar dos anos, Musk elaborou o que chama de seu "algoritmo", um processo mental heterodoxo, porém lógico, que rompe com a burocracia e o pensamento limitado para resolver problemas complexos.

Esse algoritmo, que seus funcionários já o viram repetir milhares de vezes, começa, como seria de se esperar, nos instigando a *questionar tudo*. Todos os pré-requisitos, todos os pressupostos, todos os regulamentos e todas as barreiras devem ser analisados de forma minuciosa. Só as leis da física são inescapáveis. O restante, *delete, delete, delete*. Tente eliminar todas as partes desnecessárias do processo, onde quer que as veja — peque pelo apagamento, postula Musk, porque sempre dá para acrescentar algo de volta depois. *Simplifique*, mas preste atenção para não simplificar algo que deveria ser deletado. *Aja com senso de urgência*. A maioria das coisas leva muito tempo, a maioria das pessoas age muito devagar. *Automatize* tudo o que pode ser automatizado. De novo, preste atenção para não automatizar algo que deveria ser deletado.

Walter Isaacson, o biógrafo mais recente de Musk, acrescentou alguns corolários, com base nas muitas horas que passou observando o jeito de Musk de trabalhar: colocar a mão na massa é crucial. Lidere da linha de frente. A atitude é mais importante que a inteligência ou o talento. "Tudo bem estar errado", diz, parafraseando Musk. "Só não esteja confiante e errado ao mesmo tempo."

Um engenheiro disse que "uma das regras de Elon é: para obter uma informação, chegue o mais perto possível da fonte". Em suas fábricas, ele pergunta aos trabalhadores do chão de fábrica como os processos funcionam na prática. Ele tenta se livrar da burocracia. *Por que temos que fazer assim?* Musk confia em quem põe a mão na massa quando quer saber o que é necessário e qual o melhor jeito de fazer algo. Quem faz perguntas inteligentes é premiado.

A SpaceX conseguiu realizar mais de trezentos lançamentos bem-sucedidos, colocou no espaço milhares de satélites, mandou astronautas à Estação Espacial Internacional [ISS, na sigla em inglês] e construiu o maior e mais poderoso foguete do mundo, entre incontáveis outras inovações. É quase inacreditável assistir aos foguetes da empresa aterrissando em navios-drone no meio do oceano, ou ver o "Mechazilla" (uma espécie de conjunto de palitos mecânicos) pegar o lançador de um foguete conforme ele retorna ao local do lançamento inicial.

Como um verdadeiro visionário, Musk sonhou com um futuro que não existia e o *tornou* real. Conseguiu isso graças à sua tremenda força de vontade e persistência técnica, superando vários lançamentos malogrados, a quase falência e problemas constrangedores e quase insolúveis. Conseguiu apesar da situação do programa espacial dos Estados Unidos, que, na época em que ele começou, estava quase estagnado.

Há também o fato de que, enquanto Musk ainda aprendia ciência aeroespacial sozinho, também estava dominando em tempo recorde a fabricação de automóveis e a engenharia elétrica.[7] Depois de ter sido apresentado a um grupo que tentava criar um carro elétrico, Musk se envolveu com a Tesla, empresa que financiaria e, mais adiante, comandaria. Era a primeira montadora de automóveis norte-americana nova e viável em quase um século (desde a fundação da Chrysler, em 1925), e a primeira montadora de carros elétricos em massa.

O sucesso faz tudo parecer fácil em retrospectiva, mas também era uma missão quase impossível. No início, o Tesla era um carro esportivo de elite, e até para dar certo nesse nicho foi preciso inovar muito na bateria, no sistema de câmbio e na tecnologia de carregamento. Para se tornar uma empresa viável, a Tesla teve que produzir carros a baixo custo, o que exigia construir fábricas enormes, criar uma operação de venda direta e sobreviver à Grande Recessão e à crise financeira subsequente.

Até o grande painel *touchscreen* popularizado pela Tesla era, na época, algo sem precedentes. Era dificílimo achar fornecedores. "Não há nada parecido na cadeia de suprimentos", disseram a ele. "É porque nunca puseram isso na porra de um carro antes", respondeu Musk. Assim como aconteceu com os foguetes, Musk e sua equipe foram lá e deram um jeito.

Eles bolaram as portas em forma de "asa de gaivota", motores capazes de ir de 0 a quase 100 quilômetros por hora em 1,99 segundo, o piloto automático, a tecnologia de autodireção e baterias que permitiam aos veículos rodarem por mais de 500 quilômetros com uma carga só.

---

[7] Em ambos os casos, entretanto, são interesses bem antigos. "Você já pensou em carros elétricos?", perguntou Musk a uma mulher em um primeiro encontro, na época da universidade.

Desde Henry Ford, nenhum indivíduo tinha revolucionado tanto o transporte ou a indústria. Musk conseguiu não apenas tornar o carro elétrico possível como também *descolado*, além de ter montado, do zero, as cadeias de suprimento e instalações para produzir milhões de unidades e os canais de vendas para colocá-los na ruas.

Assim como aconteceu com a SpaceX, muitas vezes a Tesla deu a impressão de que iria falir. Era vista por muitos como um sumidouro de dinheiro, uma falência prestes a acontecer. Isso também pode ser dito da SolarCity, a enorme empresa de Musk de painéis solares e baterias. Contudo, ele conseguiu fazer essas empresas sobreviverem... e, enquanto as colocava de pé e as salvava, também se tornou um dos fundadores da OpenAI, a revolucionária empresa de inteligência artificial. A SpaceX lançou a Starlink. Musk fundou a Boring Company e a Neuralink.

O valor somado dessas empresas passa, com muita facilidade, de 1 *trilhão* de dólares.

Realizar apenas uma dessas coisas já seria considerado um feito de extrema inteligência, tino empresarial, criatividade, ambição e determinação. Fazer todas elas em duas décadas é quase inacreditável!

"Para mim, o mais notável é a amplitude do conhecimento dele", diz o astronauta Garrett Reisman, que tem doutorado pelo Instituto de Tecnologia da Califórnia, o Caltech. "Quero dizer, eu conheço um monte de gente superinteligente, mas são superinteligentes em uma coisa só. Ele é capaz de conversar com nossos maiores engenheiros sobre software, sobre os aspectos mais obscuros, e depois virar para nossos engenheiros de produção e discutir um processo de soldagem absolutamente esotérico usando uma liga surreal, e ficar para lá e para cá, capaz de passar de uma tecnologia a outra, tratando de foguetes, carros e todo o restante que ele faz".

Elon Musk é um homem saído das páginas de Plutarco. Ele caminha por este mundo como um colosso. É alguém que pode, de fato, gabar-se de ter deixado uma marca no universo. Apesar de tudo isso, Plutarco também teria identificado que, por baixo dessa grandeza, sempre existiu um defeito gigantesco e trágico: um narcisismo tão profundo quanto a inteligência, um impulso delirante e destrutivo que muitas vezes fez desse homem tão inteligente alguém muito, muito tolo.

"Um dos maiores talentos de Elon é a capacidade de vender sua visão como um mandato dos céus", disse certa vez um dos cofundadores do PayPal. Musk convenceu os funcionários de que o PayPal era o futuro do sistema bancário; que a Tesla estava em uma cruzada para reduzir as emissões de carbono; e que a SpaceX levaria a humanidade a Marte.

Entretanto, esse superpoder também é uma forma de insanidade... uma parente próxima do complexo de messias.

É a história que sempre se repete. Quanto mais Elon se tornava bem-sucedido, quanto mais os bilhões se acumulavam e sua fama crescia, mais ele se afastava, lenta e constantemente, da realidade. Sua energia é inseparável da instabilidade emocional, de pensamentos sombrios de paranoia e preconceito, de uma necessidade inesgotável de atenção. É um espetáculo para quem vê, mas também é uma tortura para ele. "Minha mente é uma tempestade", admitiu em uma entrevista. "Acho que a maioria das pessoas não gostaria de ser eu. Podem até achar que sim, mas não gostariam. Eles não sabem, não entendem."

"Ele é um ímã de confusões", explicou Kimbal, irmão de Musk. "É a compulsão dele, o tema da vida dele". Pense nisto: Musk é um homem que tem catorze filhos, que administra quase o mesmo número de empresas, com uma folha salarial de dezenas de milhares de colaboradores, com a meta de "tornar a humanidade interplanetária", e que, com tudo isso, ainda tuitou *mais de 20 mil vezes* desde que criou sua conta no Twitter/X em 2010 (às vezes, quinhentas vezes no mesmo dia).

E tantos desses tuítes foram tão, tão, tão estúpidos.

Tipo, objetivamente estúpidos. Um estudo do *New York Times* mostrou que cerca de 30% de 171 tuítes (todos na mesma semana!)

postados por Musk eram "falsos, enganosos ou careciam de contexto fundamental".

Tudo bem estar errado, disse Musk certa vez, só não esteja *confiante e errado ao mesmo tempo.*

Talvez não tenha problema em estar confiante no erro... de forma privada. Contudo, fazer isso diante de centenas de milhões de seguidores que veneram você? É perigoso.

Quando um repórter lhe perguntou por que não era mais cauteloso com as palavras, Musk respondeu que simplesmente não ligava para isso. "Vou dizer o que eu quero dizer", afirmou, dando de ombros, "e, se a consequência disso for perder dinheiro, que seja". É algo estranho vindo do CEO de uma empresa *cotada na bolsa*, detentora de grandes contratos com o governo. No entanto, e quanto às consequências para *as outras pessoas*? Ou para a sociedade que ele ajudou a criar?

"Com base nas tendências atuais, provavelmente chegaremos perto de nenhum caso novo também nos Estados Unidos até o fim de abril", tuitou Musk (que não é epidemiologista) em meados de março de 2020, referindo-se à pandemia que infectaria mais de 300 milhões de norte-americanos, matando mais de 1,2 milhão. Foi ele quem disse aos investidores que os carros da Tesla seriam 100% autônomos dali a um ano. "Tenho certeza disso", afirmou em 2019. "Não há dúvida." Foi ele quem previu "com confiança" que seres humanos estariam colonizando Marte até 2022. "Financiamento garantido", anunciou, afirmando que tinha o capital necessário para colocar a Tesla na bolsa, a 420 dólares por ação. O financiamento não estava garantido, e o preço anunciado era uma piada sem graça sobre maconha para fazer a namorada rir. Por causa desse tuíte, Musk foi multado em 40 milhões de dólares pela Comissão de Valores Mobiliários dos Estados Unidos e ameaçado com a interdição *pelo restante da vida* de administrar uma empresa cotada em bolsa. Ele foi obrigado a deixar a presidência da empresa durante três anos... e sorte dele que o financiamento não aconteceu, porque, se a Tesla tivesse entrado na bolsa, ele teria perdido bilhões de dólares.

Uma hora, ele (que não é médico) diz às pessoas que elas não devem se vacinar. Outra hora, ele (que, repetindo, não é médico) diz às pessoas que antidepressivos podem matá-las. Uma hora, diz a investidores que ele mesmo acha que as ações de sua empresa estão superestimadas. Outra hora, está vendendo criptomoedas suspeitas. Uma hora, ele zomba do físico de Bill Gates (não que o dele seja tão incrível). Outra hora, diz à Comissão de Valores Mobiliários: "Chupem meu pau." Uma hora, ele reclama dos gastos do governo, apesar de suas empresas terem sido salvas por créditos e contratos governamentais enormes (estimados em 15 bilhões de dólares no total). Outra hora, chama um famoso explorador de cavernas, que acabou de resgatar doze crianças da morte certa, de "pedófilo". E, depois de pedir desculpas por recomendação dos advogados, ele tuíta: "Não acha que é estranho ele não ter me processado?", garantindo, assim, um processo de 200 milhões de dólares. Uma hora, ele posta o endereço residencial de um jornalista de quem discorda.

Uma hora, ele, um bilionário, acusa as pessoas que fazem trabalho humanitário no exterior de serem criminosas. Outra hora, ele (antes ambientalista) chama os ativistas contra as mudanças climáticas de "comunistas". Uma hora, ele chama um dos criadores do Facebook de "retardado"... e um astronauta da SpaceX de "retardado completo". Outra hora, desafia o outro fundador do Facebook para uma *luta em uma jaula* (para depois desistir, como um covarde). Uma hora, ele está fumando maconha em público, apesar de ter contratos militares com o governo, sujeitos a normas estritas relativas a drogas. Outra hora, cria uma conta falsa, sob o nome do filho recém-nascido, para insultar a ex, a mãe da criança cujo nome ele está usando. Uma hora, ele vocifera contra imigrantes (apesar de ter imigrado, primeiro para o Canadá e depois para os Estados Unidos, "ilegalmente", segundo a própria família).

O que essas posições erráticas, que parecem contraditórias, têm em comum?

Ora, ele. Não apenas a energia maníaca, a imaturidade, a impulsividade ou simplesmente o tempo desperdiçado, mas a insistência de Musk em tornar problemas tão complicados e diferentes e temas polêmicos em algo que diz respeito *a ele*. É sempre assim: "Agora *eu* vou expor minha opinião. *Eu* sei mais. *Eu* preciso opinar. *Eu* sei como resolver isso. *Eu* acho você um babaca. *Eu* acho que isso é muito simples. É o que *eu* sinto sobre isso (e o que *eu* sinto é mais importante que os fatos alheios). As regras não se aplicam a *mim*."

Musk adora pensar em si mesmo como um especialista em tecnologia, o que ele com certeza é. Contudo, também é um narcisista maligno, e, como acontece com tantos de nós, seu lado irracional muitas vezes prevalece sobre o lado racional e científico.

Por que tanta piora? Bem, as influências pesam. Os hábitos pesam. O homem que antes confiava em seu algoritmo para buscar os princípios básicos foi influenciado pelos algoritmos das redes sociais. O sujeito que costumava abordar cada assunto como se fosse um físico, lendo todos os livros que encontrava, agora delega decisões empresariais importantes a enquetes no X, se expressa por meio de emojis e adota as opiniões políticas de contas como Catturd2 e EndofWokeness! O sujeito que antes organizava simpósios para aprender sobre o espaço agora vive em uma bolha em que quase todo mundo que encontra ou com quem conversa quer algo dele ou tem medo dele.

Com o sucesso absoluto, o ar se torna rarefeito. O feedback sincero se torna mais raro. A verdade, mais em falta.

Gerir tantas empresas ao mesmo tempo não pode ser fácil, mas as próprias decisões que Musk tomou aumentaram essa dificuldade. Uma década atrás, ele demitiu sua assistente de longa data, alegando que ela era desnecessária depois de doze anos de serviços, e que ele podia dar conta do trabalho sozinho. "A pior característica de Elon é, de longe, na minha opinião, sua total falta de lealdade ou conexão humana", explicou o ex-diretor de tecnologia da Tesla. "Muitos de nós trabalhamos incansavelmente para ele, durante anos, e fomos jogados na sarjeta como lixo sem qualquer hesitação." Demitir essas pessoas, porém, não foi apenas insensível... foi estúpido. Ele estava punindo a si mesmo. De forma inexplicável, ele nunca substituiu a assistente, embora sua agenda ficasse cada vez mais sobrecarregada, ele assumisse cada vez mais tarefas e tivesse cada vez mais filhos.

Não admira que a tomada de decisões dele tenha se tornado cada vez mais errática.

É estresse demais para uma pessoa só. É um fardo diário esmagador.

E o caminho das trevas é muito curto...

"Você disse a verdade verdadeira", tuitou Musk em resposta a um antissemita raivoso que postou sobre a "Teoria da Grande Substituição". Uma hora, ele restaura a conta do execrável Alex Jones (e depois fica do lado dele em um processo jurídico envolvendo *os pais das vítimas do massacre de Sandy Hook*).[8] Outra hora, espalha propaganda russa, atendendo telefonemas de Vladimir Putin. Uma hora, ele está conversando com um neonazista, declarando apoio ao partido associado aos neonazistas na Alemanha e repreendendo os alemães por "excesso de foco na culpa do passado"... poucos dias depois de fazer algo que lembra muito a saudação nazista. Outra hora, zomba do uso de linguagem neutra, mesmo depois de sua filha de 16 anos ter feito a transição de gênero. Uma hora, ele acusa falsamente um judeu na casa dos 20 anos de ser um agente federal participando de uma armação, sujeitando-o a tantos trolls de extrema-direita que o rapaz e sua família tiveram que fugir de casa. "Que vantagem (...) a cor da minha pele me dá?", disse, em tom de menosprezo, o homem

---

[8] Em 2012, um atirador matou vinte crianças e seis adultos em uma escola de Sandy Hook, no estado do Connecticut. Alex Jones, apresentador de rádio propagador de teorias da conspiração, foi processado pela Liga Antidifamação e condenado em 2022 a uma multa milionária por ter afirmado que o massacre não aconteceu. (N. T.)

nascido e criado *na África do Sul na época do apartheid* em uma entrevista a um jornalista negro.

Em vez de assumir seus erros ou dar uma boa olhada no espelho, ou simplesmente calar a boca, Musk decidiu *processar a Liga Antidifamação*, uma das mais antigas e respeitadas organizações não governamentais do planeta, que sempre se dedicou a combater o exato tipo de ódio antissemita desencadeado pelas políticas de Musk no X.

Ora, é óbvio que Musk negaria ser racista. No entanto, para quem não é preconceituoso, ele com certeza diz muita coisa que agrada aos preconceituosos que o seguem. "Comigo, não é preciso ler nas entrelinhas", disse certa vez a um jornalista. "Eu dito as linhas." Aham. Não é preciso ler muito nas entrelinhas, então, para concluir que o Henry Ford do nosso século parece estar se tornando... bem, o Henry Ford deste século.[9]

Evidentemente, a coisa mais estúpida que Elon Musk fez no X foi comprar o X. Em 2022, ele começou a acumular ações da rede social — violando a lei de valores mobiliários, vale dizer, ao não revelar dentro do prazo sua posição de proprietário. Depois que lhe propuseram, e que ele aceitou, um lugar na diretoria, Musk mudou de ideia em um único bate-boca por mensagens, de cinco minutos, com o então CEO da rede (que ocorreu porque o CEO pediu a ele para parar de dizer no X que a rede social estava "morrendo"). Foi uma decisão impulsiva, com base nas emoções, seguida pouco tempo depois por uma oferta de compra da empresa inteira, por 54,20 dólares a ação, ou 44 bilhões de dólares, uma oferta muito acima do valor de mercado. "O X precisa é de um dragão cuspindo fogo", declarou Musk, por achar que a liderança da época não era agressiva o suficiente.

---

[9] Ou talvez fazendo jus ao legado familiar. O avô materno de Musk, J. N. Haldeman, foi, na definição sucinta da revista *The New Yorker*, "um adepto de teorias conspiratórias antissemitas e pró-apartheid, que colocava nos banqueiros judeus boa parte da culpa por aquilo que o incomodava no mundo".

Levaria vários meses, e custaria muitos milhões em honorários advocatícios, até ele se tornar esse dragão cuspindo fogo. Tendo realizado seu desejo, na mesma hora ele ateou fogo a uma das maiores redes sociais do mundo.

Em poucos meses, a rede que ele comprara por quase 50 bilhões de dólares valia muito menos de 10 bilhões. Comprar o X não foi um "erro", não como os erros que todos cometemos. Toda empresa toma iniciativas que dão errado. Todo líder faz apostas erradas. Todo jogador de futebol perde um gol ou dois. Não, comprar o X era mais como driblar todo mundo e marcar um gol contra, mesmo com todos os seus companheiros de equipe, a torcida e até o juiz tentando impedi-lo. Na verdade, quando o negócio foi fechado, Musk teria comemorado gritando "FUCK ZUCK" [vai se foder, Zuck], uma provocação a Mark Zuckerberg, que com certeza não tentaria impedir seu rival de cometer aquele que talvez tenha sido o maior erro não forçado da história dos negócios.

"Como você ganha uma pequena fortuna nas redes sociais?", brincaria Musk depois. "Comece com uma grande fortuna." Era um lampejo de consciência de si, antes de continuar a tomar o mesmo tipo de decisão que destruiu cerca de 80% da capitalização de mercado da empresa.[10]

Na aquisição do X ocorreram dezenas (na verdade, talvez centenas) de equívocos, advindo não apenas um erro como também de uma determinação teimosa em persistir nele e ampliá-lo, com uma série de decisões subsequentes estúpidas e temerárias. Para começar, a decisão de compra foi impulsiva. Musk afirmou que queria comprar o X, em parte, para "derrotar os bots"... e logo depois tentou desistir do negócio porque, como disse na época, havia bots demais. Musk assinou o acordo de aquisição na pressa, abrindo mão por escrito de qualquer direito a uma auditoria rigorosa, confiando nos próprios instintos em vez de mer-

---

[10] É ainda pior, na verdade, quando se leva em conta que ele vendeu ações valiosas da Tesla para pagar pela aquisição.

gulhar nos livros contábeis da empresa. Quando ele tentou recuar, foi processado pelo X, que mostrou os termos do contrato que ele havia proposto. "Não sei por que eu fiz isso", admitiu Musk. "O juiz basicamente disse que eu tenho que comprar o X, senão... e agora estou pensando tipo, tudo bem, que merda."

Contudo, ninguém o forçou a demitir logo de cara mais de 6 mil funcionários (80% da mão de obra), apostando em uma tecnologia complexa e um negócio de serviços de publicidade para operar com o mínimo de pessoal. Ninguém o obrigou a fazer essas demissões com tanta rapidez e de forma tão aleatória que ele teve que pedir a vários funcionários cruciais para voltarem. Ninguém o mandou se livrar da equipe de relações públicas do X e mandar respostas automáticas a todos os pedidos de veículos de comunicação com o emoji de cocô... comprando briga com a imprensa e garantindo, na prática, uma cobertura negativa. Ninguém o obrigou a banir vários jornalistas da plataforma ou a bloquear a palavra "cisgênero", contradizendo o argumento de que tinha comprado a plataforma para "proteger a liberdade de expressão".

Ninguém o forçou a parar de pagar o aluguel da sede da empresa e o serviço de limpeza a ponto de deixar os banheiros fedendo e obrigar os funcionários remanescentes a levarem papel higiênico de casa para o escritório. Ninguém o obrigou a comprar briga com a Disney e a Apple, dois anunciantes que gastavam centenas de milhões de dólares em sua plataforma. Ninguém, a não ser os piores radicais da extrema-direita, queria que ele revogasse o banimento de trolls e birutas tóxicos. Ninguém, a não ser eles, queria ver o número de discursos de ódio e ofensas raciais disparar na plataforma, como aconteceu logo de cara. Ninguém achou uma boa ideia mudar o nome de uma das marcas mais conhecidas do mundo, com 17 anos de história, de "Twitter" para "X".

E, com certeza, nenhuma de suas outras empresas — a Tesla e a SpaceX — ou de seus clientes suscetíveis pediu essa distração gigantesca... ou a associação negativa dessas marcas com esse completo fiasco.

Uma hora, ele se livra do sistema de verificação, que anunciantes e empresas usavam para evitar contas falsas e impostores na rede social. Outra hora, dois dias antes de várias reuniões cruciais com o objetivo de tranquilizar as marcas inquietas, Musk posta um link para um site de teorias da conspiração, especulando que o marido de Nancy Pelosi na verdade não tinha sido atacado por uma pessoa perturbada (que acabaria condenada à prisão perpétua), e sim por seu amante gay. "É uma informação tão obviamente facciosa que me deixa preocupado com você e o tipo de amigo de quem você tem obtido informações", reagiu um funcionário na cara de Musk. "Só uns 10% da população adulta seria crédula o bastante para cair nessa."

Musk demitiu o funcionário na mesma hora.

"Eu sou otário pra caralho", disse a um consultor de relações públicas depois de mais um escândalo desnecessário. "A culpa por esses ferimentos autoinfligidos é minha", disse em um depoimento em determinado processo sobre um de seus inúmeros posts irresponsáveis.

Pois é.

Os críticos afirmam que os últimos anos provam que o rei estava nu o tempo todo. Apontam o fato de que Musk teve vários cofundadores no PayPal e não foi um dos fundadores da Tesla. Apontam os enormes subsídios governamentais recebidos por suas empresas. No filme policial *Glass Onion: Um mistério Knives Out*, de Rian Johnson, o personagem principal, levemente baseado em Elon Musk, mostra-se não um gênio do mal, e sim um fanfarrão desastrado com excesso de confiança... um marqueteiro cujo maior feito não são suas empresas, e sim fazer as pessoas acreditarem que ele é um gênio.

De certa forma, é ao mesmo tempo uma simplificação e um exagero. Porque, se Musk fosse um tolo de verdade, isso o eximiria da responsabilidade pelas coisas terríveis que disse e pelas decisões temerárias que tomou. A coisa mais curiosa e alarmante que se pode dizer sobre Elon Musk é que *ele é inteligente o bastante para saber o que está fazendo.*

Musk não chegou aonde chegou se comportando e pensando assim, disso não há dúvida.

Durante muitos anos, a impressão de que Musk tinha o toque de Midas *não era só uma impressão.* Ele acumulou bilhões de dólares. Fez coisas que todos diziam ser impossíveis. Foi capa de best-sellers e revistas. Recebeu uma cobertura reverente da imprensa e fez participações especiais em filmes de super-heróis. Acumulou um dos maiores números de seguidores na história das redes sociais. Em tudo que fez, sempre que os críticos o questionaram ou o mercado duvidou dele, Musk desmentiu a todos. Se ele tivesse dado ouvidos ao mercado, onde estaria? Onde nós estaríamos?

Elon Musk *foi* Midas. Tudo o que ele tocava virava ouro.

Porém, é fácil demais esquecer que a história atemporal do rei Midas é uma tragédia, que o poder corrompe, que o sucesso gera maus hábitos, que a vaidade antecede a queda. "Disseram isso a minha vida inteira", afirmou Musk a respeito de todos que lhe diziam que algo não era possível, que não fizesse isso ou aquilo, que tomasse cuidado, que desacelerasse, que aceitasse a realidade. "Tem algo de novo nisso? Também disseram que a gente não conseguiria aterrissar foguetes." Os amigos, ele não podia esquecer, fizeram uma verdadeira intervenção quando ele cogitou criar a SpaceX. "Elon, você não pode fundar uma empresa de lançamento de foguetes. É uma estupidez", disseram.

Por que ele deveria escutar alguém? Sobre qualquer assunto?

Ashlee Vance, um dos biógrafos que mais admiram Musk, comentou que seus êxitos improváveis apresentavam "um estilo característico de entrar em um negócio ultracomplexo sem deixar o fato de conhecer pouquíssimo as sutilezas do setor incomodá-lo minimamente". Não surpreende, então, que ele tenha começado a pensar que podia aprender qualquer coisa, fazer qualquer coisa, que era mais inteligente que *todo mundo.*

A expertise em uma área é problemática. Às vezes, pode ser transmitida. Às vezes, não. Sabedoria, humildade e autocrítica são fundamentais para saber a diferença.

Elon Musk adquiriu o hábito de pensar nas pessoas que discordam dele como "idiotas" — no grau máximo do "índice de idiotice". Suas críticas mordazes por conta de erros ou diferenças de opinião se tornaram tão comuns que os funcionários passaram a chamá-las de "a ferroada do idiota". É quando Musk, um dos homens mais ricos e poderosos do planeta, fica cara a cara com um colaborador da fábrica, gerente, assessor de comunicação ou servidor público e grita: "Você é um idiota! Caia fora daqui e não volte mais!"

Um ambiente tão tenso e hostil decerto acaba por eliminar os fracos. Mantém todo mundo em estado de alerta. Com o passar do tempo, praticamente só sobrevivem os sicofantas e os psicopatas. Repetidas vezes, no universo de Musk, os funcionários que o desafiaram, que lhe disseram para não fazer ou falar coisas polêmicas, que lhe contaram a verdade sem firulas ou que lhe pediram cautela ou discernimento acabaram perdendo o emprego de uma hora para outra. A sentença de morte, como explicou outro engenheiro, vem de "desmentir Elon sobre algo". É sabido, na cultura das empresas de Musk, que quem expressa apreensão diante de aspectos de segurança ou regulatórios, ou questiona a viabilidade de algo, é excluído das reuniões e acaba forçado a sair da empresa.

Não admira que Musk tenha tomado o rumo que tomou. Quem não tomaria?

A segunda esposa de Musk, a atriz Talulah Riley, explicou certa vez que seu papel era impedir o marido de virar "o biruta-mor"... de se deixar corromper pelo poder, pelo estresse e pela riqueza. Musk, resistente a qualquer espécie de restrição (seja da Comissão de Valores Mobiliários ou das responsabilidades sociais de um CEO importante), acabou se divorciando de Riley não apenas uma, mas duas vezes, e virando uma espécie de biruta-mor.

A coisa mais perigosa que pode acontecer à pessoa mais inteligente do mundo é começar a acreditar que é a pessoa mais inteligente do mundo.

Isso a transforma em um tolo perigosíssimo.

Porque ela começa a pensar que tudo que faz é inteligente, mesmo quando é burrice.

Amigos e admiradores sempre apontaram o "modo demônio" de Musk: quando ele se transforma em uma fera, ou uma máquina, que quer dar um jeito em algum problema aparentemente impossível, ou cumprir um prazo sobre-humano, necessário para que algo dê certo. Os meses que ele passou dormindo na fábrica. As rodadas de arrecadação de fundos de última hora para impedir a falência. Os milagres de logística e cadeia de suprimentos que ele opera.

Musk passou o Natal de 2022 longe da família, ignorando as demais empresas, com um pequeno grupo de funcionários dedicados, desconectando e carregando de forma obsessiva centenas de servidores do X em caminhões, para reduzir os custos de informática da empresa. Mais tarde, ele viria a reconhecer que tudo tinha sido um erro, porque o X havia embutido as remissões aos servidores em seu código, gerando assim uma ruptura em partes importantes do serviço.

Entretanto, por que ninguém contou isso a ele antes? As pessoas que sabiam deviam ter sido mandadas embora... ou estavam com medo de serem chamadas de idiotas se tentassem intervir.

O propósito da sabedoria é *sair* do modo demônio, que foi bem definido pelo escritor Robert Greene como um "inferno tático". O papel de um líder não é levar a empresa ao buraco e depois juntar todo mundo para tirá-la de lá. Não, o papel de um líder é ser estratégico e proativo, calmo, controlado, avesso a confusões, em vez de fonte delas.

Mesmo que Musk consiga recuperar o X (ao longo dos anos, ele já tirou vários coelhos da cartola), é indiscutível que a crise da empresa foi criada por ele mesmo e que qualquer êxito financeiro será uma enorme vitória de Pirro.[11] Porque, nesse processo, ele destruiu sua reputação, antes imaculada. Ele se deixou converter em uma figura facciosa, mundialmente controversa (algo perigoso para um capitalista e detentor de contratos com o governo norte-americano). Ele destruiu a própria mente.

Musk desperdiçou muito, muito tempo e muita energia.

Esse é o problema quando deixamos nossa mente virar uma tempestade, como Musk descreveu a dele. É atrair o caos. Ignorar alertas. Cambalear de crise em crise, de conflito em conflito; gastar uma energia inacreditável que poderia ter sido mais bem aproveitada em outra coisa.

O culto de Musk celebra seus momentos heroicos de salvamento de empresas, mas a maioria deles era evitável. Em sua maioria, são confusões que ele mesmo criou!

Musk sempre teve um enorme apetite por apostar todas as fichas... Na verdade, os amigos contam que ele é um péssimo jogador de pôquer, por conta da tendência a fazer isso com qualquer mão. Mesmo assim, as decisões de investir seu dinheiro da Zip2 no PayPal, e depois o dinheiro do PayPal na SpaceX e na Tesla, foram apostas brilhantes, que valeram muito a pena. Mesmo assim, Peter Thiel, um de seus cofundadores, que Musk quase matou em um acidente de carro em 2000 ao dirigir de forma arriscada uma McLaren ("Olha isso!"), passou a ter receios que "Elon goste do risco pelo risco. Parece ter prazer, às vezes até ser viciado nisso". Se alguém escrever um livro sobre risco, disse Thiel certa vez, o capítulo sobre Musk se chamaria "O homem que não sabia nada sobre risco".

---

[11] Agora, há quem tente alegar que a aquisição foi genial, porque o X influenciou a eleição presidencial de 2024 nos Estados Unidos. Gastar 44 bilhões de dólares para influenciar uma eleição na qual ambos os candidatos, juntos, arrecadaram apenas 2 bilhões de dólares faria desta uma das piores decisões empresariais de todos os tempos. Além disso, Musk não tardou a se indispor com Trump.

Não é necessária muita sabedoria, tampouco um diploma de estatística, para ver que o problema de apostar tudo o tempo todo é que uma hora, inevitavelmente, se perde tudo.

No livro de Isaacson, há uma cena que mostra Musk nessa nova fase e o grau de decadência atingido. Isaacson observa Musk, que está assistindo à instalação de painéis solares por funcionários da Tesla, no telhado de uma casa. Musk deixou de tentar aprender indo à fonte do conhecimento... pelo visto, ele está lá para ensinar, repreendendo, irritado, os funcionários por usarem peças demais para prender os painéis solares, mandando-os reduzir o número de fixadores pela metade. "Se um furacão destruir a casa, vai foder o bairro inteiro, então que diferença faz?", explicou Musk. "Não se preocupem em deixar tudo hermético como um submarino. Minha casa na Califórnia tinha vazamentos", diz Musk a eles, talvez se referindo a uma de suas mansões em Bel Air, onde ele vendeu várias por 130 milhões de dólares. "Em algum ponto entre a ciência e o submarino deve ficar bom."

As coisas não terminam bem para ditadores e magnatas que vivem em uma bolha. Não terminam bem para os egoístas, os desinteressados, os desprovidos de empatia. Quando alguém é incapaz de perceber isso, até que ponto é, de fato, inteligente?

Ao longo da história, poucos fizeram tanto, em tão pouco tempo, quanto Elon Musk. Seus feitos não têm que ser comparados aos de outros pares empreendedores, e sim aos de *setores* inteiros; em alguns casos, só é possível compará-los aos de países inteiros.

Talvez fosse de se esperar, então, que esse mesmo senso de urgência maníaco também fosse destrutivo, que o desejo de atenção que fez dele um herói cult também pudesse transformá-lo em um vilão de desenho animado. Ele fez coisas *grandiosas*. Isso não o isenta de ter que se responsabilizar por suas palavras e seus atos, nem o exime do mal que fez e que parece determinado a continuar perpetrando.

Porque essa é a parte mais perigosa, estúpida e trágica da história toda. Ele não só estragou sua aquisição do X... aprendeu a lição exatamente oposta e mesmo assim tentou repetir esse desastre no governo federal dos Estados Unidos! Como já disseram, dobrar a aposta contra todas as evidências é a definição da insanidade.

Se um dia o karma dele vai alcançá-lo, e a lei da gravidade trazê-lo de volta à Terra, trata-se de uma questão para uma força maior. O mais urgente e pessoal é até que ponto o que aconteceu com Elon Musk pode acontecer com cada um de nós.

A inteligência pode derrapar com muita facilidade na estupidez. A arrogância e a ilusão são tentações para todos nós. Todos nos encontramos em meio a uma guerra contra a radicalização, a inflexibilidade, o entusiasmo violento. O algoritmo pode desencaminhar cada um de nós.

A sabedoria não é alcançada por uma única demonstração de esforço. Ela é um esforço *contínuo*. A mente está sempre em guerra consigo mesma... com seus preconceitos, suas simplificações, suas ideias preconcebidas, seus padrões, seus demônios.

Todo cientista tem uma insanidade própria. Todo gênio tem um quê dessa loucura. Dentro de todos nós vive um tolo.

Temos um lado racional e um irracional. Uma parte de nós é construtiva e a outra é destrutiva.

Qual vai prevalecer?

Derrotar essas forças é a luta mais importante da nossa vida.

Quem vai vencer?

ESVAZIE A XÍCARA

Uma antiga história zen conta que um mestre convidou um aprendiz para tomar chá. Quando o visitante ofereceu a xícara, o mestre verteu o líquido… e continuou vertendo. A xícara começou a transbordar.

Até que o aprendiz por fim disse: "Pare! A xícara já está cheia. Não cabe mais nada."

"Sim", respondeu o mestre. "E sua mente é como esta xícara, cheia de opiniões e especulações. Como posso lhe mostrar o zen, a menos que você esvazie sua xícara?"

Obviamente, é um recado sobre os riscos do ego. E é um recado para manter a mente aberta.

Porque a xícara também não precisa estar *cheia* para causar problemas. "Quando o copo não está limpo", escreveu o poeta romano Horácio no primeiro século antes da era cristã, "tudo que é servido nele estraga".

A mente humana é espetacular, é o motor cognitivo mais elaborado e avançado que já existiu. Apesar disso, é de uma vulnerabilidade e fragilidade absurdas. Na teoria, somos criaturas racionais, capazes de encontrar uma solução para qualquer problema. No entanto, os cientistas identificaram cerca de *duzentos* vieses cognitivos que fazem nossa mente trabalhar contra nós e contra nosso desejo de enxergar a verdade.

Criamos padrões e narrativas onde não há nada.

Chegamos a conclusões apressadas e confiamos nas primeiras impressões.

Embarcamos no pensamento mágico e em falsas esperanças.

Supomos que todos encaram o mundo do mesmo jeito que nós.

Apegamo-nos a fiapos de informação; supervalorizamos a informação que nos é acessível ou que é mais recente.

Somos manipulados pelo ânimo de um determinado momento ou pelo estado de espírito do ambiente.

Achamos mais fácil insistir em crenças absurdas do que aceitar a vergonha de admitir que erramos.

Nos curvamos à autoridade.

Somos arrogantes ou desdenhosos.

Achamos que somos imunes a esses vieses... o que é, em si, um viés perverso!

Seria cômico se esses erros não acarretassem consequências tão sérias. Se pessoas não perdessem a vida, enganadas por outras. Se soldados não fossem enviados a guerras impossíveis de vencer porque seus líderes simplesmente não admitem que estão errados, porque uma escalada é mais fácil que uma mudança de rumo.

"Toda ideia errada é um veneno", disse Tolstói, parafraseando Schopenhauer; "não existe ideia errada inofensiva".

Nós somos a única espécie dotada de uma mente poderosa e do dom da razão... mas como os utilizamos? Inventamos desculpas para aquilo que já decidimos fazer. Continuamos no conforto e na acomodação. Prejudicamos nossa evolução, fugimos da sabedoria.

Precisamos estar atentos para filtrar aquilo que vertemos em nossa xícara. Precisamos garantir uma xícara vazia. Também precisamos lavar a xícara.

Se não lavarmos, o veneno se acumula. O risco não é apenas tomarmos uma decisão errada ou cometermos um erro constrangedor de vez em quando; o risco é nos estragarmos.

Foi o que aconteceu com Louis Agassiz em Harvard. O homem que ensinou tantos alunos a *enxergarem* seus peixes se tornou, na velhice, incrivelmente bitolado e delirante. Quando publicou *A origem das espécies*, em 1859, Darwin enviou um exemplar a Agassiz, com uma mensagem gentil, na esperança de que aquele biólogo progressista, cuja obra o influenciara, percebesse a beleza de sua nova teoria.

Não foi o que aconteceu. Agassiz não tardou a denunciar o evolucionismo como uma "soma de teimosias". Em artigos e palestras, vociferou contra Darwin e suas ideias, acreditando, por algum motivo, que elas violavam sua compreensão da natureza e do universo. Ele nunca tinha sido um criacionista raivoso. Porém, ao se ver diante de um desafio, transformou-se, ignorando as evidências que vira com os próprios olhos. Em uma de suas últimas palestras, Agassiz explicou — sem o menor sinal de autorreflexão — que um cientista "deixa de ser observador quando acredita poder, impunemente, afirmar aquilo a que não pode acrescentar nenhuma evidência... Tenham coragem de dizer 'Eu não sei'..."

Um caso clássico de "projeção"... um processo psicológico insidioso. *Vou acusar outros de algo para que eu mesmo não precise encarar esse aspecto.* Como acontece com muita gente ao envelhecer, ele parou de observar. Parou de se abrir a informações novas. Agassiz costumava dizer aos alunos que a ciência odeia crenças. Se antes ele observava as evidências em busca dos fatos, passou a negar as evidências para sustentar suas opiniões.

O sinal mais escancarado disso foi o racismo científico do qual ele foi um proponente tóxico e eficaz. Agassiz aderiu ao poligenismo, uma teoria bizarra e sem fundamento segundo a qual os negros teriam ancestrais diferentes dos brancos. Em sua correspondência particular, se demonstrava preocupado com a miscigenação, que ele considerava "um pecado contra a natureza". "O cérebro do negro", afirmou, sem qualquer base científica, "é o cérebro imperfeito de um feto de sete meses no útero de uma branca".

Era exatamente o que os donos de escravizados queriam ouvir. Também era um alívio para os que não eram donos de escravizados, pois os eximia das injustiças da época. Na verdade, pesquisadores atribuem em parte as opiniões raciais de Agassiz, imigrante suíço com forte sotaque, a uma tentativa de se encaixar na sociedade norte-americana. O mais provável é que se tratasse de uma grave dissonância cognitiva. Ele era um imigrante em um país com um sistema de castas raciais que queria adquirir a cidadania norte-americana em meio à Guerra de Secessão. Por toda parte, à sua volta, havia injustiças incríveis e visíveis. Como tantos norte-americanos, ele tinha uma escolha: indignar-se com o *status quo* ou explicar de alguma forma por que o *status quo* não era motivo de indignação.

Ele era um homem inteligente, mas optou pela saída dos covardes.

Por tudo isso, é incrível ver a famosa fotografia da estátua de Agassiz que caiu de um prédio da Universidade Stanford durante o terremoto de São Francisco de 1906, algumas décadas após sua morte. A câmera captou Agassiz do jeito como ele passou os últimos anos de vida: de cabeça para baixo, com a cabeça enterrada até os ombros, como um típico avestruz, em negação daquilo que se recusava a ver.

É triste testemunhar uma mente brilhante se virar contra si mesma, seja no caso dos defeitos bizarros de Elon Musk, seja no do racismo de Agassiz. Quando alguém trabalha durante anos para adquirir maestria em uma área, mas em seguida se esquece de como chegou lá, a certeza pessoal se torna uma espécie de kriptonita que acaba por destruir a pessoa. É patético e horrível de assistir. Como lamentou Asa Gray, um dos maiores entusiastas de Darwin, sobre Agassiz: "Esse homem, que poderia ter sido tão útil para a ciência e que foi tão promissor, foi durante anos uma ilusão, uma cilada, um embuste, e nos causa mais mal do que poderia um dia fazer bem."

O cientista heroico viveu tempo o suficiente para se tornar o vilão anticiência.

É trágico, mas muito comum.

Ah, as coisas que decidimos deixar de enxergar!

Imagine que alguém coloque um profeta diante de você. Ele atraiu multidões. Angariou inimigos poderosos. Dizem que ele é o filho de Deus. Mesmo que você não acredite, ele tem algo incomum, uma espécie de chama, um jeito diferente de pensar e viver. Ele não é igual a ninguém que você conheça.

Levaram diante de Pôncio Pilatos, governador de uma província romana, este homem: Jesus. "É para dar testemunho da verdade que nasci e vim ao mundo", disse a ele o prisioneiro. Pilatos, ocupado demais, seguro de si demais, fundamentalmente desinteressado, dispensou-o com um gesto. "Que é a verdade?" E deixou o recinto.

Suas ideias preconcebidas, suas verdades absolutas, seus vieses o tornaram estúpido. Pilatos não precisava acreditar que Jesus era o Filho de Deus... mas pensar que não estava interessado nem mesmo em saber o que ele tinha a dizer! Uma pessoa lhe dizia conhecer a verdade, e ele só queria passar para o compromisso seguinte.

A mente fechada nos fecha para o mundo. Nos torna maus.

Nossa mente nem sempre é nossa amiga, e é preciso termos consciência disso.

Podemos pegar a metáfora da xícara e ilustrá-la de outras maneiras. Uma janela aberta deixa o ar fresco entrar e afasta o ar doente. Água parada e fechada dá dengue, ao passo que é muito mais seguro beber de um rio de correnteza veloz.

Precisamos estar vazios, precisamos estar abertos, precisamos seguir em movimento.

Os estoicos sabiam que dava trabalho ficar atento a percepções enganosas. Diziam que precisamos pegar toda impressão e colocá-la à prova, sem confiar nem em nossas emoções, nem em nossos pensamentos. Precisamos revisar, questionar, garantir que não estamos sendo presa fácil de padrões desgastados ou falsas promessas. Precisamos ter certeza de que não estamos nos enganando... e precisamos ter a compreensão de que é muito fácil nos enganar.

"Você tem uma mente?", perguntou Marco Aurélio a si mesmo, não muito tempo depois da época de Pilatos.

Tenho.

"Bem, por que não a utilizar? Não é tudo o que se deseja... que ela cumpra sua missão?"

E foi o que ele fez nas *Meditações*, em seu caderno. Fez experiências para testar seu raciocínio, fez a mente dele cumprir sua missão por meio da ponta da pena, em vez de se conformar com pressupostos ou primeiras impressões.

Tomar cuidado com os próprios vieses é um verdadeiro esforço. Exige força para permanecer aberto, sobretudo com o passar dos anos. Ficamos cansados. Ficamos confiantes demais em nós mesmos. Ficamos acostumados a ter razão.

Vamos acumulando opiniões vida afora.

E, por causa disso, vai ficando cada vez mais difícil aprender... a xícara tem cada vez menos espaço.

Precisamos esvaziar e limpar nosso receptáculo o tempo todo, se quisermos nos sentar com os mestres para tomar um chá, se quisermos atingir a iluminação.

ESCREVA PARA PENSAR DIREITO

Para um monge trapista, Thomas Merton falava demais. Pelo menos no papel.

Depois de se converter ao catolicismo nos anos 1940, ele foi morar em um mosteiro da Ordem Cisterciense da Estrita Observância (em geral conhecidos como trapistas) no estado norte-americano de Kentucky. Por causa do "estrita" no nome, Merton sabia que estava fazendo votos de castidade, obediência e pobreza, e aderindo a uma vida de trabalhos manuais e ritualísticos. Os trapistas não fazem voto de silêncio, mas a solidão e o silêncio são a base de sua prática religiosa. Durante séculos, foram conhecidos como "os monges que não falam".

Para viver na abadia de Getsêmani, Merton abriu mão de tudo, menos do amor pela escrita.

"Também devo colocar no papel aquilo que me tornei", escreveu em seu diário em 1949. "Não é uma vocação fácil. Para ser o melhor monge possível sem deixar de ser eu mesmo e escrever a respeito: colocar-me no papel (...) com a mais completa sinceridade e integridade, sem nada ocultar (...)"

Um superior que o apoiava incumbiu Merton da função de traduzir e meditar sobre diversos textos religiosos antigos, uma velha tradição monástica.[12] Não se tratava de uma tarefa fácil. Às vezes, era uma tortura, quase uma espécie de crucificação, disse Merton... um suplício que qualquer um que já escreveu compreenderá de imediato.

---

[12] Foi graças a incontáveis monges anônimos que muitas das grandes obras da Antiguidade sobreviveram até os dias de hoje.

Entretanto, a intenção era esta: ele fazia aquilo porque era difícil. Escrever é uma espécie de penitência, uma disposição a se expor e a se submeter à crítica. No entanto, escrever e editar também são atividades desagradáveis, como qualquer outro trabalho manual. Merton transformou isso em um processo espiritual, parte de sua jornada rumo e por meio da fé. Ele publicou livros de poemas e um de memórias de quinhentas páginas que se tornou um best-seller instantâneo (e perene) chamado *A montanha dos sete patamares*. Ele escreveu biografias de santos e místicos. Redigiu cartas a monges e praticantes de outras crenças. Militou politicamente. Seus escritos não publicados somam quase *1 milhão* de palavras.

Sua obra alcançaria uma geração de seguidores e pensadores. Seu trabalho ajudou sua Igreja. Ele estava se desafiando em uma tentativa de conhecer Deus.

No entanto, nem todos gostavam da ideia de um monge sem papas na língua.

"Diga a esse trapista falador que fez voto de silêncio para *calar a boca*!", rebateu um crítico irritado. Seu editor, o ótimo Robert Giroux, achava absurdas todas as críticas. "Escrever", explicou, "é uma forma de contemplação". Na verdade, esse virou o título de um dos melhores livros de Merton, *Sementes de contemplação*, um clássico da espiritualidade.

Em seus livros, suas cartas e seus blocos de anotações, Merton não estava contando às pessoas o que ele pensava. Ele estava *tentando descobrir* o que pensava. Estava meditando no papel, compartilhando com o mundo, de forma generosa e corajosa, suas reflexões.

Era menos escrita e mais *pensamento com os dedos.*

Peter Burke, um dos biógrafos de Montaigne, acreditava que os ensaios do francês eram exatamente isto: um homem "tentando se flagrar no ato de pensar". Montaigne dizia escrever como quem conversa com outra pessoa. Contudo, isso não significa que seus ensaios fossem fortuitos ou espontâneos. Ele tinha que se sentar e *pensar* de verdade: o ato de deixar os pensamentos saírem do seu cérebro, passando pelo braço, pela pena e chegando ao papel era um processo por meio do qual transcrevia uma reflexão profunda e, considerando que ele continuou editando seus escritos até o dia da morte, refinada.

Só um tolo se contenta com a primeira ideia. O sábio se detém na contemplação.

Em 1941, poucos dias após o ataque a Pearl Harbor, um general promissor chamado Dwight D. Eisenhower foi convocado por George Marshall, chefe do Estado-Maior do Exército norte-americano. O Japão ia tomar as Filipinas e dezenas de outras ilhas do Pacífico, explicou Marshall. Os Estados Unidos estavam diante de uma guerra em dois fronts, o que exigiria linhas de abastecimento de milhares de quilômetros de extensão. "Qual deve ser nossa estratégia geral de ação?", perguntou Marshall a Eisenhower.

Certo tipo de oficial teria começado a falar na mesma hora. Sairia improvisando ou pensando em voz alta. Eisenhower, não. Ele compreendeu que sua carreira estava em jogo, e talvez até milhões de vidas.

"Dê-me algumas horas", respondeu ele. Sentado em uma escrivaninha livre ao fim do corredor da Divisão de Planos de Guerra, Eisenhower pediu papel, caneta e máquina de escrever e começou a trabalhar. O que Marshall queria realizar? O que era possível? Qual era a prioridade? Quais riscos eram aceitáveis? Quais recursos eram necessários?

Após um período de reflexão, Eisenhower começou a colocar no papel suas ideias, compreendendo que o que Marshall precisava dele tinha que ser "um raciocínio (...) sucinto e enfático", e não "uma argumentação oratória e plausível ou generalidades brilhantes". Esse exercício o ajudou a sintetizar todas as conversas que havia tido com seu mentor, o general Fox Conner, a extrair ideias dos livros que havia lido, dos cursos que fizera na escola de guerra, das missões que cumprira para o chefe do Estado-Maior anterior e das experiências que havia tido em três décadas de farda. Ao cair da noite, Eisenhower entregou a Marshall um resumo de trezentas palavras, em um papel pautado amarelo, intitulado "Assistência ao Extremo Oriente/Passos a adotar", que ele complementou com uma explicação oral.

É quase certo que Marshall já tivesse pensado na maior parte do que Eisenhower escrevera. A tarefa era, de certa forma, um teste. Como raciocinava aquele jovem oficial? Como abordava os problemas? Até que ponto ele aguentava a pressão? Era capaz de vislumbrar o todo? Conseguia comunicar de forma eficaz o que sabia e o que queria fazer?

"Concordo com você", respondeu Marshall a respeito do plano de Eisenhower, mandando, então, que o colocasse em prática.

Começou assim uma das parcerias mais eficazes da guerra, que ajudou a levar o país à vitória e a impulsionar Eisenhower à presidência.

Campanhas e carreiras bem-sucedidas, quer envolvam guiar batalhões no campo de batalha, salvar almas ou vender coisas, dependem desse jeito de pensar.

Alguns anos atrás, os executivos da Amazon cansaram de perder seu valioso tempo com reuniões ridículas ou inúteis. Por isso, proibiram apresentações de PowerPoint e sessões de *brainstorming*. Em vez disso, determinaram que, antes de cada reunião, o executivo responsável tinha que passar os dias anteriores redigindo um memorando estruturado de seis páginas, em forma discursiva, com todas as informações necessárias sobre o assunto e nele inserir as opções disponíveis e os objetivos almejados.

Esses memorandos então são editados por colegas, guardados durante alguns dias e por fim revisados mais uma vez, para ficarem concisos, explicou certa vez Jeff Bezos aos acionistas da Amazon. Toda reunião da empresa começa não com um bate-papo, e sim com cerca de meia hora de leitura silenciosa e reflexão, quase como uma sala de estudos.

O que se espera dos executivos da Amazon, assim como de Eisenhower, é que antes de tudo organizem seus pensamentos, em vez de tirarem as respostas da cartola. Só então, como declarou Bezos, após esse momento de foco silencioso, com todos na mesma página em relação às informações básicas a respeito do problema ou da oportunidade, eles podem ter uma discussão *caótica*. "Gosto que os memorandos sejam como os anjos cantando lá de cima", explicou, "com beleza e objetividade. Depois a reunião pode ser bagunçada".

Joan Didion descreveu o ato de escrever como "hostil". Com isso, ela quis dizer que o escritor tenta "fazer alguém enxergar algo da maneira como o próprio escritor o enxerga, impor sua ideia, sua imagem". No entanto, Keynes foi ainda mais certeiro ao definir o ato de escrever como o "ataque do pensamento aos não pensantes".

Vivemos uma batalha contra nossos pensamentos confusos, contra as premissas preconcebidas dos outros, contra todas as ideias alternativas (e fatos tentadores) que existem. Triunfar exige contemplação e discernimento. Não dá para fazer os outros enxergarem aquilo que nós mesmos não ponderamos corretamente.

Daria para pedir à inteligência artificial para fazer isso por você? Ou a um *ghostwriter*? Talvez, mas aí o propósito se perderia.

Enquanto escrevemos, pensamos. Na verdade, é impossível terminar uma frase sem ter levado o raciocínio até o fim. Conjecturamos ideias opostas quando fazemos uma pausa entre duas teclas. A caneta se torna nosso terceiro olho. Não é preciso nem que seja um texto; um desenho pode ajudar, um diagrama permite vislumbrar o problema de um novo jeito.

O papel nos permite notar o padrão. Ao transcrever um trecho ou uma citação, podemos sentir a genialidade e a criatividade passarem por nossa mente e nossos dedos; enquanto processamos cada palavra, ponderamos e compreendemos sua sabedoria.

Percebemos aquilo que não percebíamos antes. E, quando os outros nos corrigem ou nos dão feedback, percebemos ainda mais, porque a edição é uma espécie de questionamento, um processo por meio do qual refinamos e apuramos nossa forma de pensar, um jeito de deixar nossa história mais redonda.

Pouco importa se vai ser publicado, pouco importa o que o público acharia. Basta escrever.

"Cada livro que escrevi", refletiu Merton, "é um espelho do meu caráter e da minha consciência".

Nós escrevemos para pensar direito. Para compreender aquilo que sentimos e sabemos... e quem nós somos.

REÚNA SEU CONSELHO DE ADMINISTRAÇÃO

Cômodo poderia ter sido um grande líder.

Antes dele, houve uma sequência de cinco bons imperadores. Seu pai, Marco Aurélio, era sábio, paciente e um modelo de tudo que seria desejável em um antecessor e pai.

O que aconteceu, então?

Não sabemos muito bem como o filho de um filósofo acabou metendo os pés pelas mãos a tal ponto que foi assassinado (por um gladiador) e teve suas estátuas derrubadas. Marco Aurélio sabia, por experiência própria, como era difícil substituir um grande homem, mas fez o melhor possível não apenas para preparar o filho como também para lhe proporcionar a equipe ideal para ser bem-sucedido.

"Cômodo tinha 19 anos quando o pai morreu", escreveu Dião Cássio, historiador que viveu na época do reinado de Cômodo, "deixando-lhe vários tutores, entre os quais figuravam alguns dos melhores homens do Senado. Mas Cômodo rejeitava as sugestões e os conselhos que eles davam (...)" Marco Aurélio observou com admiração a forma como seu padrasto, Antonino, se dispunha a "ceder o terreno aos especialistas em oratória, lei, psicologia", e a forma como esses conselheiros o ajudavam a alcançar seu potencial máximo e tomar decisões melhores. Cômodo era incapaz de fazer isso, o que lhe custou caro, assim como ao povo romano.

Nero, por acaso, foi mais um exemplo dessa antiga e triste história.

Os primeiros anos de seu reinado correram muito bem, graças aos conselhos de Sexto Afrânio Burro, uma ótima mente militar, e Sêneca, o filósofo. Durante o período que ficou conhecido como o *quinquennium Neronis*, Nero deu ouvidos a esses mestres, consultando-os nas decisões importantes e aceitando limitações ao seu poder. Porém, com o passar do tempo, ele começou a se considerar cada vez mais especial, mais convicto da própria genialidade, e passou a dar preferência aos seus instintos e às suas emoções.

Uma famosa estátua de Sêneca o retrata dando uma espécie de briefing diário ao imperador Nero. Pode-se notar pela linguagem corporal de Nero, em sua postura relaxada na cadeira, a cabeça coberta por um gorro, o semblante carrancudo e entediado, que ele não reconhece o fato de estar diante de uma das pessoas mais sábias que já existiram. Ele deixou de ser um rapaz, deixou de ser um pupilo. Já sabe o que acha que precisa saber. Já resolveu o que quer fazer e o que é importante. *Por que esse sujeito está sempre tão sério, por que está sempre falando?*

É óbvio, Nero fracassou, trocando o mundo real por ilusões, paranoias e fantasias.

Existe um motivo para as empresas terem um conselho de administração. Para os chefes de Estado terem ministérios. Para atletas e atores terem treinadores, gerentes, agentes, conselheiros.

É para que não tenham o mesmo destino de Nero ou Cômodo.

Plutarco sabia disso. Assim como o capitão de um barco precisa confiar em seus marinheiros, escreveu ele, um político precisa aprender a "ceder aos outros com gentileza e boa vontade, permitindo que governem e que subam à tribuna do orador (...) ter sob si assistentes confiáveis e de boa índole (...) atribuir a cada um deles a tarefa para a qual são mais aptos".

Péricles passava suas decisões mais difíceis pelo crivo da mulher, a filósofa Aspásia. Muitos presidentes dos Estados Unidos têm não apenas o gabinete oficial, mas também um "gabinete da cozinha", ao qual recorrem em busca de conselhos e opiniões (e das verdades dolorosas que outros podem estar ocultando). Mesmo os melhores de nós não serão mais sábios que seu grupo.

Em 1953, Eisenhower já tinha superado havia muito tempo seus mentores. Tornara-se presidente. Por isso, não havia muita gente viva capacitada para lhe dizer como realizar seu trabalho ou o que precisava compreender. Porém, foi nesse exato patamar de poder e influência que ele entendeu a necessidade de um novo tipo de relacionamento, de modo que recebesse conselhos e consultoria.

É por isso que, poucos meses depois de ter sido eleito, Eisenhower reuniu um grupo de especialistas em políticas públicas e autoridades ministeriais no solário da Casa Branca, um espaço privado de três andares com uma vista deslumbrante para o National Mall. Embora entendesse de política externa mais do que os outros, ele estava preocupado com os rumos da estratégia nacional em relação à União Soviética. Por isso, o presidente subdividiu esse grupo em três equipes, dando a elas um mês e meio para avaliar diferentes estratégias de segurança nacional. Instruiu os grupos a não colaborarem entre si. Na verdade, queria que uns discordassem dos outros, para apresentarem recomendações de políticas distintas e bem elaboradas, alternativas que ele pudesse escolher.

Não muito diferente de sua interação com Marshall, uma década e meia antes, o Projeto Solário (Project Solarium, em inglês), como ficou conhecido, foi um exercício de pensamento concentrado e independente. Eisenhower não queria apenas seguir, sem pensar, as premissas de seus antecessores. Em vez disso, queria repensar do zero as questões geopolíticas mais importantes e decisivas. No fim das contas, era ele quem tomaria as decisões, e tinha bom senso suficiente para buscar antes todos os conselhos disponíveis.

Todos temos que aplicar essa estratégia para os problemas da nossa vida, nossas empresas e nossos cargos de liderança. Uma coisa é ter um mentor. Também é importante ter um círculo social. Porém, nos patamares mais altos, é preciso criar um conselho de administração que nos dê conselhos e consultoria, que às vezes nos *fiscalize* e até corrija.

Não se trata de uma mera convenção, e sim de uma prática essencial para nunca parar de aprender e se aperfeiçoar. Que experiências coletivas lhe servem de exemplo? De que rede de contatos e recursos você está se valendo para avaliar seus problemas? Quem, na sua vida, pode lhe dizer que você está errado? Quem pode lhe dizer que você está sendo um otário?

Os conselhos de administração de Elon Musk, assim como tantos outros, são famosos por concordar com tudo que ele pede, mesmo quando são pedidos antiéticos, temerários ou motivados por puro interesse pessoal. Quer comprar uma empresa fundada por seus primos? Quer pegar emprestada uma parte do nosso dinheiro para comprar uma rede social? Quer tuitar tudo o que lhe passa pela cabeça? Quer massacrar agências governamentais inteiras? *Parece uma ideia ótima, chefe!* Talvez seja isso o que Musk quer, mas com certeza nem sempre é do que ele precisa.

Marco Aurélio conhecia os riscos de ser "cesarizado", ou "pintado de púrpura" pelo manto do imperador. Ele lutou para evitar isso e esperava evitar que acontecesse com seu filho.

Ele sabia que o poder, muitas vezes, destoava da sabedoria. Que nunca ouvir "não" muitas vezes transforma pessoas inteligentes em pessoas estúpidas. Conselheiros nos ajudam a enxergar quando não estamos vislumbrando o panorama. Servem como pais para nossa criança interior, como um espaço para discutir e pesar nossas ideias, como um freio aos nossos impulsos.

Cada um de nós é limitado por nossas experiências e educação. Por que não iríamos querer expandir nosso alcance e nossos recursos? Mesmo que não tenhamos doutorado, podemos ter acesso a quem tem. Mesmo que nunca tenhamos liderado uma negociação ou lidado com uma crise, podemos consultar gente que já passou por essas situações. Gente que pode expandir a história que conhecemos, as experiências que tivemos.

Grupos às vezes estimulam a timidez e a acomodação?

Com certeza.

Contudo, às vezes evitam o desastre e o caos.

Precisamos cultivar a capacidade de discernir o primeiro caso do segundo, de consultar sem se intimidar, de sermos únicos sem achar que somos superiores.

Precisamos de outras vozes em torno de nós. Precisamos de ajuda. Precisamos ser capazes de ceder.

Só um tolo abre mão desse recurso inestimável.

NÃO SEJA UM SABICHÃO

Harry Belafonte abandonou a escola no ensino médio. Conseguiu um emprego de zelador.

Entretanto, sua educação começou quando ele entrou para a Marinha.

De repente, Harry estava cercado de um grupo de outros marinheiros negros que eram muito mais inteligentes que ele. Tinham lido muito. Acompanhavam a política. Apesar das funções subalternas (nessa época, a Marinha atribuía aos recrutas negros as tarefas mais penosas), era um círculo de intelectuais, e Belafonte ansiava por fazer parte dele.

Um colega lhe indicou um livro de W. E. B. Du Bois, que ele devorou. Tendo adquirido o gosto pela leitura, e lutando para impressionar os amigos, Belafonte foi até uma biblioteca em Chicago para pegar emprestado alguns livros de um escritor que ele sempre via citado nas notas de rodapé.

"Para facilitar, dona", disse Belafonte, seguro de si. "É só me dar tudo que tiverem de Ibid."

"Não temos escritor algum com esse nome", respondeu a bibliotecária, consultando o catálogo.

"Cheque de novo", disse Belafonte. E emendou, quando ela demorou: "É para antes de a guerra acabar." Ele acabou indo embora furioso, achando que a bibliotecária era racista.

Ora, não existe esse escritor (*ibid.* é a abreviatura de *ibidem*, um jeito de se referir ao mesmo livro várias vezes em uma bibliografia), mas Belafonte ignorava a própria ignorância, provocando risadas dos amigos a quem ele, indignado, relatou o ocorrido. Por sorte, seu maior aprendizado com essa lição foi rir de si mesmo.

Anos depois, quando já era um dos cantores mais famosos do mundo, ele contou essa história a W. E. B. Du Bois em pessoa. Um de seus poucos arrependimentos na vida foi nunca ter pedido desculpas à pobre bibliotecária que estava do lado errado de sua presunção.

O escritor David McCullough viveu uma experiência parecida quando tinha 30 e poucos anos. Depois de trabalhar no mercado editorial e no governo, ele decidiu se arriscar como escritor contando a história da ruptura da barragem de Johnstown, nos Estados Unidos, em 1889, no que seria seu primeiro livro. Durante o penoso trabalho de pesquisa na Biblioteca Pública de Nova York, tendo avançado muito pouco, ele foi até a bibliotecária e pediu ajuda. "O senhor já consultou o DAB?", sugeriu ela. "Puxa, não, eu não tinha pensado nisso", respondeu McCullough com a mesma mistura de confiança e insegurança que tinha atrapalhado Belafonte. Então, ele retornou à mesa. A verdade é que McCullough não fazia a mínima ideia do que era "DAB".

Não foi pouca a coragem necessária para aquele ex-aluno de Yale, membro da influente ordem secreta de alunos Skull and Bones, ex-aluno de ganhadores do Prêmio Pulitzer e ex-funcionário da Agência de Informação dos Estados Unidos, voltar àquela bibliotecária e reconhecer que tinha fingido saber algo que não sabia. "É o Dicionário Americano de Biografias", respondeu com gentileza a bibliotecária, apontando para um conjunto de mais de vinte volumes, que o ajudaria a desbloquear várias ideias para aquele que se tornaria o primeiro de seus muitos best-sellers.

Se você se acha estúpido, é provável que continuará sendo; essa é uma profecia autorrealizável. Infelizmente, achar-se inteligente também pode torná-lo estúpido.

"Lembre-se", dizia Epicteto aos alunos, muitos deles não apenas talentosos e brilhantes como também filhos e filhas das famílias mais poderosas de Roma, "é impossível aprender aquilo que você acha que já sabe".

Ou finge que sabe.

Ou se recusa a admitir que não sabe.

Sabemos tão pouco quando achamos que sabemos... por medo de parecermos estúpidos, continuamos estúpidos.

"Muitos poderiam chegar à sabedoria", disse Sêneca, em uma frase famosa, "se não achassem que já a alcançaram". Um jovem Mark Zuckerberg teve como mentor Donald Graham, diretor de redação do jornal *The Washington Post*. Graham, sabendo que o Facebook precisava criar alianças com a elite política, recomendou um livro a ele. Zuckerberg, que não gostava de política nem acompanhava o noticiário, não tocou no livro, por falta de tempo e de interesse. Afinal, que relação isso poderia ter com o trabalho de Zuckerberg? Além disso, ele já tinha chegado ao sucesso e suplantando muita gente bem-sucedida no setor de tecnologia sem ter que ler um monte de livros sobre o assunto.

Graham, que ao longo dos anos teve que lidar com muitos novatos atrevidos, recusou-se a aceitar tal situação. "Existem pouquíssimas coisas que são unanimidade", explicou a Zuckerberg sobre o mundo, mas "uma delas é que ler livros é um jeito bom de aprender. Quanto a isso não há discordância".

Se acha que não há mais nada que alguém possa lhe ensinar, você não é apenas insuportável como também está certo. Não vai aprender nada... exceto a inevitável e dolorosa lição do fracasso.

Foi o que aconteceu com Sam Bankman-Fried, outro jovem de inteligência impressionante. Assim como Montaigne, desde muito cedo ele fora apontado como um talento precoce e único em sua geração. Todos tinham certeza de que ele estava destinado a realizar grandes feitos, e ele de fato fez isso, primeiro trabalhando em um agressivo fundo hedge, depois lançando o próprio fundo de criptomoedas e plataforma de negociação, que chegou, no auge, a valer algo em torno de 26 bilhões de dólares.

Contudo, a semente de sua derrocada foi plantada pela arrogância passível de acometer todo menino-prodígio. Na infância, ele demonstrava uma indiferença impressionante em relação ao mundo para alguém tão inteligente. As excursões escolares a prédios antigos e monumentos históricos o aborreciam. Em algum momento de sua formação, concluiu que odiava livros. "Comecei a associar os livros a algo de que eu não gostava", disse a respeito da infância. Ele passou a "contestar a realidade básica" das aulas de inglês. Odiava em especial Shakespeare, que considerava pouco realista e terrivelmente superestimado.

Jovens às vezes são arrogantes, mas Bankman-Fried se aferrou a esse ponto de vista petulante, de "Eu sei mais que todo mundo", idade adulta adentro. Há um diálogo incrível, de 2022, entre um jornalista e Bankman-Fried, então no ápice do poder e da influência. O repórter diz preferir a leitura à trivialidade e fugacidade da internet.

"Ah, é?", respondeu Bankman-Fried. "Eu nunca leria um livro... sou muito cético em relação aos livros. Não estou dizendo que não valha a pena ler nenhum livro, mas o que eu acho não fica muito longe disso, não. Acho que quem escreve um livro está fazendo merda, deveria ter escrito um post de seis parágrafos em um blog."[13]

Sabichões são terrivelmente chatos. São detestáveis. Também são perigosos para si mesmos e para os outros.

De qualquer forma, ele terá tempo de sobra para se dar conta do valor dos livros, seja lá onde estiver.

Bancar o inteligente não é algo positivo, dizia Zenão, ainda mais na juventude. Essa característica de Aríston o deixava possesso. A presunção e o orgulho mataram muitas carreiras e mentes promissoras, tanto quanto o racismo, a censura e barreiras externas.

Eles levam muitas pessoas inteligentes a fazer coisas estúpidas.

Às vezes é como se tivéssemos mais medo de parecermos ou nos sentirmos estúpidos do que de *sermos* estúpidos... que é o que

---

[13] Mesmo assim, até o repórter caiu nessa esparrela, escrevendo, com a maior seriedade: "Como SBF obviamente é um gênio, devo simplesmente supor que, comparado a mim, SBF sempre estará jogando em um nível N+1."

somos quando evitamos fazer perguntas, descartamos certos assuntos como inúteis e rejeitamos mentores, mestres e treinadores.

É preciso ter confiança e coragem de verdade para se expor. Para dizer essas palavras mágicas e humildes: "Não sei." "Explique mais." "O que mais preciso saber?" Para se dispor a ouvir gente menos bem-sucedida, com menos credenciais que você, gente de quem você não gosta, gente que não gosta de você, gente que cometeu erros, gente que você não compreende. Para buscar não apenas um mentor ou um mestre como também, ainda mais importante, para *escutar* o que eles têm a dizer. Em especial quando criticam ou desafiam você.

Precisamos levar o aprendizado a sério, e nunca nos levarmos a sério demais.

Na vida, já existem obstáculos suficientes à sabedoria. O que ninguém pode se permitir, por mais brilhante que seja, é ser um obstáculo a si mesmo.

Fechar os ouvidos ou os olhos por puro ego. Rejeitar professores ou descartar meios de obter feedback. Fingir que sabe algo.

Só para se considerar sábio... e, assim, não conseguir ficar mais sábio.

CUIDE DAS INFORMAÇÕES QUE VOCÊ SELECIONA

Imagine alguém que fica grudado ao celular desde a hora em que acorda. Alguém que tem três telas de TV no quarto, que assiste a *Fox & Friends* todas as manhãs... e a todos os programas noturnos da Fox também. Alguém que lê os jornais na correria, pouco além de uma olhada rápida nas manchetes. Passa horas no X e em outras redes sociais. O celular está repleto de mensagens com artigos de blogs, vídeos do YouTube e clipes virais sobre a última indignação da moda e as opiniões mais provocadoras e polêmicas que se possa imaginar. A pessoa simplesmente passa o dia todo recebendo fofocas pelo celular. "Já ficou sabendo da última???"

A TV está sempre ligada no fundo, em geral sem som, porque assim se tem a impressão de captar *a vibe* do que está rolando. Tarde da noite, essa glutonaria não para, seja nos dias de semana, seja no fim de semana. Indignação o tempo todo. Toda notícia é bombástica. Comentaristas polemizando sem parar, enchendo seus olhos e ouvidos.

É ou não é uma receita para enlouquecer?

Bem, esse é um dia comum da vida de Donald Trump: uma seleção de picaretas na TV a cabo, blogs caça-cliques e posts em redes sociais, em vez de briefings presenciais com especialistas e agências de inteligência com reputação comprovada. Além de menosprezar livros sobre história ou liderança, ele emprega um assistente especial cuja principal tarefa é levar a ele, todo santo dia, *matérias favoráveis sobre ele mesmo, impressas, para mantê-lo de bom humor*. Os amigos e os bajuladores vão aos programas de TV para falar na esperança de que ele assista. Eles apresentam-se para uma audiência de uma pessoa só.[14]

Quando o médico do presidente Kennedy soube que ele estava tomando remédios fortíssimos e perigosíssimos para tratar os diversos males de que sofria, ficou perplexo. "Nenhum presidente com o dedo no botão vermelho pode tomar essas coisas", declarou o médico.

Os conselheiros de Trump se sentem do mesmo jeito em relação à seleção midiática do chefe. "Como acha que seu cérebro estaria se você fizesse isso?", perguntou certa vez, a um repórter, seu estrategista principal, se referindo ao "tempo executivo" de Trump, que é como todos na Casa Branca chamam suas várias horas assistindo a programas de ódio na TV a cabo. Eles imploraram para que Trump passasse mais tempo com a esposa ou os filhos, mas ele prefere passar as manhãs (e as noites) com aquilo que já chamou várias vezes de "maior invenção da história": o TiVo, aparelho que grava programas de TV.

Porém, deixando de lado esses vícios evidentes, todo líder (assim como gente comum tentando entender o mundo) se vê diante de alguma versão do mesmo problema: que informações vamos acessar? O que vamos deixar de fora? Como continuar informado sobre o que está acontecendo sem ficar soterrado em distrações?

Assim como aquilo que colocamos dentro do corpo é importante, o que colocamos (ou deixamos de colocar) na nossa mente também importa.

É um problema ainda maior quando se é presidente dos Estados Unidos. Todos eles, cada um conforme sua personalidade, tiveram que lidar com o peso de tudo que precisavam saber... e de tudo que podiam saber. Um dos assessores de Jimmy Carter acreditava que

---

14 "Vou contar a ele que vou ao programa de Laura Ingraham", explicou o músico Kid Rock a um repórter enquanto telefonava para Trump. "Ele adora assistir quando vou à Fox."

"o maior problema dele como presidente era que se dispunha a ler tudo", lamentando um episódio em que Carter se sentou e leu um memorando de 350 páginas sobre uma questão tributária de pouca importância. Ele devolvia briefings com correções ortográficas. Pode parecer admirável, mas é um mau uso do tempo de uma pessoa ocupada. "Nunca devíamos tê-lo submetido a isso", relembra o assessor, "mas ele podia não ter lido".

É possível consumir algo bom em excesso... quer se trate de comida, quer se trate de dados.

Nós encaramos um problema análogo. Estamos sendo inundados por informações, muitas delas fascinantes, que antes eram fugidias. Cabe a nós decidirmos como filtrá-las e assimilá-las e como *agir* em relação àquilo que é verdadeiro e *relevante*. Quando focar e quando ignorar.

Um líder eficiente sabe fazer isso. Para o presidente dos Estados Unidos, as informações são condensadas naquilo que é chamado de Briefing Presidencial Diário — em geral, três páginas de informações confidenciais sobre acontecimentos e problemas internacionais, entregues, como o nome sugere, uma vez ao dia, com explicações e resumos presenciais. Os melhores presidentes escutam com atenção, fazem perguntas e depois aplicam o que aprenderam às decisões cotidianas.

Trump nunca se interessou em ter acesso à inteligência de melhor qualidade do planeta. "Não tenho que ouvir alguém me contar a mesma coisa, com as mesmas palavras, todo santo dia, pelos próximos oito anos", disse, durante sua primeira campanha eleitoral. Depois de sua vitória em 2016, esse aficionado em notícias tampouco demonstrou pressa em se inteirar da situação. Outros presidentes eleitos dão início aos briefings diários muito antes da posse, cientes de que cargos difíceis têm curvas de aprendizado íngremes. Durante as dez semanas do período de transição, Trump, como presidente eleito, recebeu apenas catorze briefings.

Pelo visto, sua eterna frustração com salas de aula e sua visão do mundo típica de um valentão, segundo a qual chamar alguém de "professor" é um xingamento, geram um ressentimento avassalador quando alguém lhe pede para prestar atenção. Um de seus primeiros pedidos foi para encurtar o briefing e que a parte oral se desse sob a forma de uma "narrativa", mais parecida com as notícias que ele via na TV. Mesmo com essas mudanças, Trump nem de longe se mostrou um aluno motivado.

"Ele mal tocou neles", disse o primeiro responsável da CIA pelos briefings de Trump, quando lhe perguntaram se o presidente lia aqueles materiais. "Na verdade, ele não lê nada."

Em vez disso, a tendência de Trump era a de folhear o documento — que é um resumo de ideias muitas vezes escritas com o suor (ou o sangue) de agentes de inteligência e informantes, obtido a enorme custo. Sua atenção só era atraída, vez ou outra, por gráficos e imagens. Uma organização em tópicos o agrada. Ele sempre falou mais do que ouviu, de modo que, segundo um observador, "em uma hora de discussão, são oito ou nove minutos de inteligência de verdade". E até essas opiniões de especialistas disputam com o interlocutor mais recente de Trump; nas palavras de um conselheiro, o presidente pede a opinião de 49 pessoas e fica com a da quinquagésima... se gostar da última resposta.

O tolo só ouve aquilo que quer.

É por isso que Trump talvez tivesse razão, em parte, ao reclamar com a imprensa por não ter sido avisado da ameaça crescente do coronavírus. Na verdade, esse risco lhe foi mencionado *dezenas* de vezes no inverno de 2020. Os responsáveis pelo briefing lhe entregaram os dados. Relataram a opinião dos cientistas. Eles levaram o cavalo até a água, mas o cavalo não quis beber.

Todos somos manipulados por algoritmos. Todos nós rolamos a tela para pular o que nos desagrada, e nossa tendência é gravitar rumo ao simples, em vez de ao complexo. Preferir o entretenimento à informação é uma tendência humana. A bolha dos filtros dá um jeito de envolver a todos nós.

Todos nos enganamos. Consumimos lixo demais.

Só que, para alguns de nós, as consequências são mais profundas.

Elon Musk trocou a leitura de manuais de ciência aeroespacial pela atualização obsessiva de seu feed no X. Ele trocou a informação científica pela escuta de podcasts e vídeos virais. À medida que a qualidade da sua seleção de informações decaiu, o mesmo ocorreu com seu estado mental... De repente, um pensador original e brilhante passou a se impressionar com besteiras que podem até parecer inteligentes, mas que não passam de absurdos. Trocou os princípios básicos por decisões tomadas com base em enquetes no X.

Ele passou a criticar a seleção midiática de outras pessoas, alegando que "quem se informa nos canais de TV tradicionais vive em uma realidade alternativa falsa". Tanto ele quanto Trump compartilham versões semelhantes do mesmo mal, aficionados em meios que são quase a antítese da transmissão de sabedoria. Musk poderia pagar para receber um briefing diário capaz de rivalizar com os dos mais poderosos chefes de Estado do mundo. Porém, prefere injetar na veia seu feed de picaretas e trolls.

Hoje, qualquer pessoa comum tem acesso ao tipo de informação com que um imperador do passado só poderia sonhar. É um poder concreto. Porém, como sempre ocorre, o poder corrompe, distrai e desorienta. Temos *mais* informações do que os imperadores do passado poderiam sonhar. Também estamos sujeitos a mais *des*informação do que eles poderiam ter concebido em seus piores pesadelos.

Áudio. Vídeo. Texto. Tudo chega até nós a uma velocidade inimaginável.

É preciso ter disciplina e sabedoria para lidar de maneira adequada com a própria seleção de fontes de informações, para que ela sirva como um canal seletivo e criterioso de tudo aquilo que você recebe.

"A arte de não ler é muito importante", disse Schopenhauer a respeito de evitar bobagens popularescas. A questão não é o quanto você sabe, e sim saber as coisas certas. A questão não é ler, e sim o que e como você lê. “Não anseie por saber tudo”, lembrava Demócrito a si mesmo no século V a.C., “para não acabar ignorante em tudo”.

Quando puder, vá direto à fonte. Sempre a *verifique*.

Prefira qualidade, e não quantidade.

Encontre especialistas em quem você confie. Averigue antes as credenciais deles.

Dê preferência a informações duradouras, e não às “em andamento” ou que “acabam de sair”. Tente analisar o contexto mais amplo. Tente estabelecer conexões entre o que está acontecendo agora e o que aconteceu no passado.

Busque coisas que o questionem. Ouça o que o outro lado tem a dizer.

Não se deixe distrair por futilidades... e não ignore os detalhes essenciais.

Cuidado com o excesso de informação. Cuidado com a tendência sem fim de rolar telas.

E nunca, nunca confunda a busca por informações e opiniões a respeito de certa questão com *fazer* algo em relação a determinado problema.

PENSE COM A PRÓPRIA CABEÇA

Richard Feynman era um iconoclasta. Um livre-pensador. Um inovador em sua área. Um *personagem.*

Seu livro de memórias tem como título *Só pode ser brincadeira, sr. Feynman!*, uma indireta ao tipo de reação que inconformistas como ele provocam. *Tá falando sério? Que insanidade!*

O título não é uma referência, porém, ao trabalho revolucionário de Feynman em eletrodinâmica quântica, ou à sua contribuição para a criação da bomba atômica. Não é sequer uma expressão de espanto com seus passatempos pouco convencionais, entre eles o gosto por desenhar formas humanas graciosas, que costumava praticar em um clube de strip-tease.

Não. O que fez a esposa de seu colega se engasgar de espanto foi quando Feynman pediu limão *e* creme para colocar no chá.

Que horror!

Não é preciso muito para chocar as pessoas, porque elas tendem a ter perspectivas muito limitadas daquilo que é ou não normal. Em geral, só fazem o que os outros fazem e o que os outros querem e ficam abismadas quando alguém quer algo diferente.

Essa foi a sacada do filósofo René Girard, que cunhou a "teoria do desejo mimético". Para ele, já que não sabemos o que queremos, acabamos sendo levados (de forma inconsciente ou voluntária) ao que os outros querem. Não pensamos por nós mesmos, seguimos a tradição ou a multidão. Imitamos em vez de inovar.

Para alcançar a sabedoria, para realizar qualquer feito importante, é preciso nadar contra a corrente, contra essa tendência. No nível mais primordial, é isso que o pensamento de primeiros princípios faz. Em vez de interagir com uma questão a partir de uma manchete, ou um tuíte — aquilo a que todo mundo está prestando atenção —, o sábio vai ao princípio. O sábio aborda o problema com um olhar original e uma mente aberta.

Os procedimentos operacionais padrão quase nunca são questionados por indivíduos ou instituições. "Nunca use a palavra 'orçamento' comigo", Musk era conhecido por dizer aos funcionários, "porque isso significa que você desligou seu cérebro". "A mente deles está tão esmagada entre tábuas de disciplina militar", espantou-se certa vez Florence Nightingale ao enfrentar múltiplas camadas de burocracia, "que eles permanecem a vida inteira como crianças". O mesmo vale até para as palavras dos sábios da Antiguidade. Não é porque alguém disse algo muito tempo atrás que isso ainda seja verdade hoje em dia. Pode ser que não fosse verdade nem naquela época!

Quando um universitário tentou argumentar com Feynman que certa teoria contestada por ele já era consolidada havia muito tempo, Feynman respondeu: "Tudo bem. Então não só é uma bobagem como também é uma bobagem *antiga*." "Só estou fazendo o que fui pago para fazer" e "Foi assim que me ensinaram" são frases que racionalizaram estupidezes incríveis perpetuadas durante várias gerações. Aceitamos muita coisa porque nos foi transmitido, porque nunca nos demos ao trabalho de testar, submeter a qualquer análise, perguntar: "E se tiver um jeito melhor de fazer isso?"

Precisamos questionar o *status quo*. Precisamos pensar com a própria cabeça... Há, porém, um motivo para os precedentes existirem. Se fôssemos repensar todo e qualquer assunto, o tempo todo, nunca chegaríamos a lugar algum. Se fôssemos do contra em toda e qualquer questão, estaríamos errados com frequência... porque às vezes as coisas são como têm que ser.

Dessa forma, ter uma opinião do contra que se revela correta, que se revela mais inteligente que a de qualquer outro, pode ser uma experiência verdadeiramente devastadora para o cérebro. Tudo passa a ser questionável.

Contam que certa vez Elon Musk baixou a pala de sol de um protótipo do Model S, da Tesla. "Que porra é essa?", disse, ao perceber, pelo visto pela primeira vez, o lembrete obrigatório, em amarelo e branco, para os pais desativarem o airbag do passageiro quando houver uma criança no banco do carona. O funcionário tentou explicar as razões do governo para exigir aquele aviso, mas Musk resolveu que não havia necessidade. "As pessoas não são idiotas", declarou ele. "Esses adesivos são estúpidos."

No entanto, é óbvio que os adesivos são colocados *porque as pessoas são idiotas.*[15] Porque é melhor pecar por excesso de cautela quando se trata de crianças e acidentes automobilísticos. Em vez de ceder ao senso comum nesse caso, Musk e sua equipe passaram incontáveis horas à procura de uma solução tecnológica que desativasse o airbag de forma automática, ao mesmo tempo que protestavam junto à Administração Nacional de Segurança do Tráfego Rodoviário. Por causa disso, a Tesla teve que fazer pelo menos dois recalls.

"As configurações de fábrica sempre são idiotas", disse Musk certo dia aos funcionários, mandando acelerar uma das máquinas da linha de montagem, o que é, evidentemente, uma estupidez. Às vezes elas podem ser ignoradas. *Às vezes* elas podem salvar vidas.

Confiar nas convenções sem as questionar é uma estupidez... mas também é uma estupidez confiar na intuição sem a questionar, supondo que sua ideia é melhor pelo simples fato de você já ter desmentido uma convenção antes.

Um precedente costuma ser o resultado de um bom senso conquistado a duras penas. Não dá para simplesmente descartá-lo. Um colega de Winston Churchill comentou certa vez que o estadista britânico "venerava as tradições, mas zombava das convenções". Talvez seja o melhor jeito de estabelecer uma diferença: nós

---

[15] O caso é ainda mais estranho devido ao fato de Musk ser famoso por chamar as pessoas de idiotas.

questionamos e nós respeitamos. Na verdade, questionamos a tradição justamente porque a respeitamos.

O desejo mimético é um atalho. É uma cortina que nos protege de questões assustadoras, incômodas ou complexas. Poupamos o trabalho de ter que fazer perguntas fundamentais sobre nós e a vida: *O que eu acho? O que eu quero? Qual é a verdade neste caso?*

Quando todo mundo pensa do mesmo jeito, ninguém está de fato pensando.

Há uma famosa experiência em psicologia que mostra como as pessoas mudam de ideia a respeito do comprimento de duas linhas conforme os outros participantes respondem... mesmo quando isso contradiz a própria observação individual.

Todos já passamos por isso. Quase nunca é algo que acaba bem. A bolha acaba estourando. A febre passa. A verdade vem à tona. Olhamos para trás e pensamos: *fomos tão estúpidos, e, pior ainda, sabíamos a verdade.*

Não há problema em ser o único. Não há problema em chegar às próprias conclusões. Na verdade, é melhor ainda.

É o certo.

"Se eu quisesse ser parte da turba", disse certa vez um dos primeiros estoicos, "não teria me tornado filósofo". *Não seguirás o mau exemplo da turba*, postula Êxodo 23:2.

Você é diferente de todos que já viveram... por que pensaria e agiria como todo mundo?

Nestes tempos de "rebanho desenfreado", como Stefan Zweig chamou tanto a ascensão do fascismo na Europa como o fervor religioso da época de Montaigne, coragem, determinação e sinceridade são necessárias. Temos que resistir ao impulso de fazer suposições e ceder. Não podemos aderir à turba. Não podemos recair nas opiniões mais fáceis, confortáveis, preguiçosas.

Temos que pensar com a própria cabeça.

Temos que buscar os primeiros princípios.

Temos que respeitar o precedente, porém questioná-lo. Desafiá-lo sem jogar fora o que é relevante.

Não seja preguiçoso.
Empenhe-se.
Você tem um cérebro.
Use-o.

NÃO DESTRUA SEU CÉREBRO

Assim como Montaigne, John Stuart Mill recebeu uma educação pouco convencional. Aprendeu grego aos 3 anos. Ainda pequeno, lia Xenofonte no original e, pouco tempo depois, ganhou a obra de Heródoto, a quem se esperava não apenas que lesse como também que entendesse. Aos 7 anos lhe deram os diálogos de Platão, que ele teve que entender por conta própria.

A regra era a seguinte: seu pai não explicaria nada enquanto o filho não tivesse explorado todas as alternativas sozinho.

Aos 8 anos, Mill passou para o latim e os grandes escritores da língua inglesa. Cícero, Tácito, Lívio, Juvenal, Quintiliano, Tucídides, Demóstenes, Aristóteles, Shakespeare, Gibbon, Smith, Hume; lógica, filosofia, literatura, política, história. Hora após hora, dia após dia, ele mergulhava nos grandes pensadores, penando no começo, mas acabando por dominá-los, para o espanto de todos que encontravam aquele prodígio.

"Meu pai", relembra Mill, "exigia de mim não apenas o meu máximo como também muito que estava além do meu alcance". Pois aprender tudo aquilo não bastava; ele também tinha a responsabilidade de ensinar o que havia aprendido a seus oito irmãos e irmãs mais novos.

É inquestionável que esses métodos resultaram em uma mente incrível, tudo isso antes da puberdade. Aos 17 anos, Mill trabalhava como administrador no escritório colonial, impressionando as grandes mentes de seu tempo em sociedades de debates. Tinha diante de si uma carreira incrível. Tinha grandes ideias. Ele era o produto de uma ambição incansável, um jovem destinado a mudar o mundo, moldado por uma educação que poucos recebem.

Na superfície, tudo parecia bem, mas no interior havia uma correnteza perigosa e destrutiva. Qualquer um submetido a tanta pressão estava fadado a sucumbir.

Uma pergunta que parecia ser inocente brotou em sua mente: e se todas as suas ideias intelectuais dessem certo? E se ele atingisse a iluminação que havia lutado tanto para alcançar? "Seria motivo de grande alegria e felicidade para você?", perguntou-se Mill.

E a resposta arrasadora atingiu-o como um trem: "Não!"

Mais adiante, ele escreveria que toda a fundação em que sua vida se baseava desmoronou naquele momento. Não era uma depressão passageira, e sim uma crise intelectual e emocional absoluta. Os livros, que tinham sido, sob vários aspectos, seus amigos, já não capturavam mais sua atenção. Ele perdeu por completo a motivação. Tudo lhe parecia sem sentido. Ele não tinha ninguém com quem conversar, nenhum jeito de explicar o que estava sentindo. Por pouco não se matou.

Tempos depois, essa experiência seria chamada de "colapso nervoso". Hoje, chamaríamos de burnout. Era uma depressão provocada pela pressão, pela sobrecarga e pelo peso esmagador de expectativas que ele nunca escolheu para si.

Não é preciso ser formado em psicologia para apontar o dedo para o pai de Mill, que tratou o filho mais como uma máquina do que como um filho (e Mill de fato escreveu que o pai seria a última pessoa a quem ele poderia revelar a angústia com que sofria).

De tanto ele dar corda em sua mente, ela acabou se rompendo. Infelizmente, não é um caso raro. "O teu muito saber te faz perder o juízo", diz Festo a Paulo na Bíblia. Nietzsche enlouqueceu. Agassiz se tornou um racista delirante. Hunter S. Thompson sucumbiu aos efeitos da dexedrina que tomava para ter energia e foco. Fez sua mente rodar a mil até que ela não aguentou, transformando os últimos trinta anos de sua vida em um deserto de criatividade.

"Do sublime ao ridículo", escreveu Voltaire, "há só um passo".[16] E esse passo é ainda mais curto quando grande parte do brilho de alguém se baseia no *questionamento*. Você pode acabar chutando todos os paus da barraca e ficando sem nenhum ponto de apoio. Quando se questiona tudo, o que permanece de pé? Você se torna um argumentador tão bom que passa a argumentar consigo mesmo.

O foco compulsivo e obsessivo pode levar à genialidade, mas é perigoso brincar com ele. Como saber a diferença entre sua arma secreta e uma sobrecarga mental prejudicial à saúde? Quando se chega ao próprio limite, porque seu ponto forte é a disciplina, mas se deixa de dormir. Assim, se perde o equilíbrio e fica impossível distinguir entre uma ideia transgressora e uma insana.

Antes, dizia-se de Elon Musk: "Ele é brilhante." Agora, dizem: "O que aconteceu com ele?"

Há várias explicações plausíveis para o comportamento de Musk, mas a combinação de drogas, fama e excesso de trabalho é a mais plausível... e evitável. Não é normal nem saudável ser alvo da atenção de centenas de milhões de pessoas o tempo todo — e, embora a fama possa produzir uma espécie de "barato", o uso já admitido por Musk de cetamina (droga que pode comprometer a cognição, o foco e a tomada de decisões) e uma agenda sobrecarregada são ainda mais alarmantes. "E uma lição que eu aprendi foi: não tuitar sob efeito de zolpidem", disse Musk certa vez. "Você pode se arrepender." Essa é uma lição que não deveria ser aprendida do pior jeito, não quando se está no comando de várias empresas tão importantes cotadas em bolsa.

Excesso de informação. Excesso de *má* informação. Excesso de estresse. Excesso de estímulo. Falta de tempo, falta de nutrientes, falta de recuperação, falta de cuidado.

Falta de descanso. Falta de amizades. Falta de amor.

---

[16] Dizem que Napoleão fez esse mesmo comentário após sua desastrosa campanha na Rússia.

Não dá para ficar apenas sentado e pensando o tempo todo. Não dá para viver sem dormir, sem ter hobbies, sem alegria.

Só um tolo abusa da única mente que terá na vida.

Essa é nossa tarefa principal: proteger essa dádiva que recebemos, não ceder nem enlouquecer com o sucesso.

Porém, eis uma boa notícia: com cuidado, uma boa nutrição e autocompaixão, é possível recuperar a mente. Dá até para fortalecê-la onde ela foi ferida.

O colapso de Stuart Mill, aos 20 anos, pode, na verdade, tê-lo salvado. Foi um sinal de alerta. Foi um momento de encruzilhada.

Ele se deu conta de que os métodos paternos não eram sustentáveis. Voltou-se à poesia e à arte. Apaixonou-se pela música.

Após sair da sociedade de debates onde havia passado tantas horas discutindo assuntos arcanos, Mill começou a lidar com a filosofia de outro jeito, e ela deixou de ser uma competição intelectual e passou a ser algo real no mundo real. Ele viajou para a França para encontrar LaFayette. Envolveu-se nas questões políticas de seu tempo. Sua esposa também o ajudou a se abrir... não apenas para a questão dos direitos femininos como também para uma leveza, alegria e conexão que ele não havia conhecido na infância.

Suas maiores contribuições surgiram depois do colapso nervoso. Ocorreram depois que ele deu a volta por cima. Ocorreram porque ele teve coragem de se mostrar vulnerável, coragem para reimaginar a própria vida e suas prioridades.

A sabedoria vem quando desaceleramos. Quando temos sossego. Quando nos cuidamos.

Sabedoria é se dar conta de que, mesmo quando o que fazemos é importante... não é tão importante assim.

Sabedoria é se dar conta de que você não faz parte de um experimento em uma prisão. Você não é uma máquina. Você é um ecossistema.

Nada funciona se uma parte não funcionar.

Preste atenção. Cuide-se.

MUDE DE IDEIA

Richard Wright apresentou o comunismo a Ralph Ellison. Faz sentido que os dois escritores negros norte-americanos tenham se sentido atraídos pelas ideias da esquerda radical. Como não se sentiriam? O mundo parecia estar desmoronando. A carnificina sem sentido da Primeira Guerra Mundial havia sido seguida pela grande depressão global.

A falência do imperialismo estava exposta. O capitalismo parecia estar ruindo — fato evidenciado pelas filas do sopão nos anos 1930. E com certeza a humanidade havia traído aqueles dois homens especificamente, sujeitando-os a uma terrível discriminação e à violência das leis racistas norte-americanas conhecidas como Jim Crow.

Além disso, o Partido Comunista havia feito planos bastante específicos para recrutar e cultivar artistas e trabalhadores negros no Harlem, tornando o subúrbio nova-iorquino o epicentro de sua operação nos Estados Unidos.

Por isso, é lógico, ambos entraram para o movimento nos anos 1930 — talvez fosse o *único* no país, talvez no mundo inteiro, na época, com a pretensão de reconhecer a igualdade entre as raças. Filiar-se não era nada complicado; bastava assinar um papel e então a pessoa fazia parte de um círculo social em que todos a tratavam com respeito, ofereciam-lhe oportunidades e diziam se preocupar em tornar o mundo melhor. Ellison e Wright floresceram nos círculos comunistas, evoluindo como autores de publicações do movimento como o *Daily Worker* e a revista literária *New Challenge*. Muitas vezes Ellison dormia na redação. Ambos conseguiam ganhar a vida como artistas graças ao dinheiro que recebiam e ao apoio dos doadores do partido.

Ali, eles encontraram seu lugar. Havia energia! Iluminação! Toda pergunta tinha uma resposta. Tudo *fazia sentido*.

Porém, como em qualquer movimento político radical, nem tudo era o que parecia ser. O comunismo tinha algo de sufocante. Em um de seus livros, Wright conta que, quando ouvia os diretores do partido, ficava impressionado com o "fanatismo intolerante (...) mentes fechadas a novas ideias, novos fatos, novos sentimentos, novas atitudes, novas possibilidades de formas de viver". Ele e Ellison acreditavam de verdade na luta de classes, mas não gostavam que lhes ditassem o que deviam pensar. Discordavam bastante do partido em questões como raça e o papel da literatura.

Como romancistas, eles compreendiam que as pessoas e a vida são complexas, que o ser humano é complicado e que teorias simplistas falham em contê-lo. Apesar de todo o discurso sobre arte, os dois sentiam um profundo anti-intelectualismo no movimento (na verdade, Wright contou a história de um chefe do partido que o lembrou de quantos "intelectuais" foi preciso executar na Rússia). Os dois haviam chegado àquela ideologia em sua jornada em busca de ideias. Porém, a sensação era a de estarem em um beco sem saída intelectual. "Eles denunciavam livros que nunca haviam lido, gente com quem nunca haviam lidado, ideias que não tinham como entender e doutrinas cujos nomes não conseguiam pronunciar direito", queixou-se Wright. "O comunismo, em vez de fazê-los dar um salto adiante, com o coração em chamas, para dominar as ideias e a vida, congelou-os em um patamar ainda mais baixo da ignorância em que viviam antes de o conhecerem."

Vieram, então, os julgamentos-espetáculo soviéticos, a ascensão da polícia secreta, o pacto de Stálin com a Alemanha e a deflagração da Segunda Guerra Mundial. Tudo isso desgastou a fachada revolucionária do comunismo.

Durante algum tempo, os dois conseguiram racionalizar todas essas contradições, como a maioria de nós faz. Já foi mencionado que é muito difícil abandonar racionalmente uma posição que você não adotou racionalmente. Ellison e Wright foram atraídos pelo comunismo, em parte, por conta de seu apelo emocional, pela promessa de resolver os problemas impossíveis da condição humana. Eles compraram um sonho, e não uma realidade.

Tampouco foram os únicos... Uma geração de jovens bem-intencionados foi arrastada por esse apelo nos anos entre a Revolução Russa e o advento do Estado autoritário soviético. As outras alternativas não eram muito mais atraentes! Que argumentos a democracia e o capitalismo podiam apresentar em 1935, quando havia norte-americanos na fila do pão, vivendo em regiões com barracos chamadas *hoovervilles*? O partido, pelo menos, dizia se importar com as pessoas.

A esperança é enganosa. Os desejos distorcem a realidade.

Com o passar do tempo, porém, tanto Wright como Ellison acabariam rompendo com o partido, o primeiro em 1942, o segundo pouco tempo antes. "Então, você e Wright estão juntos?", perguntou um professor a Ellison, sobre a saída de ambos do partido. "Não, Wright saiu por conta própria, e eu, por minha conta. Somos indivíduos."

Mudar a mentalidade e as crenças não foi fácil. Wright acabou se exilando na Europa e explicou a Ellison que foi porque "depois que rompi com o partido, eu não tinha mais para onde ir". Ambos tiveram que lidar com o remorso e a vergonha por todo o tempo que passaram sob a influência (e o controle) do partido. Ambos foram hostilizados pelas autoridades por conta da associação pregressa com o partido. Mesmo assim, foi uma etapa crucial na evolução de ambos, tanto como artistas quanto como ativistas. "A ruptura com o [Partido Comunista]", diria Ellison a Wright, "foi o que me permitiu ganhar vida".

O filósofo Diógenes, o Cínico, certa vez foi cobrado por uma crença do passado. "E houve uma época em que eu fazia xixi na cama", disse ele, à guisa de resposta, "mas não faço mais". John Maynard Keynes tinha uma boa resposta para a mesma cobrança: "Quando os fatos mudam, eu mudo de ideia. E o senhor, o que faz?" Afinal, é o que diz a letra da tradicional canção gospel norte-

-americana "Amazing Grace" [Graça Sublime], escrita, aliás, por um ex-dono de escravizados que percebeu a crueldade de seus atos: "I once was lost, but now am found / Was blind, but now I see". [Eu já me perdi, mas fui achado / Cego eu fui, mas agora posso ver.]

É óbvio que seria melhor ter sido achado antes, ter mudado antes.

A maioria das pessoas continua sem ver. Vamos dar um crédito a quem não faz o mesmo.

Mudar é difícil, porque significa que é provável que você deveria ter mudado antes. Significa que você fez e disse coisas que na verdade eram baseadas em crenças equivocadas. Coisas terríveis, em alguns casos. Em outros, muito constrangedoras.

Algumas pessoas não suportam passar vergonha. Por isso, mergulham em suas convicções.

Não apenas temos dificuldade em mudar de ideia como também às vezes somos tão frágeis que odiamos quem muda. Acusamos políticos de serem "vira-casacas". Chamamos de traição. Ou zombamos de alguém por aquilo em que acreditava antes — como pode ter sido tão estúpido a ponto de achar *aquilo*?

O verdadeiro fracasso, porém, é não mudar nunca. Imagine continuar a acreditar em tudo o que você acreditava na infância! Imagine ainda acreditar e agir da mesma forma que *antes* de algo acontecer. Quando alguém acusa você de teimosia, não é um elogio!

Só as pessoas tolas permanecem as mesmas.

"Duvidar dos próprios primeiros princípios é a marca de um homem civilizado", dizia o almirante Hyman Rickover aos futuros oficiais navais. "Uma coerência tola", declarou Emerson, expressando a mesma ideia em outras palavras cerca de um século antes, "é o diabinho das mentes pequenas". "Caso eu queira ser fiel a mim mesmo a cada instante", anunciou Gandhi, logo depois de usar o termo "diabinho" para descartar a coerência como virtude, "não me importarei com todas as incoerências que me serão jogadas na cara".

A sabedoria é a capacidade de levar a vida *pronto* a mudar de ideia. Isto não significa abandonar nossos valores porque eles deixaram de ser convenientes, e sim porque nosso pensamento *foi feito* para evoluir. Fomos feitos para crescer. Coisas novas são descobertas. Nossas crenças e nossos atos geram um retorno, que por sua vez deve gerar novas crenças e novos atos.

Isso com certeza explica em boa parte a transformação de Ellison. Quando teve o contato inicial com o comunismo, ele era um jovem músico de Oklahoma. Nesse meio-tempo, ele leu bastante, conheceu muita gente, escreveu e vivenciou muita coisa. O mundo tremeu com uma guerra mundial. Stálin desvelou o que nenhuma propaganda ou otimismo ingênuo foi capaz de acobertar. O movimento pelos direitos civis começou, aos trancos e barrancos. Durante esse período, o quanto Ellison viu da natureza humana? Quanto a mais ele passou a saber?

"Eu dizia um monte de bobagens quando fui do Partido Conservador", declarou Winston Churchill quando trocou de partido, aos 29 anos, "e saí porque não queria continuar dizendo bobagens". Obviamente, melhor seria se desde o começo não estivéssemos errados, mas a melhor alternativa é mudar de ideia agora.

É um questionamento interessante a fazer a alguém com quem você queira aprender algo: conte qual foi a última coisa sobre a qual mudou de ideia. Conte uma coisa a respeito da qual hoje você pensa diferente de antes. Conte algo em que provaram que você não tinha razão.

Respostas sinceras são indicadoras de caráter e retidão moral.

Ninguém acha que Lyndon Johnson era fraco por ter mudado de posição sobre a segregação racial. Pelo contrário, achamos que demorou para isso acontecer.

Ponderamos sobre novos fatos. Ouvimos conselhos. Fazemos perguntas. Quando encontramos algo que não bate, não ignoramos, e sim continuamos a analisar até aceitar que ou aquilo estava errado, ou nós é quem estávamos.

É assim, aliás, que funciona a ciência. As pessoas acham que as revoluções acontecem nos momentos de grandes descobertas ou de inspiração divina. É verdade, epifanias acontecem, mas são a exceção, não a regra. Não, a ciência é um processo gradual, e nela as mudanças costumam ser o resultado da derrocada de um paradigma antigo, quando o senso comum vai se tornando cada vez mais insuficiente para explicar o que está acontecendo, até o surgimento de um novo paradigma, que é então adotado.

O mundo é complicado. As coisas mudam o tempo todo. Estamos em constante aprendizado, sendo expostos a coisas que não sabíamos ou não levávamos em conta.

Nossa mente precisa ser flexível e aberta para acolher isso.

CRESÇA

Deve ter sido uma infância horrenda.

Embora sua família fosse rica e privilegiada, o mal do apartheid pairava sobre a África do Sul. Uma sociedade erguida na base da opressão oprime *a todos*, encontra um jeito de infectar *a todos* com a opressão. Assim, Elon Musk sofria um bullying constante e violento por ser diferente e esquisito.

Um desses valentões chegou a mandá-lo ao hospital. A reação imediata do pai de Elon Musk foi botar a culpa no próprio filho.

Em teoria, o lar deve ser um lugar seguro para a criança. No caso de Musk, foi o contrário. "Ele era um ser humano muito terrível", declarou Musk a respeito do pai, Errol. Contam que ele chorava sempre que tentava falar da infância. "Você não tem ideia de como foi ruim", disse. "Quase todo crime que você puder imaginar ele cometeu. Quase toda maldade que você puder pensar ele fez."

Nenhuma criança deveria ter que dizer isso. Ninguém pode sair de algo assim "normal".

"[Nosso pai] definitivamente tem um sério problema químico", admitiu o irmão de Musk. "Algo que, tenho certeza, eu e Elon herdamos." O pai os chamava o tempo todo de idiotas e retardados. Aos repórteres, com frequência diz frases racistas e perturbadoras. "Ele muda a realidade em volta dele", disse Kimbal sobre o pai deles. "Inventa coisas, mas acredita de verdade na própria realidade falsa."

Soa familiar?

"Dentro do homem", disse certa vez a primeira ex-mulher de Musk sobre o ex-marido, "ainda tem uma criança, uma criança diante do pai".

De certa forma, todos somos essa criança diante do pai, sobretudo quando nossa infância foi sofrida — emocionalmente, fisicamente ou sob algum outro aspecto. Os psicólogos dão o nome de "criança adaptada" aos mecanismos que essas "crianças feridas" criam para proteger o ego amedrontado, abandonado ou esmagado. Espera-se de nós que sejamos "adultos funcionais", mas as crianças adaptadas, definidas por aquilo que não tiveram, não conseguem.

Quando eu era criança, falava como criança, pensava como criança, raciocinava como criança, como pode-se ler em Coríntios 13:11. E continua sendo assim.

O problema é que não somos mais crianças. Não podemos nos dar a esse luxo. Se fizermos isso, corremos o risco de tomar decisões *infantis*. De ter reações *infantis*. De recair em opiniões *infantis*.

Você tem que crescer. Ou vai pagar o preço.

Alexandre, o Grande, foi até os confins da Terra a fim de suplantar o pai e impressionar a mãe. Leonardo da Vinci, nunca reconhecido de verdade pelo pai, desperdiçou anos da vida tentando encontrar o mecenas perfeito, alguém que o apoiasse e o exaltasse. Richard Nixon, na época o homem mais poderoso do planeta, incapaz de se enxergar de outro jeito que não como alguém preterido, viveu com o terror de parecer fraco ou vulnerável. "Dá para imaginar como esse homem teria sido se alguém o tivesse amado?", indagou Henry Kissinger, certa vez, sobre Nixon.

Imagine deixar uma criança de 9 anos, mal-amada, tomar decisões de importância global. Imagine entregar o futuro da sua vida pessoal a um adolescente inseguro. Imagine esperar que uma criança assustada de 4 anos compreenda a complexidade das razões humanas ou lide com as concessões inerentes à escolha entre interesses de curto e de longo prazo.

No entanto, é exatamente isso que muita gente bem-sucedida e brilhante (em outras áreas) faz!

Goethe escreveu em um dos seus romances que "ninguém está disposto a acreditar que os adultos, como as crianças, vagam por esta terra atordoados e, como crianças, não sabem de onde vêm e para onde vão, agem tão raramente com razões genuínas e são tão completamente governados por biscoitos, doces e palmatórias".

Contudo, é isso o que a iluminação deve ser, como disse um filósofo: a saída da nossa "imaturidade autoinfligida".

Não há como ser sábio quando se continua agindo com base nas premissas de quando se era criança. Não há como ser racional se as mesmas emoções de quando se era criança ainda o governam. Não há como tomarmos decisões certas quando ainda somos motivados pelas mesmas coisas que nos motivavam na infância. Não se atinge a iluminação sem deixar de lado os modos infantis.

O tolo tenta conservar sua visão infantil do mundo. O ego, a presunção, as inseguranças tentam compensar algo. A necessidade de validação, a ânsia por controle, o medo do fracasso, a aversão ao desconforto e a incapacidade de lidar com verdades incômodas: todos esses impulsos mascaram vulnerabilidades mais profundas.

Por mais brilhantes que sejamos, por mais que sejamos especialistas em um assunto, se não formos vigilantes, podemos estar sendo inconscientemente guiados por pressupostos que adquirimos na infância.

As decisões que Musk toma afetam não apenas o ganha-pão de dezenas de milhares de pessoas como também a *vida* de milhões que dirigem seus carros e usam seu piloto automático, cuja internet e satélites dependem de seus foguetes, cuja cultura é moldada pela rede social que ele controla, que são administradas pelo governo cuja estrutura ele aniquilou em parte. Ele, como todo líder, tem a obrigação de não se deixar governar pelos caprichos de seus impulsos nem pelas sombras de seus demônios. É inaceitável que um homem tão poderoso seja dominado por uma criança de desenvolvimento interrompido.

Musk não recebeu o amor de que precisava na infância. Por isso, busca-o junto à turba raivosa. Carente de estabilidade, ele busca o caos e a atenção. Devemos ficar surpresos, então, que ele tenha catorze filhos? Ou que digam que ele oferece seu sêmen a desconhecidas para fertilização *in vitro*? Ou que ele tenha se referido a um de seus filhos menores como seu "ser humano de apoio emocional"? Musk, talvez imitando o próprio pai, não demonstra empatia para com a filha trans. Diz que "o vírus da mente *woke* matou meu filho". Musk, como tantas pessoas que sofreram, parece achar que não lidar com o trauma é motivo de orgulho. Quando um biógrafo perguntou a ele como lida com os problemas de saúde mental, Musk deu um suspiro e respondeu: "É só aguentar a dor e ter certeza de que você se importa de verdade com o que está fazendo."

Só um tolo deixa as feridas sem tratamento. Na verdade, isso torna a ferida algo que traumatiza, que inflige um ciclo que se autoperpetua pelas gerações futuras. Torna impossível evoluir, mudar, avançar.

É nossa responsabilidade tratar e lidar com nossos demônios, em vez de aderir a eles e eximi-los de culpa.

Não podemos achar que somos grandes demais para não fazer uma introspecção. Egoístas demais para admitir vulnerabilidade. Velhos demais para crescer.

NÃO SEJA COVARDE

Todo dono de escravizados nos Estados Unidos sabia que estava fazendo algo errado.

Em particular, eles admitiam isso. Sentiam remorso e vergonha. Isso transparece nos escritos de Thomas Jefferson (assim como sua esperança de um futuro livre da escravização). Houve, pelo menos durante algum tempo, debate e discussão sobre a legitimidade dessa instituição, junto a esforços bem-intencionados para reformá-la. Foi essa preocupação que Thomas Clarkson conseguiu mobilizar no movimento abolicionista, que eliminou a escravização no Império Britânico.

Contudo, nos Estados Unidos da virada para o século XIX, houve ondas e mais ondas de publicações pseudocientíficas absurdas para ajudar os proprietários de escravizados a racionalizar aquilo que era obviamente errado, mas incrivelmente lucrativo. Patrulhava-se qualquer fala que criticasse a escravização. Livros foram proibidos; a posse de alguns, como *A cabana do Pai Tomás*, foi *criminalizada*. Abolicionistas foram linchados e expulsos do Sul. A culpa sublimada dos proprietários de escravizados era tão frágil que eles precisavam lançar mão do *soft power* e do *hard power* — na verdade, de toda a força da cultura e do governo — para manter a falácia de que a escravização não apenas não era má como também que era algo *positivo*.

Não bastava ocultar e colher os lucros. Era preciso justificar.

A Guerra de Secessão dos Estados Unidos foi movida por ganância e crueldade. No entanto, outra forma de encará-la é como uma guerra iniciada de forma precipitada e estúpida por homens e mulheres que viviam em uma bolha delirante e paranoica, em que *eles* eram as vítimas, *eles* eram os perseguidos (pelo Norte), e não os vilões que escravizavam, estupravam e matavam. Os proprietários de escravizados eram monstros, mas também eram extremamente delicados e frágeis, incapazes de encarar o que haviam feito e aterrorizados diante da ideia de viver em um mundo onde não poderiam continuar a fazer aquilo.

Como observou Tocqueville em 1835, durante gerações os homens e as mulheres do Sul dos Estados Unidos foram criados como "ditadores domésticos", em que cada desejo era uma ordem e cada ideia era confirmada com um "Sim, senhor". Por conta do sistema educacional e da cultura local, o dono de escravizados adquiriu a personalidade de "um homem arrogante, impulsivo; irascível, violento e ardente em seus desejos, impaciente diante dos obstáculos, mas facilmente desencorajado ao não triunfar na primeira tentativa".

Em suma, os donos de escravizados eram covardes, para quem o conceito de igualdade equivalia à opressão e a discordância era uma ofensa passível de um duelo.[17]

Soa familiar? Não é à toa, porque esse tipo de pessoa sempre existiu. E até os mais inteligentes podem elaborar sistemas descabidos de reforço para proteger o próprio ego e os próprios preconceitos, o próprio conforto intelectual.

Há séculos, fundamentalistas banem e queimam livros e pessoas de que não gostam, como Montaigne bem poderia relatar. As pessoas sempre combateram aqueles que elas não queriam ouvir. As pessoas sempre tiveram medo das ideias. O que é a chamada "cultura da honra" do Sul dos Estados Unidos, senão o mimimi ritualizado? Ah, não! Alguém insultou você? Acho que só resta lutar até a morte!

---

[17] Em 1856, o senador Preston Brooks quase matou a pancadas seu colega Charles Sumner, no plenário do Senado, por criticar seu primo de segundo grau em um discurso sobre a escravização. Isso dá uma ideia de como são perigosos os intelectuais chorões com consciência pesada.

Como Elon Musk reagiu às críticas e à concorrência de Mark Zuckerberg em 2023? Desafiando-o para uma luta em uma jaula. O sujeito que certa vez disse que "uma crítica bem pensada a qualquer atitude sua vale tanto quanto ouro" passou a banir veículos de imprensa e a instigar a massa contra repórteres que o desagradam. Na teoria, Musk é a favor da liberdade de expressão, mas uma palavra que ele censura é "cisgênero", porque aponta para ele.

Veja bem, ser estúpido é um direito. Só não se pode insistir para que os outros aceitem seus disparates só porque a verdade o faz se sentir frágil.

É um clichê reclamar sobre o quanto os jovens estão suscetíveis e frágeis hoje em dia. Talvez estejam. Contudo, caso estejam, de quem é a culpa? Eles aprenderam com alguém...

Dizem que a verdade liberta, mas isso não é tudo. A verdade pesa. É incômoda. Desafia a pessoa, ou, pior ainda a *responsabiliza*. A partir do momento em que se conhece as condições de vida de quem não partilha dos seus privilégios, seu senso de certo e errado obriga a pessoa a tomar uma atitude. A partir do momento em que fica sabendo que está fazendo algo errado, a pessoa tem a obrigação de remediar a situação.

Emerson disse certa vez que nos é oferecida a escolha entre a verdade e o sossego. "Escolha a que bem entender", escreveu, "mas é impossível ter ambos". Uma vez desiludidos dos conceitos que tínhamos sobre determinada coisa, ou ao nos tornarmos cientes da ignorância dos nossos conhecimentos sobre algo, não nos resta escolha. Precisamos nos dispor a aprender. Precisamos mudar de ideia. Precisamos admitir que estávamos errados. Precisamos fazer um esforço genuíno.

Dói. Dá medo. Não é divertido.

Entretanto, a coragem e a sabedoria estão interligadas; a primeira propicia a segunda. Se você não consegue lidar com informações novas, não consegue aprender. O covarde é um tolo, e o tolo costuma ser covarde.

À medida que o sucesso vem, vai ficando cada vez mais fácil se fechar no casulo das próprias certezas cômodas. Esse é um lado ruim de encontrar sua turma: podemos acabar cercados de gente que pensa igual e que age como nós. Enquanto isso, nosso sistema imunológico intelectual vai enfraquecendo, porque não está mais exposto a ideias novas e interessantes.

A exposição a ideias divergentes e desafiadoras nos fortalece. Por que as pessoas caem em golpes e ideias estúpidas? Porque não sabem como é uma argumentação decente. Não conhecem sequer os próprios argumentos! Por que pessoas inteligentes se perdem? Porque pararam de submeter aquilo que fazem ao rigor do desafio e da discordância — ficaram convencidas da própria infalibilidade, da própria genialidade.

Nós precisamos buscar a discordância. Nós precisamos buscar o desconforto. Não podemos, de forma alguma, marcar as cartas ao nosso favor.

A história deveria deixar você transbordando de indignação. A arte deveria abrir sua mente, tocar você em pontos sensíveis e vulneráveis. Alerta de gatilho? A arte é toda gatilhos. *Esteja avisado.*

Existe um mundo de opiniões, pontos de vista e experiências diferentes. As pessoas têm crenças e filosofias diferentes. Fingir o contrário não ajuda nem vai ajudar você a fazer os outros mudarem de ideia (caso estejam mesmo errados).

Ah, você tem um professor ou um assunto que o faz se sentir estúpido? Que bom. É difícil melhorar sem se sentir assim. E se aquilo em que você acredita o faz se sentir confortável e superior... questione-se.

Você não é especial.

Você também não é uma flor delicada que precisa de proteção.

O politicamente correto, a censura, a gritaria para calar os outros não tornam ninguém mais inteligente, melhor ou mais seguro. Na verdade, nos tornam mais fracos, mais suscetíveis à mentalidade de rebanho, mais iludidos, mais propensos a exageros ou interpretações erradas.

Na Guerra de Secessão, os líderes do Sul escravista estavam convencidos de que venceriam. Estavam convencidos de que a Inglaterra (país então totalmente contrário à escravização) reconheceria aquela nova nação e apoiaria a causa deles. Era uma insanidade desmentida por fatos evidentes para qualquer um que não fosse do Sul, tão óbvios quanto a maldade monstruosa dos atos deles.

"Se escravos dessem bons soldados", escreveu um general para o secretário da Guerra dos Estados Confederados, "toda a nossa teoria da escravidão estaria errada, mas eles não dão bons soldados". Assim, foi o Norte que deu armas a ex-escravizados — cerca de 100 mil viriam a servir nas fileiras da União —, selando o destino sulista.

Covardes tomam decisões erradas, porque toda decisão é tomada com base na variável menos relevante: *Isto se encaixa no que eu quero que seja verdade?*

Não há sabedoria possível para os frágeis. Não há crescimento. Não há verdade.

BUSQUE A CRÍTICA

Em algum momento por volta do ano 138 d.C., um jovem Marco Aurélio recebeu duas cartas no mesmo dia de Frontão, seu mestre de retórica e conselheiro. A primeira era uma crítica, linha por linha, de um texto escrito pouco tempo antes por Marco Aurélio. A segunda elogiava seus esforços de um modo geral.

"Juro a ti", respondeu Marco Aurélio a seu querido mentor, "que a primeira carta me deu prazer maior e que, ao lê-la, exclamei várias vezes: 'Como tenho sorte!'"

Pode parecer estranho, mas ser criticado é uma sorte. Não apenas porque a crítica significa que você está em ação e fazendo algo que as pessoas percebem como também porque a crítica nos torna melhores.

Como herdeiro presumido do Império Romano, Marco Aurélio sabia que era raro receber avaliações sinceras e que isso se tornaria cada vez mais raro conforme se tornasse mais poderoso. É por isso que ele apreciava tanto as "críticas" e as "rédeas" de Frontão. Entendia que eram motivadas por amor, como é tantas vezes o caso dos comentários incisivos.

"Os críticos hostis me prestam um serviço", disse certa vez Gandhi a um amigo. "Eles me ensinam a me analisar. Propiciam uma oportunidade de notar se estou isento de reagir com raiva. E, quando chego à raiz da raiva deles, não encontro nada além de amor."

Contudo, não é fácil encarar a crítica dessa forma... sobretudo quando se tem muitos críticos. Sobretudo quando a crítica não parece carinhosa.

Martin Luther King Jr. foi atacado física e verbalmente por gente que não gostava dele. Foi difamado na imprensa e nas mansões de governadores. Em 1966, apenas um terço dos norte-americanos tinham uma imagem positiva dele, e quase metade tinha uma opinião *muito desfavorável*. Ele também não era uma unanimidade entre seus apoiadores ou entre os negros norte-americanos. Alguns o acusavam de ser radical demais; outros, de não ser radical o suficiente.

É complicado ser uma figura pública. É preciso ser casca-grossa. Ao mesmo tempo, quando se é casca-grossa demais, perde-se a capacidade de receber as informações necessárias para evoluir e se conectar com os outros.

Esse é um dos aspectos mais impressionantes da ascensão de King: sua capacidade de ouvir e aprender, mesmo com aqueles dos quais discordava... de manter o coração e a mente abertos, apesar de todos que tentavam perturbá-lo. Sua capacidade de fazer a distinção entre ataques e críticas construtivas, de ajustar sua rota e continuar convertendo pessoas à sua causa.

Ele era capaz de ouvir os alunos do Comitê de Coordenação Estudantil Não Violenta, que achavam que King levava uma vida muito protegida, que não se colocava de verdade na linha de frente, que não estava disposto a ser preso com eles. Então, quando o movimento do Poder Negro surgiu e King discordou de muitas de suas táticas (e vice-versa), teve que descobrir como lidar com opiniões diferentes dentro do movimento e impedir que houvesse um cisma. "Se Stokely [Carmichael] dissesse as mesmas coisas que eu digo", afirmou King sobre as críticas do Poder Negro, "ele seria como meu assessor".

Na verdade, King esperava que seus assessores também o criticassem, que externalizassem suas discordâncias. Isso tinha uma importância ainda maior, porque muitos dos ativistas acreditavam na causa com um fervor que beirava o fanatismo religioso.

Em uma reunião, Andrew Young, membro da equipe em quem King muitas vezes confiava para ser a voz da razão nas discussões coletivas, estava mais quieto do que de costume. King percebeu na hora. "Olhe", disse, chamando o jovem de lado, "você sabe que a maioria de nós é doida". Não havia espaço para *vaquinhas de presépio*, explicou King, não com tanta coisa em jogo. Ele queria que as pessoas se posicionassem, apontassem problemas e evitassem que os planos extrapolassem o razoável. "Não me importo de arriscar minha vida", disse King a Young, "mas não quero abrir mão dela por causa de bobagem".

Manter os pés fincados na realidade é um desafio crucial do ativismo. Também é essencial na busca pela sabedoria. Você é capaz de escutar? É capaz de aprender? Imagine Martin Luther King sendo capaz de aguentar uma surra, mas não de aguentar discordâncias! Sensível demais para ser corrigido, murchando ao menor questionamento, acovardado demais para ver suas premissas desafiadas.

"A crítica pode não ser agradável", disse Churchill certa vez, "mas é necessária; cumpre a mesma função que a dor no corpo humano, chamando a atenção para o surgimento de um estado insalubre".

O primeiro passo para adquirir resistência é aguentar a dor. O segundo é ir além de simplesmente *suportá-la*, buscando-a de forma proativa, passando a desfrutar dela e apreciá-la.

Temos uma capacidade notável de nos convencermos de que temos razão. Algumas coisas passam despercebidas. Temos vieses. É por isso que precisamos de ajuda. É para isso que servem os críticos!

Gandhi tinha razão: em geral, é um serviço que eles nos prestam por amor.

Quando seu inimigo está equivocado, você o alerta? Não. Esse é um dos lemas dos negócios e da guerra: nunca interrompa o adversário quando ele estiver cometendo um erro. É quando não queremos que alguém fracasse que assumimos o risco de dizer algo.

Para o almirante Rickover, os bajuladores eram uma praga. "Quando um subordinado concorda com o superior", dizia, "[se torna] uma parte inútil da organização". Ele falava com admiração de um almirante que chamou um oficial, em geral brilhante, para uma análise de desempenho. O almirante o informou que a avaliação não era boa e que estava decepcionado. Por quê? Porque, segundo o almirante, durante todo o tempo em que trabalharam juntos, o oficial nunca discordou dele.

O tolo concorda com tudo. E os tolos na liderança costumam superestimar essa concordância.

"Muitas vezes, suas ideias não possuem magnificência inata", advertiu Mark Twain a Cornelius Vanderbilt, na época o homem mais rico do mundo. "Elas apenas refletem o esplendor de seus 70 milhões [de dólares]."

Uma das tolices que o sucesso pode engendrar é uma sensibilidade à discordância e à crítica. A relação de Elon Musk com a imprensa azedou quando a mídia começou a cobrir suas empresas menos como novatas perseverantes e mais como os colossos industriais que são. "VAI SE FODER!", Musk teria gritado ao funcionário que o criticou por seu post asqueroso sobre Paul Pelosi, citado no capítulo "A tempestade dentro de nós...". Em outro diálogo famoso, ele demitiu um engenheiro do X quando este tentou argumentar contra a manipulação do algoritmo da rede social para tornar os posts de Musk mais populares (e tentou contar ao patrão que ele estava, na verdade, cada vez mais impopular). Contudo, o mais notável foi a pergunta que Musk fez à sala em silêncio, logo em seguida. "Por que ninguém mais fala nada?", questionou, surpreso.

Achamos que eliminar as divergências e os ataques facilita nossa vida. Na verdade, isso torna as coisas mais complicadas para nós no longo prazo. Afinal, acabamos aprendendo certas lições a duras penas. Quem sabe teríamos nos poupado um pouco se antes tivéssemos recebido feedback e discordância.

Isso quer dizer que toda crítica e oposição tem valor? Nem de longe.

A sabedoria é a capacidade de separar os bons conselhos dos maus, saber quais assimilar e quais ignorar, como separar o apontamento de um problema da proposta de uma solução — como pegar o que for aproveitável e descartar o restante. A sabedoria é, em tudo, uma questão de *discernimento*.

Sem crítica, sem concorrência, sem divergência, a probabilidade de nos aprimorarmos é zero.

Não seja covarde. Busque a crítica. Peneire a crítica. Aproveite o que for útil e descarte o restante.

COMETA ERROS

Lou Gehrig não nasceu atleta. Tornou-se à custa de muito exercício.

Tampouco nasceu jogador de beisebol. Tornou-se... de erro em erro.

Em 1921, Gehrig deixou uma bola passar entre seus pés na primeira base durante um teste para os New York Giants. Por causa disso, perdeu a vaga no time. Em 1931, Gehrig ultrapassou um companheiro de equipe quando estava dando a volta nas bases, o que é proibido pelas regras do beisebol, e por isso foi eliminado. Pior ainda, isso lhe custou o título de jogador com mais *home runs* da temporada. Além desses dois erros que marcaram sua carreira, ele cometeu quase duas centenas (foram 196, segundo as estatísticas), alguns mais graves que outros.

Você acha que foi divertido para ele ser rebaixado à equipe da liga secundária, como aconteceu em 1923? "Parte o coração de um sujeito", disse, quando foi avisado. Só que ele não deixou isso acontecer. Gehrig compreendeu que tempo de prática é o melhor professor e que no time pequeno de Hartford, Connecticut, ele na verdade teria espaço para cometer *mais* erros e se aprimorar mais depressa.

"Quando chegou aqui", disse certa vez Miller Huggins, seu treinador nos Yankees, "ele era um dos jogadores mais estúpidos que eu já vi. Mas ele tem uma grande virtude: nunca comete o mesmo erro duas vezes. Ele comete todos os erros, sim, é verdade, mas não duas vezes".

Experiência é isso: aprender em tempo real, quando há algo real em jogo.

Não que Gehrig tropeçasse e cambaleasse como um pateta. Ele era um estudioso do beisebol e buscava o tempo todo feedback e críticas de seus treinadores. "No início", explicou ele, "eu cometia um erro terrível por jogo. Depois eu fazia uma jogada ruim por semana, até que eu errava uma por mês".

Cometer um erro não faz de alguém um tolo. Como diz um ditado romano, atribuído por alguns a Catão, tolo é aquele que dá uma topada *na mesma pedra duas vezes*. A marca da sabedoria é a capacidade de melhorar, de aprender lições dolorosas. Ou, pelo menos, é um sinal de progresso na trilha da sabedoria.

Cada erro contém um aviso. Uma perspectiva. Uma verdade. O mundo está nos dizendo: "Ei, é assim que as coisas funcionam." "Ei, existe um motivo para isso." "Ei, você esqueceu uma coisa importante."

Porém, são nossa vergonha, nosso ego e nossa teimosia que nos bloqueiam nesse processo. Negamos o erro. Criamos desculpas para o erro. Repetimos o erro.

Todo mundo comete erros. Nem todo mundo aprende com eles.

Porque é mais fácil não aprender. Porque custa menos. Porque nos achamos espertos o bastante para escapar ilesos. Porque somos covardes.

Uma das análises mais fulminantes que Winston Churchill fez de um rival político (uma entre várias) foi que, embora esse rival vez por outra "tropeçasse na verdade (...), ele sempre se levantava e seguia em frente como se nada tivesse acontecido".

Todos nós já fizemos isso. Rejeitamos o bom senso quando dizemos: "Não, eu quero continuar sendo como eu era."

E depois acabamos pagando o preço, de novo, e com juros.

Ninguém pode nos fazer aprender com nossos erros, sobretudo à medida que progredimos na vida. Imagine que você é Marco Aurélio. Comanda um exército imenso. É a pessoa mais poderosa do planeta. É reverenciado como um deus. Sempre tem alguém para acobertar seus erros, tentando explicar por que nada é culpa sua e como você é grandioso.

É por isso que *Meditações*, seu caderno particular, era tão importante. Era o espaço onde ele refletia sobre seus equívocos e erros. Era onde ele cobrava a si mesmo... ou pelo menos tentava. "Lembre que mudar de ideia e aceitar correções também são atos livres", recordava ele a si mesmo. "O ato é seu, baseado na sua vontade, na sua decisão — e na sua mente." Ele queria que as pessoas lhe dissessem a verdade (como dissera a Adriano na juventude, preparando assim o terreno para se tornar imperador). Ele queria ser encarado como um homem, não como uma lenda viva. "Se alguém for capaz de me desmentir", dizia, "mostrar que estou cometendo um erro ou enxergando as coisas da perspectiva errada... mudarei com prazer. É a verdade que busco, e a verdade nunca fez mal a ninguém. O que nos faz mal é persistir no autoengano e na ignorância."

Todos já dissemos besteiras. Todos temos premissas erradas. Todos cometemos gafes.

Vamos corrigi-las ou cometê-las de novo?

Essa é a diferença entre o sábio e o tolo.

Você não precisa ser perfeito. Na verdade, não é nem nunca vai ser. No entanto, se for alguém que melhora com o tempo, que encara sem medo os erros e os corrige, acabará inevitavelmente realizando mais do que aqueles que são frágeis e sensíveis.

Por falar em Churchill, ele cometeu *um monte* de erros durante os quase setenta anos de carreira. Porém, como escreveu em uma famosa carta à esposa, referindo-se ao desastre dos Dardanelos, na Primeira Guerra Mundial, do qual ele ainda estava se recuperando: "Eu não teria feito nada se não tivesse cometido erros."

De fato, anos depois, quando os Aliados cogitaram invadir a Itália e depois a França, o antes impulsivo Churchill foi a voz da razão e da cautela.

Sabedoria não é só cometer erros e aprender com eles, também é *não sentir vergonha* por tê-los cometido. Na verdade, é falar de nossos erros abertamente, para consolidar as lições não apenas para nós mesmos como também para os outros.

Ouça conselhos. Faça perguntas. Encontre a lição. Aperfeiçoe-se. Se possível, não se meta na mesma confusão de novo.

É como diz o poema do dinamarquês Piet Hein: Erre e erre, mas menos e menos.

APROFUNDE-SE

Da Vinci tinha um olhar clínico. Conseguia captar o que via com relativa facilidade.

Para ele, porém, isso estava longe de ser suficiente.

Basta ver seus cadernos. Ao longo das 13 mil páginas que sobreviveram até os dias atuais, percebemos um homem empenhado em *entender as coisas*. Ele não se contentava só em pintar uma pessoa. Nunca se satisfazia com o primeiro olhar.

"Pisque e olhe de novo", ordenava Da Vinci. "Aquilo que você vê não estava ali antes, e o que estava lá não está mais."

Os tolos permanecem na superfície. O sábio quer saber o que está mais além.

É por isso que Da Vinci dissecou cerca de trinta cadáveres. Eram necessárias pelo menos três dissecações só para *começar* a entender uma área do corpo humano, explicou ele. Fez moldes de órgãos. Mediu proporções. Estudou como o coração bombeia o sangue corpo afora. Comparou os corpos feminino e masculino, notando as diferenças sutis. Fez tantas dissecações que chegou a ser acusado de ocultismo, até que o papa o proibiu de realizar esse procedimento. Contudo, o trabalho já estava feito. As observações de Da Vinci sobre anatomia foram documentadas em dezenas de milhares de palavras e centenas de desenhos, ofuscando tanto em volume como em compreensão as maiores mentes da medicina, não apenas da época como também de vários séculos seguintes.

Ele era assim em relação a tudo que lhe interessava.

Ele se recusava a confiar nos escritores da Antiguidade. Precisava ver com os próprios olhos. Não concebia pintar a água sem entender praticamente cada aspecto do funcionamento dos rios e oceanos. Estudou como a Lua afeta as marés, explorou os registros fósseis de antigos leitos marítimos e rastreou o curso sinuoso dos rios. Era impossível para ele projetar uma estátua equestre sem ver os cavalos correrem, sem medir as proporções deles e analisar outras estátuas famosas. Para representar um monstro terrível em um escudo militar, precisava antes colecionar lagartos, grilos, morcegos e cobras e estudá-los, mesclando suas características para criar algo novo e apavorante.

"É preciso andar por aí e constantemente, no caminho, observar, anotar e considerar as circunstâncias e comportamentos dos homens que falam, discutem, riem ou brigam juntos — as ações desses homens e as ações dos que estão ao redor deles, dos que os separam ou que observam", aconselhou. "E tomai nota deles com rabiscos ligeiros, em um caderninho que deveis sempre carregar consigo (...) pois as formas e posições dos objetos são tão infindáveis que a memória é incapaz de retê-las, donde manter esses esboços como vossos guias e mestres."

Assim como os icebergs, muita coisa não estava visível, oculta sob as pinturas, invenções e ideias de Da Vinci. Embora os especialistas lamentem a péssima caligrafia dele, até hoje, mais de quinhentos anos depois, ainda nos espanta a incrível profundidade de sua investigação até dos assuntos mais triviais. E conhecemos apenas *uma parte* do que ele criou; nada menos que dois terços de seus cadernos foram perdidos.

Na velhice, Marco Aurélio refletiu sobre a lição mais importante que aprendeu de Rústico, seu mestre filósofo: "ler atentamente, e não se satisfazer apenas com 'ter uma noção' das coisas."[18] Da Vinci, ao que tudo indica, nem devia conhecer o significado dessa expressão.

---

[18] Rústico emprestou a Marco Aurélio seu exemplar dos discursos de Epicteto, livro que Marco Aurélio leu várias dezenas de vezes e citou de cor a vida inteira e em seus escritos.

Ele não aprendia as coisas pela metade. Sua curiosidade exigia ir *o mais longe possível* para entender algo. Uma ideia superficial não era aceitável.

Nem deve ser.

Se quisermos entender algo, não podemos ler apenas um livro sobre aquele assunto. Temos que ler tudo que pudermos encontrar a respeito dele. Não podemos simplesmente fazer *uma* pergunta ou encontrar *um* especialista; devemos encontrar todos os especialistas que for possível e lhes fazer todas as perguntas que se dispuserem a responder. Não podemos simplesmente observar o que está à mostra; temos que explorar os recantos mais remotos, todas as facetas, todos os ângulos.

Temos que escutar pessoas com quem concordamos. Temos que escutar pessoas de quem discordamos. Temos que sair à rua e vivenciar experiências reais.

Afinal, não foi o que o abolicionista Thomas Clarkson fez? Ele achava que a escravização era algo errado. Escreveu um ensaio convincente sobre esse tema. Então, deu-se conta de que, se quisesse tomar uma atitude, teria que entender *de verdade* a escravização como negócio, como empreendimento logístico, como uma série de pressupostos culturais transmitidos de ser humano para ser humano, durante milhares de anos, para justificá-la. Seu primeiro mentor foi o editor James Phillips. Ele não estava apenas interessado em publicar o ensaio antiescravização de Clarkson; inseriu-o no círculo dos abolicionistas. Apresentou Clarkson aos *quakers*, que figuravam entre os primeiros ativistas nessa área. Apresentou-o a Granville Sharp, cujo trabalho jurídico ajudou a proibir a escravização no Reino Unido, e a Olaudah Equiano, brilhante escritor e pensador que é provável que também tenha sido o primeiro escravizado liberto que Clark conheceu. Apresentou-o a James Ramsay, médico e pastor que cuidou de escravizados em navios negreiros, hospedando-os em sua casa e igreja na ilha de São Cristóvão, onde havia na época inúmeras fazendas de cana-de-açúcar.

Foi depois disso que Clarkson visitou pela primeira vez um navio negreiro, que estava na Inglaterra, na rota entre Massachusetts e Gana. O que ele testemunhou (as instalações quase inabitáveis, as correntes e grades) encheu-o "de melancolia e horror", acendendo, em suas palavras, "a fogueira da indignação". Agora, porém, era uma raiva alimentada por fatos concretos, e ele foi em busca de mais. Clarkson tentou falar com todo mundo que encontrasse que tivesse estado na África. Entrevistou-os, registrando o que lhe disseram em seu caderno. Esquadrinhou os registros alfandegários, perscrutando as listas de efetivos e os diários de bordo. Revisou transcrições de julgamentos e registros de seguradoras.

Clarkson chegava a cair no sono em cima da papelada, cercado por sua pesquisa. Porém, ao fim desse período, que durou anos, ninguém entendia do tráfico de escravizados mais do que ele... era mais bem-informado do que muitos negociantes e investidores, até porque para aguentar boa parte do horror do que faziam era necessária uma ignorância proposital.

Não há como resolver um problema que não se compreende. Não há como liderar um setor no qual não se está imerso. É preciso entrar na toca do coelho. É preciso cercar o tema por todos os lados. É preciso se aprofundar.

"Eu tenho a vantagem de ter descoberto como é difícil chegar a entender de verdade algo", explicou Richard Feynman. "Como é preciso ter o enorme cuidado de verificar seus experimentos. Como é fácil cometer erros e se enganar. Eu sei o que significa conhecer algo, e, vendo como as pessoas conseguem informação, não acredito que possam afirmar conhecer algo. Não fizeram o esforço necessário. Não fizeram as checagens necessárias. Não tiveram o cuidado necessário."

O tolo não é cuidadoso o suficiente para se dar ao trabalho.

Miles Davis, lenda do jazz, não se contentava em ir a um bar para escutar música. "Eu ia à biblioteca e pegava emprestadas as partituras de todos os grandes compositores, como Stravinsky, Alban Berg, Prokofiev. Queria ver o que estava acontecendo na música como um todo", explicou. *A música como um todo*. Música antiga. Música nova. Os mestres. Os loucos. "Conhecimento é liberdade e ignorância é escravidão", disse ele, "e eu não conseguia acreditar como alguém podia estar tão perto da liberdade e não tirar proveito dela".

Está tudo aí. Vamos aproveitar?

Os irmãos Wright não descobriram o segredo do voo em uma epifania isolada; seu feito foi o resultado de incontáveis horas observando os pássaros. "No fundo, achávamos que eles eram só uma dupla de pobres coitados malucos", lembrou um morador de Kitty Hawk. "Eles passavam horas a fio na praia, só olhando as gaivotas voando, pairando, mergulhando." Observavam até como uma folha de papel caía e flutuava até o chão, várias e várias vezes.

Os cadernos de Wilbur são repletos de desenhos de pássaros, observações sobre as diferentes técnicas de voo das diversas espécies e como as condições do tempo pareciam afetar a capacidade de voar. São repletos de desenhos e anotações sobre o desempenho de diferentes designs no túnel de vento construído por eles. Outras pessoas haviam percebido detalhes do voo dos pássaros, mas nenhuma tinha ido tão fundo, nenhuma tinha passado tanto tempo examinando com atenção a mecânica do voo e das asas.

Essa é a diferença.

Hoje vemos como por um espelho, confusamente; mas então veremos face a face, como em Coríntios 13:12. Aquele olhar a mais, aquela horinha a mais contemplando os pássaros, aquela dissecação a mais, aquele livro a mais, aquele ângulo a mais, aquela ponderação a mais... esse é o "extra" que se torna essencial.

É preciso dedicar tempo.

Sempre há algo a mais a aprender.

Sempre algo novo.

Procure.

NÃO SE DEIXE ENGANAR

Durante algum tempo, o astro do basquete Kyrie Irving teve certeza absoluta de que a Terra era plana. Ele se convenceu disso após ver algumas coisas na internet. "Estou dizendo: está bem na nossa cara. Estão mentindo para nós", dizia, referindo-se aos cientistas que afirmam que a Terra é esférica. Levando a coisa ainda mais longe, Irving começou a duvidar até de que a Terra gira em torno do Sol.

Não surpreende, portanto, que Irving tenha sido convencido por discursos anti-vacina da internet e recusado-se a tomar uma dose contra a Covid-19 durante a pandemia global, decisão que lhe custou quase uma temporada inteira da NBA. Depois disso, ele acreditou naquela que talvez seja uma das teorias conspiratórias mais antigas e sombrias: a ideia de que os judeus controlam o mundo. Recomendou um documentário medonho de tão absurdo, junto a um clip do conspiracionista Alex Jones. Ao ser pressionado a renegar o antissemitismo, Irving respondeu: "Eu consigo escapar de qualquer rótulo que vocês colocam em mim, porque eu tenho estudo. Eu conheço o dicionário Oxford."

Bom, então está tudo resolvido.

O problema não é Kyrie Irving ser estúpido. Muita gente é estúpida e segue a própria vida numa boa. O problema é que Kyrie Irving tem tanta certeza de ser inteligente (mais inteligente que todo mundo, na verdade) que isso o torna um alvo muito fácil. Alvo de lorotas. De extremistas. De teorias da conspiração. De charlatões.

"Quando você é vaidoso", disse a ex-chanceler alemã Angela Merkel, "pode ser seduzido".

Em outras palavras, pode ser enganado e feito de bobo.

Kyrie Irving pagou caro por suas palavras: destruiu um dos times mais talentosos da história do basquete e, por conta dessas controvérsias, perdeu seu contrato publicitário com a Nike. Entretanto, o público também saiu perdendo. A estupidez, assim como a covid-19 e outras doenças que ele nega de forma tão leviana, é contagiosa. Gente tola contamina e cria mais gente tola, que faz tolices com o que "aprende".

Uma das coisas que Marco Aurélio disse ter aprendido com Rústico foi o discernimento de "não se deixar enganar por qualquer um que seja bom de lábia". Dele, Marco Aurélio também deve ter aprendido a "evitar a irreflexão e a credulidade".

Kyrie Irving não teve ninguém que lhe ensinasse isso.

Muitos de nós também não tivemos.

Deixamo-nos enganar por teorias conspiratórias. Perdemos nosso dinheiro com golpes. Apoiamos vigaristas descarados. Entramos, empolgados, em bolhas e modismos. Caímos na lábia de charlatões. Tiramos conclusões precipitadas. Supomos entender assuntos complexos, sobre os quais pensamos durante meros dois minutos.

Sempre foi assim.

Na *Odisseia*, as sirenas não eram apenas boas cantoras que levavam os marinheiros à perdição. Elas falavam com eles de forma sedutora, dizendo aquilo que eles queriam ouvir, prometendo-lhes conhecimentos secretos, atraindo-os para cada vez mais perto dos rochedos que os destruiriam.

A história nos mostra que isso aconteceu várias vezes. "Em todas as épocas, a humanidade caiu nas mesmas iscas", comentou David Hume em 1752. "Os mesmos golpes, repetidos várias vezes, ainda ludibriam."

E isso ocorre não apenas com tolos como também com gente muito inteligente.

Tanto Steve Jobs quanto Gandhi acreditaram em pseudociência e conselhos médicos errados. Sir Arthur Conan Doyle, o criador de Sherlock Holmes, é famoso por ter acreditado na farsa das Fadas de Cottingley (acreditou que havia evidência fotográfica da existência de *fadas*). Mary Todd Lincoln, mulher de Abraham Lincoln, queria desesperadamente acreditar que médiuns podiam ajudá-la a se comunicar com os filhos que ela tinha perdido, chegando a realizar sessões espíritas na Casa Branca. Linus Pauling, duas vezes ganhador do Prêmio Nobel, foi convencido a promover altas dosagens de vitamina C como tratamento contra o câncer. Elon Musk, antes tão competente em desmascarar besteiras ditas a ele por burocratas, advogados e até subordinados, agora cai em propaganda postada por agentes russos e links de sites de quinta categoria.

Engolimos lorotas. Aceitamos teorias da conspiração, soluções mágicas, grandes ideias explosivas que *explicam tudo!*

Por quê? Porque queremos que sejam verdade.

É nesse ponto que somos muito vulneráveis... não apenas em relação a novas ideias bobas como também àquilo que a parte estúpida de nós já pensa. E o mundo está cheio de gente de má-fé pronta a nos ajudar a nos enganarmos.

Na Antiguidade, os *sofistas* eram os caras bons de lábia dos quais Marco Aurélio aprendeu a duvidar. Eles ganhavam a vida debatendo. Diziam algo em um dia a uma plateia e o contrário a outra no dia seguinte. Eram aquilo que gente estúpida considerava inteligente, e a especialidade deles era arrancar tempo e dinheiro desses tolos. Estão até hoje em ação, vendendo seu peixe na TV a cabo e nas redes sociais, surfando no algoritmo, lucrando com o ódio, a confusão e a desinformação, como nos velhos tempos.

Charlatões e vendedores de ilusões sempre existiram. Líderes de seitas e gurus sempre existiram. Eles vendem aquilo que gostaríamos que existisse. Prometem que somos capazes de materializar realidades alternativas. Por um preço módico, podem nos absolver dos pecados, garantir-nos um lugar no Céu ou nos proporcionar fortuna: basta seguir o método simples deles... basta desconsiderar a condenação anterior deles... basta comprar a fórmula secreta... basta ignorar as incoerências evidentes, os motivos questionáveis e o bom senso.

Um dos segredos para acumular riqueza é justamente *não* cair em golpes e atalhos. A maioria das pesquisas mostra que o investidor médio se sai melhor quando para de achar que será mais esperto que o mercado e apenas faz um investimento passivo em diversos fundos indexados. Contudo, é difícil resistir à promessa ofuscante de fortuna, de retornos enormes ou imediatos. Sábio é aquele que sabe o que é bom demais para ser verdade e o que é razoável e realista. O tolo se entusiasma quando recebe um e-mail de um príncipe nigeriano, quando um amigo o convida para entrar em um esquema de pirâmide ou quando vê uma apresentação comercial da *próxima grande sensação*. É incapaz de distinguir um jogo viciado de um honesto, de separar uma oportunidade empolgante de algo bom demais para ser verdade.

É por isso que, como indica um ditado em inglês: "O tolo e seu dinheiro logo se separam." O tolo também é incapaz de se agarrar por muito tempo à própria dignidade ou sanidade.

Os sofistas tinham colegas que, infelizmente, também continuam entre nós até hoje. Eram os *demagogos*, os incendiários com uma impressionante habilidade de convencer as pessoas comuns de que o sistema estava viciado e que só eles tinham as soluções. "O demagogo", explicou James Fenimore Cooper em 1838, "em geral é ardiloso, um detrator dos outros, um professor da humildade e do desprendimento (...) um homem que age pelos cantos e evita exposições abertas e viris de seus rumos, trata os patifes como cavalheiros, e os cavalheiros como gente comum, apela a paixões e preconceitos em vez de à razão, e é em todos os aspectos um homem de intriga e de embuste, astúcia e ação traiçoeiras."

Soa familiar?

Os atenienses tiveram Cléon, Roma teve Catilina. A época de Montaigne teve os Savonarola, que queimaram livros e perseguiram hereges. A Alemanha teve Hitler; a Itália, Mussolini. No mesmo período, os Estados Unidos produziram o padre Coughlin e Huey Long. Hoje, temos Orbán na Hungria e Netanyahu em Israel. Temos um astro de reality shows, três vezes casado, seis vezes falido, que convenceu os protestantes de que é seu salvador, convenceu os pobres, oprimidos e mal instruídos que ele (o sujeito cujo pai lhe deu centenas de milhões de dólares e mexeu os pauzinhos para o filho entrar em uma universidade da Ivy League) é a arma do povo contra "as elites".

Volta e meia, desde que o mundo é mundo, surgem pregadores e místicos, políticos e astros do entretenimento, empreendedores e marqueteiros que descobrem como manipular as pessoas, como convencê-las de que questões complicadas são simples e questões simples são complicadas, e como eles, perseguidos ou incompreendidos, são os únicos que sabem a verdade.

Nem sempre as oportunidades que essa gente vende são desprovidas de valor. Pode ser que o mercado imobiliário *esteja* bombando, pode ser que alguma nova tecnologia *seja mesmo* importante. O carisma é uma arma poderosa... e acreditar em algo levanta o moral. Às vezes, os ressentimentos apontados são verdadeiros. Os estragos da Primeira Guerra Mundial e da Grande Depressão criaram as condições que possibilitaram o surgimento de muitos dos demagogos de meados do século XX. Em muitos aspectos, o sistema *é* uma armação.

No entanto, a história é mais complexa que isso.

Mesmo quando somos inteligentes e bem-sucedidos, podemos bancar os otários. Platão foi várias vezes ludibriado por Dionísio, um déspota astuto que o convenceu de seu interesse pela democracia, quando na verdade tudo o que queria era tirar uma casquinha da reputação de Platão. Sêneca se encantou por Nero, pela mentira mais antiga do mundo... a de que as pessoas mudam. Ele também se deixou enganar por uma esperança que todos nutrimos... a de que somos nós que vamos mudar os outros.

Malcolm X converteu-se à Nação do Islã quando estava na prisão. As sucessivas injustiças e hipocrisias dos Estados Unidos daquela época o tornaram suscetível aos argumentos do grupo. O problema é que se tratava de uma seita, com sua hipocrisia. Ele se tornou um demagogo, pregador do separatismo e da violência, como se essas duas coisas pudessem resolver os eternos problemas de raça e religião. Em 1961, George Lincoln Rockwell, chefe do Partido Nazista Americano, foi convidado por negros muçulmanos que faziam parte do grupo para ver Malcolm discursar. O próprio Malcolm X teve encontros secretos com os líderes da Ku Klux Klan em Atlanta naquele mesmo ano. Eram extremistas em pontas muito diferentes do espectro, mas suas táticas e tentações (e, até certo ponto, aquilo que vendiam) eram iguais.

"O que é preciso entender sobre aqueles de nós que éramos muçulmanos negros dentro do grupo é que todos acreditávamos 100% na divindade de Elijah Muhammad", explicaria Malcolm mais tarde. "Acreditávamos de verdade que Deus, por acaso em Detroit, tinha ensinado a ele."

O que causa mais espanto é que as crenças que fundamentaram os piores atos que um ser humano pode praticar contra outro, da escravização ao Holocausto, são de uma estupidez quase incompreensível. Não apenas porque eram ofensivas e perigosas como também porque eram quase infantis, de tão sem sentido. Ainda assim, pessoas foram forçadas às correntes e ao extermínio por causa delas.

Voltaire dizia que quem consegue fazer o outro acreditar em absurdos consegue fazê-lo cometer atrocidades. É por isso que precisamos ser céticos. Precisamos reavaliar constantemente nossas crenças.

Vale dizer, em favor de Malcolm X, que ele acabou despertando para a falcatrua perpetrada contra ele, voltando-se primeiro contra Elijah Muhammad, que havia explorado a fé de seus seguidores em benefício próprio enquanto se envolvia em vários casos extraconjugais, e depois, durante uma visita a Meca nos últimos meses de vida, contra o ódio e as teorias conspiratórias que haviam deformado sua visão de mundo.

Isso é algo *dificílimo* de se fazer.

Quem aceita admitir que foi enganado?

É fundamental "pesquisar" (pegando emprestado o termo popular entre os teóricos da conspiração). Contudo, o que isso significa é pesquisar *de verdade*. Ou seja, ler os escritores com credibilidade sobre o assunto, o maior número possível deles. Refletir *de verdade*, e não *parecer* que se está refletindo. Fazer perguntas de verdade, em vez de "só fazer perguntas". Ouvir as respostas. Permitir-se aprender que suas opiniões estavam erradas. Permitir-se descobrir coisas novas. Um podcast não é o suficiente para você dominar um assunto!

Precisamos estar sempre vigilantes contra lorotas, que hoje em dia podem ser disseminadas de um jeito que seria inimaginável na Antiguidade. Estamos cercados de inverdades criadas para explorar nossos vieses, vencer-nos pelo cansaço, desgastar nossa capacidade de enxergar o que está bem diante dos nossos olhos.[19]

Porque a inteligência não é útil apenas para resolver os mistérios do universo ou gerar ideias revolucionárias; também atende a objetivos mais práticos. Mantém você fora de seitas e longe de embustes. Ajuda a enxergar o que está sendo apregoado, a ver além das ideias atraentes, tranquilizadoras e empolgantes que estão sendo vendidas.

Paciência e ceticismo, em vez de pressa e credulidade.

Isso é sabedoria.

Não caia na lábia alheia e nos vendedores de ilusões.

Ignore as sereias e as mentiras tentadoras.

Não se deixe enganar.

---

[19] A inteligência artificial é muito inteligente, mas também "alucina", produzindo verdadeiras besteiras.

ENTENDA AS PESSOAS

Sócrates era corajoso. Lutou de forma honrosa na Guerra do Peloponeso.

Ele era brilhante. Trouxe a filosofia dos céus à Terra.

Também era insuportável.

Embora muitas de suas perguntas inquisitivas tenham sobrevivido por meio de seus diálogos filosóficos, nem sempre elas foram tão divertidas para as pessoas de carne e osso que precisaram enfrentá-las.

Nenhum assunto estava a salvo de Sócrates. Nenhuma pessoa tampouco. Ele perguntava e perguntava, às vezes até seus interlocutores, suas *vítimas*, serem completamente humilhados. E para provar o quê? O postulado por Sócrates no início do diálogo? As posições que ele já havia adotado?

Ah! Esse era o truque do seu método!

É irônico que Sócrates fosse encarado como um sabichão. Entretanto, de certa forma, ele era mesmo.

Sócrates também era meio esquisitão. Não tinha uma profissão definida. Vagava pelo mercado e pelo ginásio. Perambulava pela cidade, na doce ignorância do ressentimento que isso muito provavelmente provocava. O mais irritante é que ele parecia achar que seu estilo de vida era superior ao dos atenienses "normais", trabalhadores, que cuidavam da própria vida. Além disso, ele tentava convencer os filhos dos atenienses a serem mais parecidos com ele.

Sócrates se intitulava o "implicante" de sua terra... mas as pessoas não gostam de implicantes.

Em 399 a.C., os atenienses revidaram com força, prendendo Sócrates sob a acusação de desrespeito à religião e corrupção de jovens. Na verdade, a única surpresa em relação à prisão dele é o fato de o próprio Sócrates ter ficado surpreso. O sujeito que questionava os deuses, que se intrometia entre pais e filhos, não previu a reação aos próprios atos.

Ainda assim, mesmo após a condenação, nem tudo estava perdido para Sócrates. Quando lhe concederam a palavra, após a sentença, ele poderia ter invocado sua família e pedido misericórdia. Poderia ter proposto o exílio ou uma multa pesada. Poderia ter mostrado que pelo menos havia aprendido algo com a experiência, que estaria disposto a rever alguns métodos e algumas escolhas.

Em vez disso, propôs àquele tribunal furioso que *lhe pagasse uma pensão*, a mesma honraria concedida a atletas campeões ou heróis de guerra. “Eu não teria a audácia, o despudor ou a disposição para dirigir-vos a palavra como seria de vosso agrado”, disse às pessoas que tinham nas mãos o destino dele, “chorando, soluçando e lamentando, dizendo e fazendo muito do que estais habituados a ouvir de outros, e que, como afirmo, são indignas de mim (...) Antes morrer falando à minha maneira que falar à vossa e viver”.

Corajoso? Com certeza. Estúpido? Também.

Atenas não estava disposta a remunerá-lo, e sim feliz em deixá-lo morrer.

Dos quinhentos jurados, uma maioria apertada tinha votado pela condenação de Sócrates. Contudo, depois que o homem mais sábio de Atenas se dirigiu ao júri, os números a favor da cicuta aumentaram.

É preciso estar muito alheio à realidade para mudar a opinião de um jurado que acabou de votar pela sua absolvição (que fez juramento para deixar de lado “simpatia ou animosidade”) e fazê-lo acreditar que você deve ser *condenado à morte*.

“Quanto mais leio sobre Sócrates”, disse o historiador britânico Thomas Macaulay, “menos me surpreende que o tenham envenenado”. Sócrates era brilhante, mas lhe faltavam traquejo e inteligência social. No fim, foi isso, e não seus supostos “crimes”, que selaram a sorte dele.

Alguém disse certa vez que a escritora Gertrude Stein "conhecia pessoas, mas não conhecia as pessoas". Talvez esse fosse o problema de Sócrates. Ele entendia a condição humana, mas era alheio a seu efeito sobre os seres humanos. Nesse aspecto, aquele homem sábio era um pouco tolo.

Não consideramos muito inteligente alguém que é arrogante e desagradável, sem a menor noção dos problemas com os quais se depara e das controvérsias e mágoas que causa.

Por algum motivo, porém, muitas vezes livramos a cara de pessoas de evidente genialidade quando agem assim. O professor avoado. O escritor arrogante. O cientista sem noção. O engenheiro renomado que não tem amigos. Um empreendedor bem-sucedido que cai em uma armação.

Sem traquejo social, até que ponto alguém é inteligente? Até que ponto pode ser eficaz?

A inteligência social é uma característica como outra qualquer. É algo que acumulamos com trabalho árduo e experiência. Alguns conseguem dominá-la. A história está repleta de exemplos de pessoas que a praticaram. Também está cheia de casos que servem de alerta, de gente que não a tinha.

É o caso de George McClellan, general do Norte na Guerra de Secessão dos Estados Unidos, cuja genialidade estratégica era superada por sua arrogância e por um nervosismo paralisante. Plutarco conta como Cícero transformou seu maior feito (salvar a República) em uma desvantagem, porque "ninguém podia ir ao Senado ou a um comício (...) sem ter que escutá-lo repetir-se infindavelmente". Será que Elon Musk achou mesmo que sua relação com Donald Trump ia acabar de um jeito diferente do de todos os outros ex-parceiros dele?

Podemos estabelecer um contraste entre esses tropeços autoinfligidos e as atitudes de alguém como Benjamin Franklin.

Franklin era brilhante. Como Sócrates, também trouxe coisas do céu à Terra (nada menos que a eletricidade!). Visto por muitos como o homem mais inteligente de sua geração, também foi um dos homens mais famosos da época, honrado por reis do mundo inteiro. No entanto, era amado em igual medida pelas pessoas comuns. Apesar da inteligência e da fortuna, não deixava os outros com inveja. Conseguiu passar vários anos no mundo dos negócios sem muitas desavenças ou rivalidades dispendiosas. Ao contrário de Sócrates, não gostava de discussões... empregava sua inteligência em invenções que beneficiavam pessoas comuns, desde uma estufa mais prática a bibliotecas de empréstimo e a brigadas de incêndio. Ele gostava de gente. Por isso, foi capaz de concretizar ideias importantes, em alguns casos revolucionárias, de forma que fossem celebradas e bem acolhidas.

Nossa curiosidade, nosso desejo de saber, deve se estender não apenas à pessoa diante de nós como também à forma como as pessoas atuam dentro de grupos. Esse interesse é crucial tanto por ser um tema de fascínio inesgotável como por ser essencial para que as coisas aconteçam.

Quando ninguém gosta de nós, quando ficamos o tempo todo enrolados em querelas, enfrentando resistência, o que isso diz a nosso respeito? Quando não entendemos as pessoas, não apenas nos tornamos impopulares como também ineficazes!

Pode até ser que nem todos tenham a mesma disposição ou astúcia natural para captar as nuances do comportamento alheio. Porém, isso só implica que é necessário se esforçar ainda mais.

Adquirir traquejo social é um esporte de contato. Passar horas sem fim nas redes sociais, como Elon Musk, não ajuda a desenvolver esse tipo de habilidade. Pelo contrário, deforma e distorce nossa humanidade, dificultando a criação de vínculos com o outro. A riqueza e o sucesso podem servir de álibi até certo ponto contra certas obrigações sociais, mas quem deixa de se importar com o outro o faz por sua conta e risco.

A babaquice é uma estratégia ruim, mas a inteligência social não é definida apenas pelo jeito de tratar os outros. Também é a capacidade de captar e entender como os outros agem em relação a você... algo crucial para definirmos nossas motivações e entendermos as motivações alheias. Ninguém é mais fácil de enganar do que um narcisista, porque ninguém é mais transparente sobre aquilo que deseja escutar.

Sócrates viveu com bravura, de acordo com seus princípios. Sua sentença foi injusta. Ser irritante não deveria ser crime, e os maiores cidadãos de Atenas agiram como covardes, incapazes de aguentar os questionamentos de um homem que só queria ajudar as pessoas a descobrir a verdade.

Mesmo assim, imagine quanto sofrimento poderia ter sido evitado! Com um pouco mais de sagacidade e um pouco mais de comedimento, Sócrates poderia ter continuado sua jornada.

Segundo uma frase que costuma ser atribuída a Andy Warhol, a arte, sobretudo a arte transgressora, é uma questão de *escapar ileso*.

Sócrates não escapou ileso.

O mundo o perdeu cedo demais. Sua família o perdeu cedo demais.

Isso nos deixou um pouco mais estúpidos.

Ignoramos a dinâmica social por nossa conta e risco.

DA HUMILDADE À SABEDORIA

> Saber que não sabemos é o ideal;
> Não saber, mas achar que sabe é uma doença.
> Só quem vê essa doença como doença pode se livrar dela.
> O sábio está livre dessa doença.
> Por ver essa doença como doença, está livre dela.
>
> DAODEJING

Não devemos ser severos com os tolos: para eles, em geral, as coisas não são prazerosas. Além disso, eles ignoram que carecem de sabedoria. Alguém falhou com eles. Alguém se aproveitou deles.

Embora a Bíblia seja dura com os tolos, Jesus tinha enorme compaixão por eles. Sobretudo aqueles que, nas palavras de Platão, foram privados da verdade contra a própria vontade.

"Como toda pessoa de natureza poética, [Jesus] amava os ignorantes", escreveria Oscar Wilde de sua cela na cadeia. "Sabia que na alma do ignorante sempre há lugar para uma grande ideia. Mas ele não suportava pessoas estúpidas, sobretudo aquelas que se tornam estúpidas pela educação: aquelas cheias de opiniões, das quais não entendem uma sequer, um tipo peculiarmente moderno, sintetizado por Cristo quando o descreve como o tipo que tem a chave do conhecimento, mas o é incapaz de usá-la e também não permite que os outros a usem, embora tenha sido feita para abrir as portas do Reino de Deus."

O pecado não é estar errado. Ter confiança no erro? Esse, sim, é o problema. Eis a diferença entre a ignorância e a estupidez.

Os ignorantes não são nem de longe tão perigosos quanto os presunçosos e os arrogantes imbecis que se sentem no direito de dizer aos outros o que devem fazer. O fanatismo é o responsável pela maior parte do mal no planeta. São os fundamentalistas que fazem o maior estrago.

Todos nós já tivemos crenças estúpidas. Algumas das nossas opiniões atuais não resistirão ao teste do tempo.

Isso não é motivo para se envergonhar. *Essa é a questão.*

Temos que superar nossa infantilidade e evoluir para além de nosso ego e nossos preconceitos. Temos que chegar não apenas ao conhecimento como também ao *auto*conhecimento. Temos que ter não apenas dados como também *compreensão.*

A ignorância é um problema que tem solução... mas primeiro é preciso reconhecer o problema.

Ninguém aprende aquilo que acha que já sabe.

Ninguém aprende quando acha que já sabe tudo.

Ninguém melhora quando se acha perfeito.

Precisamos ser humildes. Precisamos estar dispostos.

Precisamos querer crescer, ser questionados, ser desafiados.

Eis a chave da sabedoria.

PARTE 3
A APOTEOSE
(COMO TOCAR O DIVINO)

O conhecimento vem, mas a sabedoria permanece,
e eu permaneço na margem,

E o indivíduo definha, e o mundo
é cada vez mais.

TENNYSON

Todos nascemos iguais... e então alguns de nós descobrimos a filosofia. Tem gente que tenta acumular dinheiro; outros, experiência. Alguns esculpem o corpo, outros cultivam a sabedoria. Conversam com os mortos. Fazem o dever de casa. Alcançam as ideias, a paz e a compreensão. Destacam-se da multidão. Enfrentam a corrente, traçam o próprio caminho. Isso exige coragem. Exige disciplina. É o que colabora para a grandeza deles. É assim que trazemos a justiça ao mundo. Vamos nos valer das maiores mentes que já viveram? Vamos buscar a verdade? Vamos desafiar a nós mesmos e nossas premissas? Vamos iniciar essa jornada que nunca termina? Temos que lutar pela iluminação, contra o cinismo e o desespero. Temos que ser pacientes. Temos que ver o que de fato existe. Temos que alcançar nosso potencial máximo. Temos que compartilhar o que aprendemos, utilizar os ensinamentos e *avançar* por meio deles.

SAGAZ, SENSÍVEL, SENSATO, *SÓLIDO*...

Em seus últimos anos de vida, Liev Tolstói visitou uma aldeia remota nas montanhas do norte do Cáucaso, onde a Europa Oriental se transforma em Ásia. Quando estava contando histórias de antigos heróis, ele foi interrompido pelo chefe da aldeia, que lhe perguntou por que não tinha mencionado o "maior general e líder do mundo".

Aquele homem poderia estar falando de uma série de conquistadores, figuras que refizeram continentes inteiros à própria imagem ao longo dos séculos. Contudo, o herói sobre o qual os habitantes daquele acampamento, tão distante das demais civilizações, queriam ouvir era um presidente dos Estados Unidos morto havia muito tempo... um homem que Tolstói nunca encontrara, cuja foto eles nunca haviam visto, que eles só poderiam ter conhecido por meio de fragmentos de lendas e mitos.

Fale-nos do homem que ascendeu a partir do nada, disseram, o homem com "voz de trovão" e "atos tão sólidos quanto pedra".

Eles queriam saber de Abraham Lincoln.

Por quê?

A impressão que Tolstói teve era a de que até aquele povo longínquo parecia compreender, em algum nível intuitivo, que "de todos os grandes heróis nacionais e estadistas da história, Lincoln é o único verdadeiro gigante". Que Lincoln transcendia Alexandre, César e Napoleão em sabedoria, caráter e força moral. "Lincoln foi um homem de quem uma nação tem o direito de se orgulhar", escreveria anos depois Tolstói; "ele foi um Cristo em miniatura, um santo da humanidade, cujo nome viverá milhares de anos nas lendas de futuras gerações. Sua genialidade ainda é forte e poderosa demais para a compreensão comum, assim como o Sol é quente demais quando sua luz nos atinge diretamente".

No entanto, aquele homem foi criado em uma cabana primitiva no meio do mato, que mal poderia ser descrita como uma casa, não muito diferente daquelas que os homens da aldeia conheciam.

O jovem Abraham Lincoln não teve escolas especiais ou tutores particulares. Sua educação formal somava menos de um ano. Simplesmente não havia oportunidades. Em vez de mandá-lo para a faculdade, seu pai o mandou para trabalhar em fazendas da vizinhança. Era um trabalho braçal extenuante, arrancando tocos, plantando sementes, colocando os animais para trabalhar, cortando madeira para construir cercas, cortando lenha, conquistando o ganha-pão no nível básico de subsistência em uma terra violenta e impiedosa.

Ele não nasceu rico. Sua família não era dona de minas de esmeraldas ou de vastas propriedades com seu sobrenome. O avô havia sido assassinado por indígenas diante da própria família. "O rugido da pantera enchia a noite de pavor", escreveu Lincoln. "E os ursos faziam os porcos de presa." Os homens enfrentavam não apenas a natureza selvagem como também a sociedade... a família Lincoln era o tempo todo engambelada por especuladores imobiliários e interesses financeiros.

Bem mais tarde, quando lhe pediram que descrevesse seus primeiros anos de vida, Abraham Lincoln disse que sua história familiar inteira podia ser resumida por um único verso do poeta Thomas Gray: "Os registros breves e simples dos pobres."

Montaigne aprendeu latim como língua nativa. Na infância, Lincoln não conhecia uma pessoa sequer capaz de ler uma palavra daquele idioma... lembrava, com uma risada, que um homem que falava latim em seu mundo provinciano até "era visto como um feiticeiro". Montaigne tinha um acordo com um professor, que lhe permitia ler além do material previsto. O pai de Lincoln, incapaz de assinar o próprio nome, não apreciava ver o filho lendo. Achava que era uma distração e um capricho. Às vezes, até destruía seus inestimáveis livros, por puro despeito.

Ler era a válvula de escape do menino de uma vida de opressão, sua primeira exposição a um mundo maior do que aquele em que vivia. "Minha intenção não é ficar para sempre cavando, capinando, debulhando milho, cortando ripas e coisas do gênero", disse Lincoln a um amigo da família. Ele lia, lia, lia... por mais que o ato lhe rendesse castigos paternos.

"Nunca vi Abe depois dos 12 anos em uma situação em que não tivesse um livro por perto", disse um primo, no linguajar característico da região. "Ele lia todos os livros que conseguia pegar", conta a madrasta. "Lia disciplinadamente, ia para a cama cedo, acordava cedo para ler." Depois do trabalho, ele pegava um naco de pão de milho no armário da cozinha, se esparramava em uma cadeira e passava horas lendo. Ela ficava olhando aquele grandalhão esquisito, esgotado pelo trabalho na roça, não apenas ler como também, ao topar com um trecho que lhe chamara a atenção, anotá-lo e reanotá-lo, só para sentir as palavras correndo pelos dedos. Ela ficava com dó de não ter dinheiro para comprar papel. No entanto, Lincoln não se importava: transcrevia os trechos em tábuas velhas de madeira. Não era o processo mais glamouroso, mas deu certo, e as coisas que ele leu e ouviu ficaram "fixadas em sua mente... ele nunca perdeu o fato nem a compreensão delas".

"Lembro-me de que ia para meu quartinho", recordou Lincoln certa vez, "após ouvir a conversa noturna dos vizinhos com meu pai, e passava uma boa parte da noite andando de lá para cá, tentando apreender o sentido exato de parte do que havia sido dito, para mim obscuro. Eu não conseguia dormir, por mais que tentasse, quando ficava nessa busca de uma ideia até ela vir; e quando eu achava que ela tinha vindo, não me satisfazia enquanto não a repetisse várias vezes, até a formular em termos que me parecessem simples o bastante para todos os meninos que eu conhecia entenderem."

Talvez tenha sido esse processo trabalhoso que inspirou pela primeira vez em Lincoln uma metáfora para explicar como seu cérebro funcionava. "Minha mente é como uma peça de aço", disse certa vez a um amigo, "é dificílimo inscrever algo nela, e depois quase impossível de apagar". Assim como Cleantes, Lincoln aprendia devagar, mas não esquecia o que aprendia, uma combinação poderosa.

Não que o homem propriamente dito fosse feito de aço. "Tudo que eu sou, ou tenho a esperança de um dia ser, herdei da minha mãe", disse a respeito da mulher gentil e carinhosa que morreu quando ele tinha 9 anos. Suas últimas palavras, depois de chamar os filhos a seu leito de morte, foram para lembrar a eles que fossem "bons e gentis (...) uns com os outros e com o mundo". Ele também era o produto de uma madrasta amorosa, que foi morar com os Lincoln e se deparou com crianças quase selvagens morando em um barraco. Era ela quem lhes dava banho, quem lhes proporcionava o carinho e a afeição que ajudaram a formar um homem muito distante da crueldade onipresente daquele tempo.

Um livro que Lincoln releu várias vezes foi *Lessons in Elocution* (Lições de elocução), de William Scott, que a madrasta havia levado consigo. Ele gravou várias frases do livro, não apenas nas tábuas como também na alma. Nele, por exemplo, estava o verso de Gray sobre os registros breves dos pobres. "É preciso amar o aprendizado, quando o possuímos", instruía outra passagem do livro de Scott. "Pode-se dizer que um homem que conhece a história viveu, de certa forma, desde o começo do mundo..." "Nunca brinque com a dor e o sofrimento em nenhum de seus divertimentos nem trate mesmo o mais nocivo dos insetos com crueldade perversa."

Já a educação de Abraham Lincoln não foi algo que lhe deram, e sim algo pelo que lutou e que deu a si próprio. Um amigo o descreveu como um leitor *teimoso*. Não desistia de um assunto ou de um escritor só porque era difícil. "Pegue os livros", disse Lincoln certa vez, "e leia-os e estude-os até entender seus aspectos principais; isso é o mais importante". Ele nunca chegou a ser letrado como os colegas que puderam frequentar Harvard ou a academia militar de West Point. Havia algumas peças de Shakespeare que ele nem chegara a ler, dizia, mas aquelas que lera, lera mais vezes do que qualquer um.

Seu amor pelo aprendizado era aliado a um temperamento férreo: a disciplina mental de absorver o juízo das pessoas à sua volta e a disciplina física para aguentar a vida sofrida que teve desde o nascimento. Ele chegou a um acordo com os vizinhos: se houvesse um livro disponível a uma distância que pudesse ser caminhada, ele leria. A leitura, portanto, significava vários quilômetros de caminhada, mesmo depois de horas na roça.

"Consigo levantar qualquer homem", afirmava, mesmo já presidente. "Quando eu era jovem, ninguém me derrubava", dizia de sua habilidade como lutador. Poucos dias antes de morrer, depois de um longo dia cumprimentando pessoas, Lincoln, aos 56 anos, surpreendeu um grupo de soldados ao pegar um machado de mais de 3 quilos pelo cabo e segurá-lo com os braços esticados, paralelo ao solo, totalmente imóvel. Nenhum dos jovens soldados era capaz de repetir o feito do velho cortador de ripas. "Um homem de constituição menos férrea", observou um amigo, "teria sucumbido aos enormes fardos que lhe couberam durante quatro anos, marcados por missões executivas sem paralelo na história".

Mesmo tendo viajado por terras e períodos muito distantes em suas leituras de infância, só aos 19 anos Lincoln fez sua primeira viagem pelo país então germinando. Vinte e três séculos antes, Heródoto expressou seu espanto com a forma como os babilônios construíam seus barcos para fazer comércio no rio Eufrates e logo ao desembarcar os desmontavam para vender os pedaços. Lincoln fez o mesmo duas vezes em uma viagem Mississipi abaixo: viajou do Illinois a Nova Orleans, passando por Memphis, Vicksburg, Natchez, Saint Louis e Baton Rouge, e depois usou seus barcos de madeira de 5 x 12 metros como material de construção, fazendo boa parte da viagem de volta a pé. Ao longo do caminho, enfrentou bandidos e conheceu novos idiomas (o *créole*, o francês e o espanhol). Viu muita riqueza e muita pobreza, enormes edificações e novas tecnologias.

Contudo, ele sabia que essa relação íntima com o rio, conhecido como "Pai das Águas", seria útil para seu plano estratégico vitorioso na Guerra de Secessão. Ou que uma tentativa de desencalhar o barco em New Salem o inspiraria a pedir a patente de um sistema de içamento de navios no rio. É o único presidente dos Estados Unidos detentor de uma patente.

Entretanto, educação é isto: semear para colher depois.

Talvez não exista líder no mundo que tenha tentado a sorte em mais profissões que Lincoln. Além de seu trabalho de agricultor na juventude, ele atuou como agrimensor, escrivão eleitoral, balconista de loja, barqueiro, capitão de milícia, agente postal, advogado rural, legislador local e operário de moinho, entre outros.

Com apenas 23 anos, Lincoln resolveu não ser um "idiota"; envolveu-se pela primeira vez com a vida pública, e concorreu ao Senado do estado do Illinois. Mesmo perdendo, conheceu seus primeiros mentores, entre eles John T. Stuart, que lhe emprestou alguns livros de direito. Como sempre, ele foi um aluno dedicado.

"Caso queira se tornar advogado", diria Lincoln mais tarde a um jovem, "não se importe com o *lugar* onde você está, ou a *pessoa* com quem está; obtenha livros, sente-se em qualquer lugar e leia por conta própria. Isso fará de você um advogado mais depressa que qualquer outra forma".

Ele exerceu o direito pelos 25 anos seguintes. Por mais que tenha aprendido com os livros, foi a experiência de Lincoln nos tribunais e com o sistema jurídico que o moldou como advogado e como estudioso da vivência humana. Entre 1837 e 1860, ele trabalhou em mais de 5 mil casos. Cuidou de testamentos e escrituras, litígios por difamação e disputas fundiárias. Processou pedidos de falência. Representou escravizados e donos de escravizados, criminosos e gente que havia sido condenada injustamente, companhias ferroviárias e trabalhadores braçais. Ele cuidou não de um, e sim de *vários* casos de clientes acusados de bestialidade, e de dezessete julgamentos por homicídio (dois como acusação). Apresentou argumentos diante da Suprema Corte. Foi mediador de casais em conflito.

Depois de um único mandato no Congresso, entre 1847 e 1849, Lincoln retornou ao direito, "correndo as comarcas", como faziam os advogados da época, viajando milhares de quilômetros em estradas lamacentas e esburacadas Meio-Oeste afora. Atuou em processos em Tremont e Metamora, Bloomington e Mount Pulaski, Urbana e Danville, Shelbyville e Decatur. Dividiu quarto em pousadas decrépitas em cidadezinhas do interior. Passou horas viajando a cavalo. Avançou em meio a rios caudalosos. Conheceu gente estranha e desonesta. Dormiu em trens. Tratou com juízes corruptos. Fez sucesso em bares e cortejou garçonetes em restaurantes engordurados. Conheceu a dignidade humana. Sentiu saudade da família. O tempo todo, levava os livros de Euclides na sacola, para poder aprender algo novo nas horas vagas.

"O sr. Lincoln tinha uma intuição imediata da natureza humana e da força e fraqueza do caráter de cada um", escreveriam anos depois dois de seus assistentes de maior confiança. "A vida inteira ele analisou com praticidade os detalhes e as rivalidades entre os adversários locais." Lincoln conhecia as pessoas. Conhecia o mundo. Conheceu *em primeira mão*.

O exercício do direito, no interior profundo ou na cidade grande, pode moldar o caráter de uma pessoa. Trata-se, afinal, de uma profissão combativa, construída com base na busca e na exploração de brechas, na qual um senso robusto do certo e do errado pode ser um obstáculo para uma carreira lucrativa. Entretanto, foi *como advogado* que Abraham Lincoln adquiriu sua reputação de "O Honesto Abe". Seus honorários eram comedidos. Ele não enganava os clientes. Não trapaceava no tribunal. Levava a sério seu juramento. Desaconselhava o litígio, instando as duas partes a um acordo, muitas vezes à custa de seus ganhos por hora. Dizia ter passado a odiar a noção de que os advogados são via de regra desonestos. "Se você não conseguir ser um advogado honesto", dizia, "seja então honesto sem ser advogado. Escolha outra profissão".

Isso não significa que fosse ingênuo. Ele sabia manipular um júri. Era ferino em seus interrogatórios, fazendo os adversários lhe darem razão, enganando-os com seu jeito tímido e o uso constante de "Suponho que...". Esperto como uma cobra, era famoso por usar o ego das testemunhas contra elas. "Quem achava que Lincoln era um homem simplório", disse um advogado que o enfrentou em vários processos, "acordava logo com o pé na cova".

Para que servia tanto aprendizado? "Dizem que todo homem tem sua ambição", explicou Lincoln. "A minha é apenas ser estimado de verdade por meus semelhantes, tornar-me digno de sua estima." Ele queria ser importante. Queria deixar sua marca no mundo.

Foi essa motivação, esse motorzinho que não para nunca, como descreveu um dos amigos de Lincoln, que o fez sair da pobreza e lhe permitiu construir uma vida confortável para si. Porém, havia, como tantas vezes em nossa luta, algo de vazio nessa ambição... um ponto fraco nessa sede. No caso de Lincoln, ela não sobreviveria aos golpes do destino, que o atingiam esporadicamente no início e depois tão depressa que quase o levaram à morte.

Embora Lincoln tenha perdido a mãe aos 9 anos, por intoxicação láctea, foi sua meia-idade que foi marcada por tragédias e reveses. Ele perdeu a primeira eleição que disputou. Foi demitido em 1831 da loja onde trabalhava. Quando abriu a sua, ela faliu. Seus bens foram vendidos no leilão de massa falida. Sua primeira amada morreu de febre tifoide. A segunda o abandonou. Ele chegou a romper com Mary Todd alguns anos antes de se casar com ela. Sua primeira sociedade em escritório de advocacia não deu certo. Ele não foi reeleito para o Congresso. Perdeu duas eleições para o Senado. Teve que enterrar um filho de 3 anos, Eddie.

Lincoln sempre foi assombrado pelo que chamava de sua "melancolia". Porém, quando estava na casa dos 20 e dos 30 anos, passou boa parte do tempo com depressão suicida, uma reação a fracassos e perdas quase ininterruptos. Os amigos retiravam objetos pontiagudos do quarto dele. Um deles disse que Lincoln "delirava"; que era "o homem mais infeliz vivo", nas palavras do próprio. Em um poema que ele escreveu e publicou mais ou menos naquela época, fica visível que se tratava de um homem torturado pela própria mente.

Para aliviar-me *desse* poder de *pensar*,
Que em meu peito se propaga,
Do limiar do inferno hei de saltar,
E mergulhar na sua vaga.

No período do seu segundo colapso nervoso, Lincoln estava viajando por Kentucky quando se deparou com um grupo de escravizados, acorrentados de seis em seis, prestes a serem enviados mais ao sul. Essa cena terrível o marcou por dois motivos. O primeiro foi que aqueles seres humanos "estavam amarrados com a precisão de peixes em uma corda de pescar". Era uma imagem forte da realidade brutal dessa prática que tantos de seus concidadãos tentavam racionalizar e minimizar. O segundo foi que aquelas pessoas, por mais injusta que fosse a situação, pareciam ter ainda dentro de si uma alegria e um contentamento que ele mesmo não sentia havia muito tempo. "Como é verdadeiro que 'Deus dá o frio conforme o cobertor'", escreveu a um amigo, "ou, em outras palavras, que Ele torna tolerável a pior das condições humanas, enquanto permite que a melhor não seja nada além de tolerável".

Lincoln, claudicando com a própria dor, poderia ter recorrido à bebida. Muitos teriam perdido a humanidade como resultado do tipo de criação que ele tivera, acabariam anestesiados em relação à violência ao redor, teriam se tornado indiferentes aos problemas dos outros por conta do peso esmagador dos seus. Ele poderia ter desistido. Poderia ter ficado insensível à dor, graças às suas façanhas, ao poder e à fama. Poderia ter feito qualquer uma das coisas que as pessoas fazem para se livrar da dor de viver. "Permanecer como sou é impossível", disse Lincoln no fundo do poço. "Devo morrer ou me tornar melhor, ao que me parece."

Foi o que ele fez. Decidiu não apenas se tornar melhor como também *fazer* melhor. Não tinha feito nada, disse ao amigo Joshua Speed, que "fizesse qualquer ser humano se lembrar de que ele vivera", nada para solucionar os desdobramentos e as questões de seu tempo, não tinha dado nada às futuras gerações.

Havia muitos norte-americanos que, em meados do século XIX, sabiam que a escravização era obviamente um erro. Os pais de Lincoln sabiam disso, foi por isso que se mudaram do Kentucky (estado escravista) para o Illinois (estado livre) durante a infância dele. Porém, como a maioria dos norte-americanos que se opunham à escravização, ele não tinha certeza do que poderia fazer, enquanto indivíduo, em relação a isso. Esperava, sobretudo, que essa instituição simplesmente definhasse. Ele esperava, por mais improvável que fosse, que, por conta própria, os estados do Sul percebessem seu erro... e temia que ataques e críticas, como ocorre com muitos covardes, só fariam os estados escravistas se aferrassem mais àquele sistema.

A surpreendente aprovação da Lei Kansas-Nebraska, em 1854, que abriu enormes extensões de terra à escravização, forçou Lincoln a sair dessa passividade. Aquilo "nos pegou de surpresa, nos deixou pasmos", disse Lincoln. "Ficamos estupefatos e atordoados." A lei era criação de Stephen Douglas, político venal, uma espécie de Lincoln às avessas. Baixinho, rico, egoísta,

Douglas era um ambicioso instigador do ódio racial — praticante de "baixa (...) demagogia", nas palavras de Lincoln —, que percebeu que apelar aos interesses escravistas seria seu caminho para o poder, mesmo que isso significasse comprometer décadas de barganhas para impedir o esfacelamento da União.

Douglas propunha que o povo simplesmente votasse pela introdução ou não da escravização em extensas faixas novas de território, como se fosse a emissão de um título para financiar a obra de uma estrada. De certa forma, era essa a perspectiva de Douglas, pois ele estava mexendo os pauzinhos para se tornar diretor da ferrovia transcontinental que passava por Chicago, no estado do Illinois! Lincoln descobriu horrorizado que, para Douglas, não importava como as pessoas votariam: a escravização, para ele, era "meramente uma questão de dólares e centavos".

Lincoln, bem maior que o 1,62 metro de Douglas, conseguia enxergar bem mais longe... sabia que sempre há consequências imprevistas. Com milhões, e posteriormente bilhões de dólares em jogo, Lincoln compreendeu que os interesses sulistas não iriam se contentar em apenas preservar a instituição da escravização; o impulso seria de expandi-la, transformando os Estados Unidos em um império escravocrata que se estenderia de costa a costa (com ambições em relação aos vizinhos México e Canadá e ao Haiti). Um conflito sangrento com alguém, em algum lugar, seria inevitável.

"Enxergo essa promulgação [da soberania popular] não como uma *lei*", diria Lincoln mais adiante, "e sim como uma *violência* desde o princípio. Foi concebida na violência, aprovada na violência, mantida na violência e está sendo executada na violência." E a previsão de Lincoln seria confirmada, de modo trágico, não apenas pela violência fundiária que se espalhou pelas pradarias, diante da briga entre territórios para adotar ou não a escravização, como também pela guerra que veio depois.

Quando ele se deparou pela primeira vez com aquelas fileiras de escravizados no mercado, Lincoln estava sofrendo com a própria dor, mas a cicatriz daquilo que viu nunca mais o abandonou. "Aquela visão era um tormento contínuo", escreveu a Speed de novo a respeito daquele encontro de 1855, ainda o ruminando catorze anos depois. "E vejo algo parecido toda vez que piso em Ohio, ou qualquer outra fronteira escravista."

Por mais que a escravização fosse imoral para ele, pessoalmente, como livrar o país dela era um problema que ele abordava com muito mais humildade. "Se todo o poder terreno me fosse concedido", havia dito em seu primeiro discurso sobre a Lei Kansas-Nebraska, "eu não saberia o que fazer em relação à instituição existente". Ali, também estava em ação o advogado dentro dele. Não apenas ele respeitava a lei (a escravização era protegida nos âmbitos estadual e federal) como também, tendo visto nos tribunais tantos conflitos dispendiosos e inúteis, ele tentou equilibrar seu senso de certo e errado com uma disposição a entrar em um acordo.

Alguns historiadores tentaram afirmar que Lincoln não se opunha de fato à escravização. Dizem que sua única preocupação era preservar a União, citando declarações em que ele prometia não interferir com a escravização.

Isso está errado.

O que Lincoln possuía, como produto de sua penosa e dolorosa ascensão da ralé, era *prudência*, esse elemento fundamental da sabedoria: a compreensão de que o progresso vem aos poucos e de que as coisas perigosas devem ser feitas com cautela.

"Pois hoje não sossego", disse Lincoln, "ao lidar com um pensamento, enquanto não o amarrei no norte, amarrei no sul, amarrei no leste e amarrei no oeste." O advogado dentro dele precisava compreender a questão, precisava compreender tudo o que tinha levado a ela, assim como o menino curioso dentro dele, disse certa vez a madrasta, precisava "entender tudo, até as menores coisas, detalhada e precisamente". Thomas Clarkson iniciou sua campanha contra a escravização com um mergulho profundo, e a campanha de Lincoln começou do mesmo jeito. "Ele pesquisou os volumes empoeirados das atividades do Congresso, na biblioteca estadual", lembrou William Herndon, sócio de advocacia de Lincoln, "e mergulhou a fundo na história política". Seu método, comentou Herndon, era escavar uma questão desde a raiz e secá-la na fogueira da mente, até conseguir encarar as coisas como de fato eram.

Em sua pesquisa, Lincoln descobriu que a maioria dos fundadores dos Estados Unidos acreditava que o Congresso tinha o direito de controlar e limitar a escravização e que muitos outros tinham nítidas opiniões antiescravização, quer tivessem sido chamados a votar sobre a questão, quer não. O notável é que a palavra "escravo" não foi usada na Constituição, como observou Lincoln; em vez disso, por vergonha e frustração, "a coisa é ocultada (...), da mesma forma que um homem oculta um (...) câncer". Eles sabiam que era indefensável, e por isso, empregaram o eufemismo "pessoa mantida em serviço ou trabalho". Ele observou que os fundadores regulamentaram várias vezes a escravização: em 1794, proibiram a exportação de escravizados; em 1798, proibiram a introdução deles ao recém-adquirido território do Mississippi; em 1800, proibiram norte-americanos de participar do tráfico global de escravizados; e, em 1808, no mesmo dia em que a Constituição o havia legalizado, proibiram o tráfico de escravizados africanos, que eles sabiam ser completamente bárbaro e perverso. E, em 1820, qual pena decidiram atribuir ao tráfico ilegal de escravizados? *A pena de morte*, ressaltou Lincoln. "Ninguém nunca pensou em enforcar homens por capturar e vender cavalos, búfalos ou ursos selvagens."

O argumento de Lincoln não era o que ele tinha aprendido na escola... porque ele não frequentou uma. Além disso, *ninguém* aprendia sobre escravização uma na época. Essa "pesquisa de uma minúcia maníaca", nas palavras de um contemporâneo, era um levantamento novo, uma compreensão nova, uma leitura nova da história dos Estados Unidos. Em meados do século XIX, não havia estudioso melhor da Constituição e da

Declaração de Independência que Lincoln, ninguém que houvesse captado melhor o que os Estados Unidos eram e o que *poderiam* ser.

Dispondo das armas apropriadas, Lincoln iniciou uma série de palestras itinerantes que colocaram em palavras o sentimento de milhões de norte-americanos por todo o país. Ele afirmava que políticos do Sul, o Poder Judiciário e poderosos interesses escravistas haviam conspirado para corromper a premissa básica dos Estados Unidos ao mesmo tempo que se escondiam detrás de um discurso sobre eleições e liberdade. Era "uma impostura deslavada", disse Lincoln, e uma impostura que ele não podia tolerar.

O que os covardes do Sul queriam? Era evidente, apontava Lincoln: "Isto, e somente isto: que deixassem de dizer que a escravidão era errada e que se juntassem a eles para dizer que era certa." O Norte, que durante muito tempo fez concessões e sofreu décadas de pressão dos oligarcas sulistas, vibrou, porque enfim alguém estava dizendo a verdade, e dizendo de forma direta.

Em seus debates com Douglas, em seu famoso discurso em Cooper Union e país afora, Lincoln argumentava contra a escravização e *a favor* de um esforço político sustentado para a retomada do controle devidamente democrático do país. Fez tudo isso de forma acessível e popular. "Dizem que eu conto histórias demais. Suponho que isso seja verdade", admitiu, "mas eu aprendi, pela minha longa experiência, que as pessoas *simples* (...) são mais facilmente *influenciadas* por meio de uma ilustração altiva e bem-humorada que de qualquer outra maneira".

Ele perdeu a batalha pelo Senado em 1858 para Douglas (mais uma derrota em uma longa lista de fracassos eleitorais), mas ganhou a guerra. "A luta continua", disse, depois que saíram os resultados eleitorais. "A causa da liberdade civil não pode ser abandonada ao cabo de *uma* derrota, nem mesmo de *cem* derrotas." No fim, esse revés o levaria à presidência dois anos mais tarde.

Ainda bem que Lincoln não desistiu, porque, ao se dividir estupidamente em duas candidaturas em 1860, o Sul entregou a vitória de mão beijada ao Norte. Porém, de tão acostumados que estavam ao domínio da minoria, para os líderes sulistas a simples ideia de um Lincoln *presidente eleito* era insuportável. Veio então a Guerra de Secessão.

Talvez eles tenham achado que exercer pressão funcionaria. Durante uma geração inteira, tinha funcionado. A cada ameaça, a cada disputa, o Norte cedia mais terreno aos interesses escravistas em nome da preservação da unidade do país. Em consequência, os sulistas passaram a acreditar nas próprias mentiras (haviam destruído o próprio cérebro) e agora corriam para a autodestruição.

James Buchanan, o antecessor de Lincoln, não fez nada quando o Sul se apoderou de depósitos de armas e ameaçou fortes federais. Não fez nada quando a insurreição e as conspirações tomaram conta da capital, mesmo dentro de seu gabinete. Lincoln, porém, sabia analisar a situação. Não iria se deixar manipular. Iria defender a nação. Iria mantê-la unida. Quando lhe perguntaram que mensagem ele teria para o vacilante Kentucky, assim que começou a guerra, Lincoln se levantou da cadeira, apontou para si e disse: “Diga aos meus amigos: aqui dentro tem um homem!”

“Se não houvesse mais nada com que a história pudesse carimbar Abraham Lincoln”, diria Walt Whitman anos depois, “bastaria (...) ele ter resistido àquela hora, àquele dia mais amargo que fel, de fato um dia de crucificação, que isso não tenha dado cabo dele, que suportou inabalável e resoluto a retirar daquilo a si e à União”.

Como Lincoln sabia que o Norte podia ganhar? Como uma pessoa que nunca havia exercido um cargo de liderança executiva na vida conseguiu liderar um esforço de guerra tão grande? Seu governo se deparou não apenas com a secessão como também com um conflito internacional, escaramuças de fronteira e um Capitólio inacabado, além da responsabilidade cotidiana de gerir um país gigantesco.

Quando a guerra eclodiu, o Exército norte-americano contava com menos de 20 mil homens permanentes. Em agosto do primeiro ano de guerra, havia quase 500 mil homens de farda. Na batalha de Antietam, em 1862, a União perdeu em doze horas mais homens do que havia sob armas em 1860. A velocidade e a dimensão desse crescimento superam até a escalada das duas guerras mundiais, e na época envolveu muito menos tecnologia. Foi uma operação política, cultural e logística sem precedentes na história humana, não apenas a primeira guerra moderna como também, de certa forma, a primeira demonstração de um governo centralizado moderno.

Para pagar pela guerra, Lincoln teve que aprovar o primeiro imposto de renda nacional. Teve que vender bilhões de dólares em títulos de guerra. Teve que montar um exército e manter unida uma coalizão instável de estados. "Sua mente dominou o problema do momento", disse Emerson sobre ele. "Raramente um homem foi tão adequado a um episódio."

A verdade é que Lincoln não sabia fazer nenhuma dessas coisas. O que ele fez foi *descobrir* como fazê-las.

Ninguém cometeu mais erros do que Lincoln... sobretudo nos primeiros dias da guerra. Ele cometeu alguns desses erros mais de uma vez (nomeando, exonerando, renomeando e depois reexonerando o general McClellan, em 1861 e 1862). Contudo, isso é liderar. Liderar não é *saber*. Liderar é *resolver problemas*. "Os navegadores em nossos rios do Oeste pilotam de *ponto a ponto*, como eles dizem — traçando o rumo do barco só até onde podem pilotar", explicou Lincoln, "e isso é tudo a que eu mesmo me proponho neste grande problema". Foi isso o que mais impressionou Emerson em relação a Lincoln: que, "quanto mais crescia o problema, mais crescia sua compreensão dele".

No fim das contas, sua primeira vitória crucial não foi no campo de batalha. Lincoln compreendeu, como poucos presidentes o fizeram antes ou depois dele, o poder de montar uma equipe que reflita perspectivas políticas, ideológicas e regionais opostas. O presidente sabia que para ter êxito, nas palavras de seus assessores, ele "precisava de conselheiros, ajudantes, olhos e mãos executivas, e não apenas na rotina dos departamentos como também nas categorias mais elevadas de liderança e influência; acima de tudo, seu principal critério parece ter sido o de caráter representativo, o de ter talentos variados — em uma palavra: combinação". Para seu gabinete, Lincoln escolheu políticos de todos os matizes, até alguns que expressavam em público que não gostavam dele e ambicionavam sucedê-lo na presidência.

Lincoln fez questão de selecionar Edwin Stanton, o democrata que certa vez o chamara de "gorila original" e que tentara excluí-lo de um importante processo legal em 1855. No entanto, Stanton era perfeito para o cargo de secretário da Guerra, e isso era tudo que importava para Lincoln.[20] Ele acreditava que não tinha o direito de privar o país de seus melhores e mais aptos colaboradores só porque o haviam magoado ou porque discordavam dele em várias questões. "Eu aceito tomar conta do cavalo de McClellan se ele nos trouxer êxito", disse Lincoln a respeito do general que cansou de menosprezá-lo e insultá-lo.

Quando um amigo lhe disse que um dos membros do gabinete se achava melhor do que ele, o presidente respondeu perguntando se o amigo sabia de mais gente que pensava o mesmo. "Por que me pergunta isso?", foi a resposta intrigada. "Porque eu quero colocar todos eles no meu gabinete." A primeira pergunta dessa equipe de rivais que Lincoln reuniu, escreveu seu secretário, era qual deles era o melhor e mais brilhante. "Pode-se afirmar com bastante segurança que nenhum", disse ele, "nem ele mesmo, acreditava que fosse Abraham Lincoln". No entanto, foi exatamente essa humildade que lhe permitiu, com o tempo, ofuscar a todos.

Na verdade, o comitê de consultores de Lincoln se estendia para além de seu gabinete. Sua esposa, Mary Todd Lincoln, com

---

20 "Nunca homens se enganaram tanto", diria Stanton sobre sua impressão inicial a respeito de Lincoln, "quanto nós em Cincinnati".

o tempo se tornou uma abolicionista ainda mais ardorosa que Lincoln. Apesar do relacionamento por vezes tumultuado, ele recorria aos conselhos dela. Lincoln consultava bastante Anna Carroll, mulher ousada e fascinante, que moldou as opiniões dele a respeito de estratégia militar e relações públicas. Não havia ninguém, disse Lincoln, cuja opinião importasse mais para ele que a de Frederick Douglass, com quem se encontrou várias vezes durante a presidência, o que deixou o próprio Douglass quase pasmo. "Em ocasião alguma", observou Douglass, Lincoln fez algo para lembrá-lo da "diferença entre mim e ele, ou da diferença de cor".

Seus antecessores na Casa Branca tinham vivido em um passado pitoresco e sossegado. Lincoln vivia no ruidoso mundo moderno... com todo o seu noticiário em tempo real. Passava incontáveis horas na sala de telégrafo, recebendo as últimas notícias do campo de batalha. Soterrado por informações, do front e de centenas de jornais, criou uma versão pioneira do Briefing Presidencial Diário.

Ele também se mantinha atento ao clima da opinião pública norte-americana. O poder e o sucesso isolam com facilidade, criando uma bolha de percepções que se retroalimentam. "Por mais que me cobre tempo", explicou Lincoln, "hora alguma do meu dia é mais bem empregada do que aquelas que me trazem de volta ao contato direto com todo o nosso povo". Ele chamava seus encontros com cidadãos comuns, com candidatos a cargos eletivos, com solicitantes de favores, com gente encrenqueira, com pais e mães de soldados, com críticos e admiradores, de "banhos de opinião pública", prática que priorizava, por mais cheia que estivesse a agenda.

Muitos têm inteligência. Eficiência executiva, sobretudo no patamar mais alto, é rara.

"Em mãos mais fracas, um gabinete assim teria sido uma fonte de conflitos", escreveram seus assessores, "mas, com ele, tornou-se uma torre de robustez". O próprio Lincoln considerava como o maior motivo de orgulho sua capacidade de agregar pessoas, a nação e seus conselheiros. "Posso não ter dado um presidente tão excepcional quanto outros", declarou, "mas acredito que mantive unidos esses elementos discordantes melhor que qualquer um". Não era apenas o fato de ter se cercado de vozes e informações diversas; foi ter *usado* essas perspectivas, manejando os talentos em seu governo... ele montou o governo federal, imbuindo-o do *ethos* e do espírito que lhe permitiriam inventar a internet e pousar na Lua, e ainda criou a Seguridade Social e o sistema universitário moderno.[21]

Era uma época de paixões intensas, em um gabinete com enormes diferenças de opinião. Ainda assim, Lincoln governava seu gabinete e criava ordem a partir do caos à sua volta, assumindo, acima de tudo, o comando daquilo que os estoicos chamavam de "maior império": ele mesmo. "Amiúde, quando vinham a ele homens em transes de ira, recém-indignados com algum incidente infeliz", escreveram seus secretários, "eles se surpreendiam ao encontrá-lo em silêncio, sereno até, talvez com um sorriso no rosto ou um gracejo nos lábios (...) seu espírito já tinha passado pela provação ardente do ressentimento."

A sabedoria não é errática. Não é impulsiva nem emocional. É serena. É fria. É paciente. É gentil. É *filosófica*.

Sem essa equanimidade, se Lincoln não tivesse um incrível autocontrole mental, ele teria "perdido; perdido tudo, tudo", acreditava Herndon. E Herndon sabia, por experiência própria, o quanto Lincoln era habilidoso em relações interpessoais, o domínio que tinha sobre o próprio temperamento. Os dois não brigaram uma vez sequer em dezesseis anos de exercício da advocacia.

---

21 A Lei Morrill de Doação de Terrenos a Universidades é diretamente responsável pela criação de escolas como o MIT, Cornell, Rutgers e todo o sistema da Universidade da Califórnia, feito notável para um homem que não recebeu instrução formal e uma incrível contribuição às ciências exatas e humanas e ao progresso da raça humana.

De fato, é difícil encontrar alguém que tenha tido uma briga com Lincoln... o homem era quase extraordinariamente cordial.

Ele não levava as coisas para o lado pessoal. Não se importava com as motivações ou os erros pregressos de ninguém. Só queria fazer seu trabalho. Só queria seguir adiante.

Ele demonstrou paciência e tolerância, mesmo nos momentos mais sombrios da guerra. Em Bull Run, em Fredericksburg, depois de Shiloh, depois da segunda derrota em Bull Run, depois das oportunidades desperdiçadas em Gettysburg, nas perdas inconcebíveis que se acumularam na campanha de Wilderness, Lincoln poderia ter apontado culpados. Após cada traição, cada oportunidade desperdiçada por seus generais, enquanto o país ficava cansado da guerra, após a perda de tantas vidas, Lincoln poderia ter desanimado. Ele poderia ter desistido do país.

Ele não desistiu.

"Tenho que salvar o governo se possível", disse aos governadores de Louisiana e de Arkansas. "O que não puder fazer evidentemente não farei; mas que fique bem entendido, de uma vez por todas, que, se ainda houver qualquer cartada disponível, não desistirei deste jogo." Era um hábito seu, disse Lincoln, não remoer o passado, mas "olhar apenas para o presente e o futuro". "Nenhum homem decidido a dar o melhor de si pode arranjar tempo para contendas pessoais", escreveria Lincoln a um oficial sofrendo com uma situação muito menos desagradável. Ele incentivou o homem a ceder nas questões que não importavam, de modo a poder fincar os pés nas que importavam.

E tal qual os advogados rivais que subestimaram Lincoln foram esmagados nos tribunais, os políticos que tomavam sua cordialidade e compaixão por fraqueza foram sobrepujados. "Ele pegava e mexia pessoas *à distância* como nós fazemos com peças em um tabuleiro de xadrez", comentou Leonard Swett, um de seus conselheiros. "Fazia isso ignorando os homens, e ignorando todas as causas menores, porém calculando de perto as tendências dos acontecimentos e as grandes forças que produziam resultados lógicos." Lincoln parecia nunca esquecer que era um político. Era um astuto mestre de relações pessoais, de persuasão e de política, quase maquiavélico.

"Nunca houve uma calculadora mais precisa de probabilidades políticas do que Lincoln", escreveram seus secretários. "Entre números eleitorais, ele ficava totalmente à vontade (...) Era familiarizado com todos os pontos-chave dos distritos em disputa e 'apertados' e sabia de cor o valor de cada e todo ganho ou perda local e em relação ao resultado maior." O apelido de Lincoln na Casa Branca era "o Magnata", homenagem à sua sagacidade e liderança. Porém, assim como o Maquiavel da vida real, a compreensão que Lincoln tinha do poder era inseparável de seus princípios fundamentais. "Ninguém sabia tão bem como virar as coisas politicamente em seu favor", explicou Horace White, jornalista que acompanhava Lincoln desde os debates com Douglas, "e ninguém tirava tão prontamente essa vantagem, desde que não envolvesse meios desonrosos..."

Lincoln substituiu a raiva, o medo, o ressentimento e a ansiedade pela compaixão, pela fé e por aquilo que ele chamava de "razão fria, calculista, desapaixonada". "Será um dia feliz", afirmou em um discurso em 1842, "quando, controlados todos os apetites, refreadas todas as paixões (...) *a mente*, a todo-poderosa *mente*, haverá de viver e guiar os monarcas deste mundo (...) Salve a queda da fúria! Saudemos todos o reino da razão!"

Quem é sábio aprende rápido a disciplina. Sabe como é fácil estar enganado. Não é falante. Não é superficial. Tenta olhar tudo como George Washington, primeiro presidente dos Estados Unidos, aprendeu: "à luz tranquila da filosofia moderada".

Lincoln não entrava em desespero a cada revés da União em parte porque ele era sereno, mas também porque vislumbrava o contexto mais amplo. Ao contrário de muitos militantes, ele compreendia as enormes vantagens estratégicas do Norte: maior contingente, mais dinheiro, mais indústrias e, enquanto ajustava o processo emancipatório, mais legitimidade moral.

Quando a guerra eclodiu, Lincoln não sabia quase nada de teoria militar. Da Casa Branca, mandou vir da Biblioteca do Congresso todos os livros disponíveis sobre ciência militar. Debruçou-se com grande interesse, por exemplo, sobre um livro que tratava de logística escrito pelo homem que se tornaria seu chefe do Estado-Maior. Ele também se deu conta das ideias preconcebidas que deveria ignorar (o foco militar do século XIX na tomada de cidades) e das novas teorias que deveria adotar (destruir tanto o exército inimigo como seu espírito de luta).

"Há muito tempo tenho a opinião de que ao fim da guerra", afirmou o general W. F. Smith, "o sr. Lincoln era superior aos seus generais na compreensão do efeito dos movimentos estratégicos e do método adequado de levar as vitórias às suas conclusões legítimas". Com o passar do tempo, ele se tornou o mais sensato estrategista da época. Enxergava a rota para o triunfo com a mesma clarividência do general Ulysses S. Grant. Lincoln, sem dúvida, entendia o que estava em jogo melhor que seu oponente, Jefferson Davis, embora Davis tivesse sido secretário de Guerra e se formado como um dos primeiros da turma na academia militar de West Point.

A guerra é uma extensão da política por outros meios, escrevera Clausewitz pouco tempo antes, e essas ideias chegaram à mente voraz e sempre curiosa de Lincoln. A Proclamação da Emancipação foi o maior ato de liderança política do século, talvez até do milênio. Lincoln também estava estendendo, de forma brilhante, a política para dentro da guerra e a guerra para dentro da política; ele combinou a emancipação a uma vitória no campo de batalha e a apresentou como uma medida de guerra, afirmando que ela entraria em vigor no dia 1º de janeiro do ano seguinte e apenas se o Sul não pusesse um fim imediato à sua rebelião ilegal.

"Cercado por todo tipo de afirmações conflitantes, por traidores, por homens tímidos e sem convicção, por homens dos estados fronteiriços e homens dos estados livres, por abolicionistas radicais e conservadores radicais", disse Harriet Beecher

Stowe sobre Lincoln. "Ele ouviu a todos, pesou as palavras de todos, aguardou, observou, cedeu aqui e ali, mas no principal manteve um propósito inflexível e aguçado e conduziu o barco da nação."

Lincoln estava navegando de ponto em ponto, sempre com o objetivo não apenas de ganhar a guerra como também de garantir uma paz duradoura, tentando salvar a União e transformá-la em algo que *merecia* ser salvo. Seu plano para a Reconstrução estava ancorado em torno da reconciliação e da justiça. Sua intenção era ser misericordioso. Seguir adiante. Ele pretendia cumprir as promessas feitas na Proclamação da Emancipação. Deixaria os rebeldes voltarem a seus lares; ele ia curar as feridas da nação e cuidar de suas viúvas e órfãos. "Do presidente, é preciso dizer", escreveu seu secretário de Estado, "que sua magnanimidade é quase sobre-humana".

Será que é por isso que decidiram matá-lo? Porque ele era bom demais para este mundo? A bala de um assassino (disparada por um covarde aterrorizado pela igualdade racial) atingiu Lincoln em 14 de abril de 1865, poucos dias depois de o presidente ter conseguido emendar a Constituição e eliminar a escravização nos Estados Unidos para sempre.[22] Ele havia lutado durante quatro anos, porém, mais importante que isso, havia transformado a opinião pública e feito a humanidade progredir rumo à justiça.

"Nunca houve um momento em que Abraham Lincoln tivesse abandonado o papel de político", escreveu seu biógrafo William Lee Miller. "Em vez disso, o que ele fez, como político de toda a vida, foi concretizar plenamente as possibilidades morais dessa função." Escrevendo durante a guerra, Karl Marx ficou impressionado com a incrível trajetória de vida daquele homem; como Lincoln foi um farol na escuridão. "Jamais o Novo Mundo

---

[22] "Isso significa cidadania para os crioulos", disse John Wilkes Booth, o assassino, depois de ouvir um discurso improvisado em que Lincoln alinhavou alguns de seus planos para a vida após a guerra.

alcançou triunfo maior que essa demonstração", escreveu, "de que pessoas de bem, comuns, podem realizar façanhas que no Velho Mundo apenas os heróis poderiam!"

Lincoln era, não é exagero afirmar, o homem completo. Disciplinado. Corajoso. Justo. Acima de tudo, sábio. Dizem que nenhum homem é herói para seu criado, mas os criados de Lincoln, que o testemunharam em seus momentos mais íntimos, passaram o restante da vida tentando honrar sua memória. Eles, assim como seus amigos e até muitos de seus inimigos, acreditavam se tratar do maior homem que já viveu.

O que definia esse homem? Qual era sua grandeza? Não era o brilho espalhafatoso ou a ambição, e sim uma espécie de sabedoria moral, um *ethos filosófico* que não apenas sustenta a pessoa em meio a imensas tragédias pessoais como também lhe permite tocar a fundo outras pessoas.

Lincoln era capaz de fazer a coisa mais difícil que existe: trazer essa perspectiva ao mundo. Sua grandeza foi usada na busca do bem; sua ambição, a serviço da virtude.

Enquanto ele perdia sangue em uma sala do outro lado da rua do Teatro Ford, deitado em diagonal em uma cama pequena demais para sua estatura, foi Stanton (o homem que o havia julgado tão mal) quem proferiu a mais apropriada das bênçãos: "Agora, ele pertence à eternidade."

Ou, como os acadêmicos continuam a discutir, ele teria dito: "Agora ele pertence aos *anjos*", devido à semelhança da sonoridade de *ages* ("eternidade") e *angels* ("anjos").

Seja como for, ele pertence a *nós*... quer vivamos nos Estados Unidos, quer no Cáucaso, hoje ou daqui a décadas.

Ele é um exemplo a ser seguido. Um ideal a almejar.

Lincoln tinha a forma mais rara da sabedoria humana: a bondade e grandeza. Não era um mito histórico, e sim real. Caminhou por esta Terra. Em uma época de venalidade e violência, sobreviveu a uma carreira jurídica e à política, sobreviveu à ambição, ao sofrimento e ao fracasso.

Ele encarnava as quatro virtudes.

Corajoso. Forte. Bondoso. Sábio.

É uma combinação divina, porém alcançável.

O exemplo de Lincoln está diante de nós. Talvez nunca o alcancemos, mas temos o dever de nunca parar de tentar nos aproximarmos dele.

PRATIQUE A EMPATIA

Ela só entendeu quando pulou no meio dos animais.

Se Temple Grandin não se preocupasse a ponto de pular em meio às vacas, não teria percebido.

O gado estava recuando e resistindo a entrar no curral de vacinação. Os vaqueiros queriam forçá-lo a passar, mas ela teve outra ideia. “Entrar no curral era a coisa óbvia a fazer”, explicou. “Eu sabia que precisava *ver* as coisas do ponto de vista da vaca para entender e resolver o problema.”

No fim das contas, uma corrente solta estava batendo no portão de metal, assustando os animais e causando sofrimento desnecessário às vacas durante um procedimento veterinário de rotina.

Temple Grandin era autista. Ficou famosa, porém, pela empatia, em especial para com os animais. Foi Grandin quem inventou um dispositivo de contenção que reduziu de forma significativa o estresse das vacas durante o processamento industrial. Foi Grandin quem percebeu até que ponto fatores antes ignorados, como iluminação e ruído, contribuíam desnecessariamente para o estresse e a agitação dos animais em instalações de tratamento de rebanhos. Ao reduzir esses problemas, ela tornou a vida dos animais melhor.

Existe um termo em alemão, *umwelt*, que significa *senso do mundo*: a experiência de ser uma pessoa, um urso-polar ou um tatuzinho-de-jardim. Todas as pessoas e todas as experiências vividas são diferentes. Porém, na maior parte do tempo ignoramos por completo os outros mundos que são *o mundo inteiro* de outra pessoa ou de outro ser vivo.

É uma curiosidade básica. Como alguém pode não querer saber como é ser outro?

Uma simples câmera bastou para Grandin entender o que as vacas viam. "O gado, os cães e a maioria dos animais são dicromatas", explicou ela, "enxergam o azul, o amarelo e passam batido com o vermelho. Mas enxergam o contraste melhor que nós". Ao tirar fotos em preto e branco, ela se aproximou do *umwelt* das vacas e logo percebeu por que algo tão banal como uma mangueira no chão ou uma sombra poderia ser apavorante.

"Eu fui uma das primeiras pessoas a perceber que o gado sente medo de coisinhas que tendemos a não perceber", disse ela, dando de ombros, sobre essa enorme descoberta relacionada ao bem-estar animal. Porém, mais uma vez, não foi só o fato de ter percebido. Foi ter *se importado* o bastante para perceber.

A empatia exige coragem, seja para pular no meio de um curral, seja para conversar com quem discorda de você; disciplina, para controlar as próprias emoções; senso de justiça, para lutar de forma legítima pelos interesses de alguém, não apenas pelos seus; sabedoria, a curiosidade para explorar e depois a sensibilidade para transformar essa informação em compreensão.

Talvez a maior habilidade de Lincoln fosse a empatia. Ele abominava a escravização. Quase toda a carreira política dele se baseou na resistência à expansão dos poderes escravistas que haviam tomado conta dos Estados Unidos e traído os princípios fundamentais sobre os quais o país tinha sido fundado. Ainda assim... ele parecia entender perfeitamente por que os donos de escravizados pensavam e agiam daquela forma.

Ele entendia a culpa e o medo que sentiam. Tentava pensar em como devia ser ter toda a sua economia e sua identidade baseada em torno da escravização, ser bombardeado com propaganda política e mentiras pela imprensa e pelos púlpitos a vida inteira. Como isso afetava o indivíduo? A escravização, Lincoln compreendia, era "altamente sedutora para os jovens irrefletidos e levianos": era uma forma de poder inebriante e uma evidência indiscutível de riqueza. Ele captou que os privilégios desse sistema distorciam a própria realidade em que os sulistas viviam.

Essa empatia não significava que Lincoln aceitasse a lógica deles, tampouco que perdoasse seus crimes, pois ele também refletiu muito sobre como era ser propriedade de outra pessoa, ter seu trabalho esbulhado, apenas por causa da cor de sua pele. "Eu já fui um escravo", disse Lincoln, a respeito de sua infância triste e sofrida, em que o pai não lhe poupou o chicote. Ele nunca temeu ser vendido rio abaixo, mas sabia o que era *errado*.

Durante a guerra, o interesse de Lincoln na vivência dos negros norte-americanos lhe permitiu libertar a chave do poder negro — espiritual e fisicamente. "O negro, como outros povos, age por um motivo", afirmou, explicando tanto a lógica da Proclamação de Emancipação como a da 13ª Emenda à Constituição dos Estados Unidos. "Por que ele faria algo por nós se não fizermos nada por ele? Se ele põe em jogo sua vida por nós, deve estar movido pelo mais forte motivo, até pela promessa de liberdade. E, tendo sido feita a promessa, ela deve ser cumprida."

Você pode sentir empatia sem aceitar ou desculpar. Lincoln decerto agia assim.

James Baldwin também, quando tentou entender o que levava um xerife sulista a atacar e agredir manifestantes. "Veja bem", afirmou, "ninguém pode ser menosprezado como um monstro completo. Tenho certeza de que ele ama a esposa e os filhos. Tenho certeza, sabe, de que ele aprecia uma bebida. Afinal, no fim das contas, é preciso supor que ele é, visivelmente, um homem como eu". O que impressionou Baldwin foi que os próprios xerifes não pareciam entender o que os levava a agir como agiam, o que os impelia a ameaçar e perseguir. "Algo terrível deve ter acontecido a um ser humano para ele ser capaz de encostar nos seios de uma mulher com um bastão de dar choque no gado", declarou. "O que acontece com a mulher é abominável. O que acontece com o homem que age assim é, de certa forma, muito, muito pior."

Trocar a raiva pela empatia não reduz nosso compromisso com a justiça. Apenas nos permite ver o que de fato está acontecendo.

No entanto, agora temos Elon Musk fazendo alegações, e pelo visto acreditando nisso, de que "o ponto fraco fundamental da civilização ocidental é a empatia". Como é que é?!

A empatia é tanto uma habilidade prática como moral. Temple Grandin a utilizou para resolver um problema profissional.

Durante a presidência de Lincoln, houve uma famosa crise diplomática. Um navio dos Estados Unidos capturou dois "diplomatas" confederados a bordo de uma embarcação britânica, a caminho de Londres. Os britânicos denunciaram uma grave violação do direito internacional e deram a Lincoln sete dias para pedir desculpas, sob ameaça de guerra.

No dia de Natal, seu gabinete se reuniu para avaliar o caso. Lincoln queria manter os prisioneiros. Porém, em vez de dar ordens ao gabinete, propôs um exercício: o secretário de Estado William Seward passaria algumas horas preparando por escrito a melhor argumentação possível da posição britânica, enquanto o próprio Lincoln cuidaria dos argumentos de seu país.

Para surpresa de Seward, Lincoln desistiu quase de imediato após ouvir Seward ler seu relatório. Lincoln havia tentado bolar uma argumentação mais robusta que a dos britânicos, mas concluiu, ao testar suas ideias, que não conseguiria. "Presidentes e reis não estão aptos a enxergar falhas em seus argumentos", escreveria mais tarde um membro da equipe que testemunhou essa interação. "Contudo, para a sorte da União, ela tinha naquele momento um presidente que combinava um intelecto lógico a um coração generoso." Era uma qualidade que Lincoln havia aprimorado como advogado: como entender a argumentação da outra parte tanto quanto a própria. E, por conta do caráter singular da lei de fronteiras, Lincoln havia atuado em diferentes ocasiões na defesa e na acusação, participado de processos contra e a favor das empresas ferroviárias... aprendendo, assim, a se colocar no lugar do juiz ou dos jurados.

Empatia é se importar. Também é ser sagaz.

Com excessiva frequência, esquecemos até que *existe* outro ponto de vista.

A consciência de si e a empatia são uma combinação de primeira qualidade. Juntas, criam uma sabedoria que salva vidas.

Alguns são naturalmente melhores nisso que outros? Com certeza, da mesma forma que alguns têm mais aptidão em matemática ou design. Contudo, isso só significa que precisamos nos dedicar. Lincoln teve que *aprender* a aplicar a empatia em provações extremas, em relação a inimigos de verdade. Elon Musk parece estar tentando *não* aprender, apesar de sua incrível influência e responsabilidade.

Não existe arte sem empatia. Não existe sucesso de longo prazo sem empatia. Não existe política. Nem compromisso, nem colaboração, nem criatividade.

A empatia nos deixa abertos a tudo e a todos.

SEJA HUMILDE

O ano era 2004, e os furos no dossiê que justificou a invasão do Iraque começavam a aparecer. O famoso discurso "Missão Cumprida" de George W. Bush já estava envelhecendo mal.

Quando foi pressionado pelo jornalista Ron Suskind sobre os possíveis pontos fracos das políticas do governo norte-americano, um conselheiro de alto escalão de Bush explicou que as críticas eram uma compreensão errônea daquilo que ele minimizou como a "comunidade baseada na realidade": especialistas, jornalistas, diplomatas, historiadores e acadêmicos, com seus "estudos criteriosos da realidade discernível". Tudo aquilo era ingênuo e antiquado, explicou o conselheiro, porque os Estados Unidos eram "um império agora e, quando agimos, criamos nossa realidade. E, enquanto vocês ficam estudando essa realidade, criteriosamente, como o fazem, nós estaremos agindo de novo, criando outras realidades novas, que vocês também podem estudar, e é assim que as coisas vão acontecer. Somos os atores da história... e restará a vocês, todos vocês, apenas estudar o que nós fazemos".

Era o tipo de coisa que os atenienses poderiam ter dito antes de enviar seus barcos a Siracusa. Que Napoleão poderia ter dito antes de rumar para a Rússia. Ou que os generais japoneses, em uma ilha dependente de matérias-primas estrangeiras, poderiam ter dito antes de iniciar uma guerra mundial.

A Guerra do Iraque, como esses outros desastres (militares ou não), nasceu da arrogância.

Quando o estudo não resulta em humildade, de nada vale, pois o passado funciona como um catálogo dos enormes custos da egolatria, da impaciência, da convicção, da pressa, do pensamento mágico. A história é, como disse um historiador, "o registro das consequências acidentais". Até o passado recente nos relembra: esteja preparado. Desacelere. Avalie minuciosamente.

A soberba antecede a ruína, como postula Provérbios 16:18.

Talvez seja por isso que a sabedoria, enquanto virtude, às vezes seja apresentada como *prudência*. Nossa experiência, somada ao rol de experiências do passado, não pode ensinar uma lição mais evidente que a de nossas limitações, da falibilidade humana e do preço da arrogância.

Na escalada rumo a outra trapalhada famosa, um dos consultores de Lyndon Johnson escreveu um memorando para o presidente. Começava com uma citação de Emerson: "As coisas subiram na sela e montaram na humanidade." O assessor explicou que "o problema constante mais complicado" de Johnson no Vietnã do Sul "era impedir que as 'coisas' subissem na sela — ou, em outras palavras, manter o controle da situação e não se deixar levar pelo desenrolar dos acontecimentos". Arrogância desde o princípio: os acontecimentos sempre estiveram na sela, e não foi apenas Johnson, e sim uma *cadeia* de presidentes e generais dos Estados Unidos que acreditaram poder criar uma realidade própria no Sudeste Asiático... decisões pagas com o sangue de soldados norte-americanos e de civis no Vietnã, no Laos e no Camboja.

Se alguém pelo menos tivesse pegado um desses sujeitos — de Napoleão a Kissinger e a Bush — e dito a eles, como na famosa frase de Oliver Cromwell: "Eu vos suplico, pelas entranhas de Cristo, que considerem a possibilidade de estarem errados." O mais triste é que teve gente que pensou isso. Muitas vezes. Foram assediadas por críticas, bombardeadas de alertas. Os poderosos de plantão tiveram acesso a todo tipo de informação. Foram em frente mesmo assim.

Havia tantos precedentes com os quais aprender. Tanta coisa que não era preciso aprender por meio de dolorosas tentativas... e erros catastróficos.

Das 59 frases que decoravam o teto de Montaigne, uma boa parte tratava de alguma forma de humildade intelectual. "Quem pensa saber algo ainda não conhece nada", da carta de São Paulo aos Coríntios. Do Eclesiastes: "Todas as coisas são trabalhosas; o homem não pode entendê-las." De Isaías: "Ai de quem é sábio a seus próprios olhos." De Sócrates: "A falta de piedade acompanha o orgulho como um cachorro."

Algo que não se vê nos *Ensaios* de Montaigne são muitas expressões de certeza. Não, ele só está contando o que ele *pensa*. Ele supõe, acredita, pondera etc. Não o faz por cautela, e sim por ter a disciplina de respeitar a disciplina do aprendizado; ele está ciente de suas limitações, ciente das insanidades humanas. É isso o que mais o incomodava no preconceito e nas perseguições de sua época: a absoluta arrogância e convicção de quem os perpetrava. Como eles *sabiam*?

Se a sabedoria não baixou a sua bola, então você não possui sabedoria.

Certa vez, um estudante contou a Richard Feynman a história de um macaco que transformou um pedaço de pau em uma ferramenta, ao descobrir que ele podia ser usado para pegar guloseimas que estavam fora de sua jaula. Para o estudante, era uma metáfora da nossa capacidade de combinar conhecimento e tecnologia para aprimorar nossa condição. Feynman tinha um viés muito mais propenso à humildade — porém também empoderador — sobre isso. "O que eu aprenderia da sua história", disse, sorrindo, "é que, se um macaco é capaz de fazer uma descoberta, você também é".

Por mais poderoso e sábio que fosse, Lincoln sabia quem estava montado na sela. "Não considero ter controlado os acontecimentos", escreveu em uma carta de 1864, "mas confesso simplesmente que os acontecimentos me controlaram". Ele compreendia, até certo ponto, que não era possível manipular soldados e políticos como peças de xadrez. Ele não podia estalar os dedos e transformar a opinião pública ou a natureza humana. Muitos radicais, até entre seus aliados, se sentiam o tempo todo frustrados com aquilo que enxergavam como sua cautela e lentidão. No entanto, Lincoln entendia que a transformação não apenas leva tempo como também exige esperar as oportunidades certas, que é impossível simplesmente concretizá-las com base na vontade.

A vida ensinou isso a ele.

Você aprendeu essa lição?

Com uma facilidade impressionante, o conhecimento infla nosso ego. Com uma facilidade impressionante, o sucesso nos torna estúpidos.

Os tolos quase nunca são humildes, mas as pessoas brilhantes muitas vezes são.

Não é que você esteja *sempre* errado. Contudo, entenda que você sempre *pode* estar. O que a sabedoria tem de irônico é que, quanto mais inteligente a pessoa fica, menos sente necessidade de parecer inteligente. Menos precisa ter razão. Mais à vontade fica com a incerteza e a ambiguidade e, é óbvio, com a *humildade.*

A experiência deveria diminuir o ego, em vez de aumentá-lo. O estudo deveria nos tornar menos convictos, e não mais.

Esse é o poder da pergunta de Montaigne: *Que sais-je?* [O que eu sei?] A resposta, em geral, na verdade quase sempre era: *Não muito!* Ao abraçar a humildade, aprendemos. Porque, como sabemos pouco, isso significa que há muito a aprender. A curiosidade é uma janela aberta. A certeza é uma porta fechada.

Continue aberto.

Continue humilde.

É o caminho mais sábio.

E pode muito bem salvar você de um desastre.

SEJA SEMPRE APRENDIZ

Ele era idoso.

Era o líder mais sábio de seu tempo.

E, no entanto, lá estava ele, saindo do palácio, levando suas leituras.

"Aonde você vai?", perguntou um amigo.

"Estou indo ver Sexto, o Filósofo", respondeu Marco Aurélio, "para aprender aquilo que ainda não sei".[23]

Ele não mandou o professor ir até ele. Era algo maravilhoso de observar, comentou o amigo: um rei que ainda pegava suas tabuletas e saía para estudar.

Entretanto, é o que fazem os sábios. Eles não aprendem só quando são jovens, e sim a vida inteira. Eles se identificam como *estudantes*, e não como pessoas que alcançaram a sabedoria. Não se enxergam como melhores ou diferenciados. São apenas como todo mundo, sempre aprendendo, precisando ser ensinados.

"Até quando uma pessoa é obrigada a estudar a Torá?", perguntou Maimônides. "Até o dia de sua morte." "Em patente alguma", gosta de dizer o general Mattis, "um fuzileiro é dispensado de estudar". Não importa se você é soldado ou presidente, CEO ou estagiário. Não importa se você é jovem ou idoso, sua educação é sua responsabilidade. E é algo que continua, de forma indefinida e incessante — pois sempre há novas terras por descobrir, novas lições a aprender e algumas velhas a reaprender.

Aos 20 anos, Martin Luther King pai (então conhecido como Mike King) se deu conta de que o ensino proporcionado nas es-

---

[23] Por acaso, Sexto era provavelmente neto de Plutarco.

colas racialmente segregadas era fraco e que, no fundo, seu grau de instrução era o equivalente ao quinto ano de uma instituição para brancos. Por isso, com humildade, ele voltou a estudar para obter aquilo a que tinha direito. Da Vinci aprendeu latim sozinho aos 42 anos. Na mesma idade, Neil Peart, então provavelmente o maior baterista do mundo, começou a ter aulas com Freddie Gruber, um professor de jazz que tinha trabalhado com muitos de seus semelhantes. "O que é um mestre, senão um estudante de maestria?", dizia Peart, com humildade. "E, se é assim, então há a responsabilidade de continuar melhorando e explorando os caminhos da sua profissão." No dia em que completou 60 anos, a chanceler alemã Angela Merkel assistiu a uma palestra sobre as relações entre Europa e Ásia no século XIX.

Stefan Zweig não conheceu bem a obra de Montaigne, algo incomum para um homem tão adepto à leitura, até quase chegar aos 60 anos. Ele encontrou um exemplar dos ensaios de Montaigne em um porão enquanto fugia dos nazistas. "Certos escritores só se revelam a nós em uma certa idade e em momentos propícios", declararia Zweig em sua biografia (sua última obra) sobre o homem que o encontrou no fundo do poço.

É por isso que devemos permanecer estudantes: não sabemos o que o futuro nos reserva, o que vamos precisar aprender.

Em alguns momentos, isso vai ser esquisito? Voltar a ser principiante? Ter que fazer perguntas básicas? Sentar-se em uma sala de aula, como todo mundo? Admitir que só agora está aprendendo alguma ideia ou algum texto clássico? Ainda estar na luta quando todo mundo já desistiu? Talvez. Contudo, a indiferença de Sócrates à opinião alheia sobre ele cai bem aqui. "Quando alguém ri de nós por irmos à escola na nossa idade", disse ele, "eu cito Homero: 'A modéstia não convém a um homem necessitado.'"

O processo mais importante da carreira de Lincoln foi, na verdade, um do qual ele foi basicamente afastado. Lincoln tinha sido contratado pela empresa McCormick Reaper devido a seu conhecimento de patentes e prestígio local, mas ele foi logo superado e ofuscado por outros advogados (entre eles Edwin Stanton, seu futuro secretário de Guerra).

Excluído do processo, Lincoln foi informado de que podia voltar para casa, que seria pago de qualquer forma. Mesmo assim, ele decidiu ficar e observar, embora tenha sido impedido de apresentar argumentos e tenha sido ignorado de propósito pelos outros advogados, que se recusavam até a falar com ele, que dirá informá-lo dos desdobramentos do caso.

Essa situação poderia ter sido humilhante para um ex-deputado, mas Lincoln nunca reclamou. Simplesmente comparecia e assistia. No fim, disse a um amigo que iria para casa "estudar o direito". "Agora você é o diretor da ordem dos advogados em Illinois", respondeu o amigo, surpreso. "Do que você está falando?" "De fato eu ocupo um bom cargo", admitiu Lincoln, "e acho que posso viver bem da forma como as coisas estão agora. Mas esses senhores formados pelas faculdades, que dedicaram a vida inteira ao estudo, estão vindo para o oeste, você não vê? Talvez passem meses estudando um só processo, como nunca fazemos. Eu sou tão bom quanto qualquer um deles e, quando chegarem a Illinois, estarei pronto para eles!"[24]

Aprender mantém você jovem, ainda que a sabedoria acrescente anos à sua vida.

Então, o que você está estudando? Para onde está retornando como se fosse um principiante?

Cada papel novo, cada fase nova na vida exigirá e demandará uma nova sabedoria. Assim como nossos êxitos pregressos foram construídos com base no esforço que dedicamos muito tempo antes, quais êxitos futuros estamos semeando com nossas leituras, viagens, perguntas e nossos mergulhos profundos?

---

[24] Em 1860, um biógrafo de campanha exagerou a instrução de Lincoln ao afirmar que ele conhecia bem a obra de Plutarco. Quando Lincoln se deparou com isso no jornal, logo transformou a declaração em verdade, começando a estudar Plutarco aos 51 anos. Plutarco se tornou um de seus escritores preferidos, e esse episódio, uma de suas anedotas favoritas.

É bem verdade que os cientistas tendem a fazer suas maiores descobertas quando são jovens. Os músicos escrevem a maioria de seus sucessos quando estão começando. Os jovens costumam ser brilhantes, mas é raro que sejam sábios. É só com o tempo e a experiência que alguém pode se tornar plenamente capaz de *compreender* as ideias em seu trabalho.

A idade não é uma desculpa. Afinal, como disse Diógenes, ao nos aproximarmos da linha de chegada de uma corrida, temos que acelerar, e não o contrário.

Além disso, existem algumas coisas que só então começamos a entender. A canção "Father and Son" ("Pai e Filho"), de Yusuf Islam/Cat Stevens, foi gravada originalmente em 1970, quando o próprio Yusuf tinha apenas 22 anos. No entanto, em 2020 ele a regravou, colocando sua voz de 22 anos em dueto com seu eu de então, com 72. A mesma música, a mesma letra, cantada pelo mesmo homem… e, no entanto, é algo diferente, novo e mais profundo. Porque as cinco décadas de experiência na vida real, criando os próprios filhos, vivendo desempenhando os dois papéis, ajudaram Yusuf a compreender melhor sua obra e a eterna luta de uma geração para se conectar com a outra.

É por isso que retornamos ao que lemos muito tempo atrás, por isso viajamos de volta a lugares onde já estivemos, por isso reconsideramos as premissas e crenças que adquirimos quando éramos jovens.

Domínio.

Redomínio.

Descoberta.

Redescoberta.

Ainda estamos no começo. Ainda aprendemos apenas uma fração do que é possível saber. Isso deve nos manter humildes. Deve nos deixar empolgados.

Disce quasi semper victurus
Vive quasi cras moriturus

Aprenda como se você fosse viver para sempre,
Viva como se fosse morrer amanhã.

Permaneça curioso. Permaneça ávido. Continue aprendendo. Continue crescendo.

SEJA MESTRE

Era o primeiro dia de treino dele como profissional. Bill Russell entrou na quadra como jogador do Boston Celtics, um novato desengonçado de 2,08 metros em um time que era potência permanente da Conferência Leste da NBA, repleto de veteranos do All-Star Game que vinham de dez anos seguidos disputando os mata-matas decisivos.

Tendo ciência de que ninguém ganha tempo na quadra logo de cara, Russell estava preparado para uma temporada de estreia longa e solitária. Entretanto, a primeira coisa que Arnie Risen, pivô dos Celtics que disputou quatro All-Star Games, disse a ele foi: "Depois do treino tenho umas coisas para te mostrar."

Menos de uma década depois de Jackie Robinson quebrar a barreira racial no beisebol, um jogador branco consagrado estava dedicando o próprio tempo para dar aulas ao novato que, todos sabiam, estava ali para tomar o lugar dele. Arnie explicou a Russell como a liga funcionava, o que esperar de diversos jogadores. Mostrou a Russell alguns truques na quadra.

Arnie estava desistindo? Não, ao contrário, como Russell refletiu tempos depois. Arnie Risen "queria que o time ganhasse mais do que queria continuar". Russell tomou a posição de titular, mas, juntos, os dois conquistaram o título de 1957.

Nenhum grande atleta nasce 100% pronto. Eles aprendem com os treinadores. Recebem o apoio dos companheiros de equipe. Até adversários e críticos, de certa forma, os ajudam a melhorar. Com isso, surge uma dívida, que não há como retribuir, só há como pagar repetindo a ação. É isso o que Arnie Risen estava fazendo.

É isso o que nós também devemos fazer.

Cada um de nós, em nosso tempo nesta Terra, conseguiu aprender algumas coisas. Lemos sobre história. Testemunhamos um pouco dela. Cometemos erros. Também tivemos professores, mentores e amigos que nos ensinaram.

Mesmo que tivéssemos de fato alcançado nossas conquistas sem receber ajuda de ninguém, nosso conhecimento nos atribui uma responsabilidade. Aquilo que possuímos é especial e precioso. Não é para ser guardado de forma possessiva, e sim compartilhado.

Não ensinar é uma injustiça!

Esse foi o ponto de virada crucial na vida de Sidarta Gautama. Foi sua jornada individual que lhe propiciou a iluminação, mas o que fez dele o *Buda* foi a decisão de não se retirar na solidão e no sossego; em vez disso, ele tentou ensinar e ajudar os outros. Durante quase meio século, ele levou sabedoria a homens e mulheres por toda a Índia, impulsionando uma tradição de ensino e uma árvore sagrada que sobrevive até hoje.

Essa também é uma das ideias mais notórias da filosofia ocidental. Precisamos imaginar, disse Platão, que estamos todos acorrentados dentro de uma caverna profunda, capazes de enxergar apenas as sombras do que está acontecendo do lado de fora. Digamos que um de nós fuja e consiga descobrir o que está acontecendo no mundo exterior. Não temos a obrigação de retornar à caverna para explicar aos outros o que sabemos? De libertá-los, tanto literalmente como em sentido figurado, de suas correntes e ilusões?

É óbvio que temos.

O que você acha que Platão estava fazendo? Passando adiante as verdades que Sócrates lhe apresentou. E Aristóteles não estava repassando as verdades que Platão lhe havia mostrado? É isso que significa ser um apóstolo. Cada um de nós foi ensinado… e agora temos que ensinar.

Mesmo que atrapalhe nosso interesse pessoal, mesmo que isso às vezes pareça um fardo.

Richard Feynman e Marie Curie, como todos os acadêmicos, aceitavam que seus privilégios universitários implicavam obrigações de ensino: papelada, orientação de dissertações, alunos de graduação e seus problemas pessoais. Eles, como todos os professores, treinavam seus futuros substitutos, assim como Gregg Popovich foi mentor e conselheiro de treinadores e executivos que derrotaram os Spurs e aliciaram seus jogadores. Wally Pipp, que foi substituído por Lou Gehrig no time de beisebol do New York Yankees em 1925, estava nas arquibancadas em Detroit no dia em que a histórica série invicta de Gehrig terminou. E, assim como Pipp abriu espaço para Gehrig, este, por sua vez, foi elegante e apoiou a Babe Dahlgren, que tomou seu lugar. "Vá em frente, entre lá e rebata algumas bolas", disse a ele.

Antonino só se tornou sucessor de Adriano sob a condição de treinar Marco Aurélio para sucedê-lo. É justo? Evidentemente, no sentido de que *todos* nós seremos sucedidos por alguém. No entanto, isso não significa que ele sempre gostava da situação. Nosso ego vai nos impedir de cumprir nosso dever?

A sabedoria se preocupa com o progresso, e não consigo mesma. Cada um de nós é um receptáculo... que não é permanente. É inevitável que sejamos todos substituídos em algum momento.

Conhecimento é poder, como dizem, mas, assim como o poder concedido a Antonino, há um preço a ser pago. Devemos algo aos nossos professores. Também devemos algo aos outros no presente e às futuras gerações. Essa dívida, na descrição de Stockdale, é o *magistério*.

Contudo, estamos enganados se encararmos isso como simples caridade, como uma espécie de obrigação moral — também obtemos algo em troca. "O processo é mútuo", disse Sêneca a respeito da mentoria, "pois o homem também aprende enquanto ensina".

Ao ajudar os outros, somos forçados a avaliar nossa forma de pensar, a refletir sobre nossas experiências. Ao nos sentarmos para escrever, transformamos em conhecimento aquilo que antes era intuição. E, ao escrever isso para outra pessoa, praticamos a empatia e a compreensão. Feynman disse que quando alguém é *incapaz* de fazer isso, quando é *incapaz* de explicar aquilo que sabe em termos diretos e simples a outra pessoa, é porque ela mesma não entende direito o que sabe.

Aprendemos ao ensinar.

Alguém foi nosso mentor. De quem somos mentores? Tivemos nosso comitê de diretores. Entretanto, passamos a fazer parte do conselho de administração?

É disso que se trata agora.

Precisamos voltar à caverna.

Precisamos trazer outros à luz, conosco.

ACOLHA O MISTÉRIO

O poeta John Keats descobriu que, quanto mais aprendia sobre a existência, menos a entendia. Quanto mais ele tentava dominar ou explicar a essência de algo, mais esta lhe escapava.

O grande talento do artista, então, segundo ele, seria a "capacidade negativa", a habilidade de sentir "incertezas, mistérios, dúvidas, sem qualquer busca irritável por fatos e razão". Ele explicava que a compreensão era como entrar em uma imensa "mansão de muitos apartamentos". Os primeiros quartos são simples e luminosos, o que ele chamava de "o quarto dos bebês ou não pensantes". Enquanto não pensarmos nem questionarmos muito, podemos permanecer contentes neles. Porém, quanto mais exploramos, quanto mais avançamos pela mansão, mais "estamos na névoa", nas palavras dele. Perdemos nossas referências. Deparamo-nos com trevas e confusão. Sentimos, segundo ele, o "fardo do mistério".

Esse é o mundo do artista, é óbvio — sobretudo o do poeta. O desconhecido. O inefável. O majestoso. A vastidão da experiência humana. Para o artista, não existe preto e branco… mesmo quando pinta ou fotografa dessa forma.

Contudo, espere: a sabedoria não é a capacidade de simplificar as coisas? É. E a verdade simples é que *as coisas são complicadas*. Seria maravilhoso se o estudo e a maestria levassem à certeza.

Entretanto, é quase certo que não levarão.

"Já faz algum tempo", alertava o almirante Rickover aos jovens, "que acho que alguns de nossos males do presente se originam dessa crença infantil na existência de respostas perfeitas. É preciso ter certo grau de maturidade para se dar conta de que toda solução é parcial". E que todas as conclusão são retratos de um momento, estimativas, suposições.

A arte, a liderança e a iluminação exigem a capacidade de lidar com a ambiguidade. Demandam uma forte tolerância à contradição. Você tem que ser capaz de lidar com o mistério e a névoa. Porque os dois nunca desaparecem.

Quando o físico John Wheeler disse que, à medida que nossa ilha de conhecimento cresce, também cresce o litoral da ignorância, ele não estava falando apenas das possibilidades sem fim de todas as coisas que aprendemos; também se referia à forma como o conhecimento e a perplexidade parecem acompanhar um ao outro. Porque estamos expandindo nosso limite superior. Porque estamos descobrindo novos casos, novas situações, novos cenários que exigem uma reavaliação de tudo que acreditávamos saber.

Os filósofos orientais compreenderam isso melhor que os ocidentais. Quem conhece o significado de alguns daqueles famosos *koans*, os enigmas zen? Qual *é* o som das mãos batendo palmas? O que *é* o Buda? Talvez nem eles soubessem. Contudo, lidar com os *koans* tinha algo que levava às revelações. Eles tinham a mente mais robusta para aceitar que a lógica e o paradoxo têm seu lugar.

Certa vez, Confúcio declarou a um discípulo que o segredo da sabedoria é a paciência. Em outra ocasião, disse a outro aluno para parar de ficar esperando e resolver logo seus problemas. Um terceiro estudante, observador, ponderou que o grande mestre estava se contradizendo. Decerto, só uma estratégia é a apropriada. Confúcio descartou esse pedantismo. "Ran Qiu é cauteloso demais", explicou, "e por isso eu o instigo. Zilu, por sua vez, é impetuoso demais, então eu busquei refreá-lo".

Todo mundo é diferente. Toda situação é diferente.

A sabedoria não é rígida.

De Catão, Montaigne disse com a devida admiração que, se você tocasse uma de suas teclas, havia tocado todas. Queria dizer, com isso, de maneira elegante, que o outro era um homem de uma nota só. No entanto, no caso de Montaigne, o fascinante é que ele era o contrário. Em suas palavras, ele era "acanhado e insolente; casto e lascivo; tagarela e taciturno; grosseiro e delicado; engenhoso e estúpido; desgostoso e agradável; mentiroso, sábio e ignorante; liberal, avarento e esbanjador". Ele era um espírito livre. Mudava. Crescia. Sua mente alçava voos. Foi o que o tornou tão curioso, sob uma perspectiva intelectual, de uma forma que Catão não era. Isso permitiu a Montaigne sobreviver às brigas civis e unir as pessoas de um jeito que Catão não seria capaz, por sua formação. "Se eu falo de mim de diversas formas, é porque eu me vejo de diversas formas", dizia de suas contradições e complexidades.

Séculos depois, Whitman diria isso nos seguintes termos:

Se me contradigo?
Pois muito bem, eu me contradigo,
(Sou imenso, contenho multidões.)

Essas multidões não podem nos reter. "O teste de uma inteligência de primeira linha", relembra-nos F. Scott Fitzgerald, "é a capacidade de manter duas ideias opostas na mente ao mesmo tempo e ainda assim conservar a capacidade de funcionar".

Entretanto, isso também transformaria muitos tolos em gênios — acreditar em um monte de ideias obviamente contraditórias também é uma marca de uma mente frágil. Como é evidente, trata-se de um equilíbrio complicado.

Pense nisto: se a sabedoria não é um estado final, e sim um processo, então nunca atingiremos uma verdadeira compreensão total. Sempre existirão perguntas não resolvidas, já que ainda estamos em meio à *busca pela solução*. Haverá variáveis que ainda não levamos em conta. Haverá peças que não se encaixam.

Temos como tolerar a confusão?

Se não conseguirmos tolerar, não iremos muito longe.

Um grande negociador disse certa vez que as pessoas incapazes de lidar com a incerteza conseguem a certeza... pagando por ela. Quem quer e precisa que as coisas sejam simples simplifica as coisas... muitas vezes à custa de tudo que poderiam ter aprendido.

Os budistas falam que isso é convidar Mara, o deus da ira, para tomar chá. Também precisamos nos sentar com Dionísio, o deus do caos e da desordem, de vez em quando.

A incerteza é um fato da vida. A contradição, também.

Não apenas o coração humano está em conflito constante consigo mesmo; a verdade também!

Não inveje as pessoas que eliminaram a sutileza e a nuance da própria vida, as que transcenderam a dúvida. Elas vivem em um mundo sem graça, chato e falso.

O artista se realiza no indescritível. O físico pondera o invisível. O filósofo conjectura sobre o incompreensível.

Esta é uma arte que somos capazes de praticar: passar algum tempo refletindo sobre algo que não faz o menor sentido. Consumir ficção, arte, fantasia e mitos. Lincoln apreciava a precisão euclidiana tanto quanto a estranha obscuridade dos poemas de Edgar Allan Poe. Não sabemos se Lincoln leu Keats, mas os dois tinham em comum o amor pela beleza — e complexidade — da poesia. Dizem que Lincoln era capaz de citar de cor quase toda a obra de Robert Burns. Ele conhecia Byron e Shakespeare. Declarara certa vez que daria todo o dinheiro que tinha para escrever algo tão bom quanto o poema "Mortalidade", de William Knox.

Lincoln entendia melhor que ninguém a necessidade de nuance. Foi por isso, também, que preencheu seu gabinete com pessoas que discordavam dele.

Converse com pessoas cujas ideias você não compreende. Leve-as a sério. O tolo se apoia em caricaturas falsas dos argumentos de seus adversários. Assim, nunca se sente ameaçado de verdade. Assim, nunca precisa encarar a assustadora possibilidade de admitir que duas coisas possam ser simultaneamente verdadeiras.

A pessoa sábia, por sua vez, não apenas resiste a caricaturar as ideias das quais discorda como também *as fortalece*. Não foca o superficial; procura compreender e detalhar o cerne — os pontos mais fortes — das opiniões alheias. Sabe aquilo que pensa, assim como também possui a empatia e a confiança para entender e levar em conta o que o outro pensa. Sua cabeça consegue lidar com ambos os pontos de vista, e, mesmo que depois dê preferência a um, é capaz de compreender as razões (ainda que tolas) para alguém pensar de outra forma.

Não é apenas uma questão de justiça e gentileza... isso também nos ajuda a entender melhor nosso ponto de vista e trabalhar os pontos fracos dele.

Acolha a imensidão, as contradições e a impossibilidade de saber.

Seja flexível.

Acostume-se a expandir os limites da mente.

Entenda que você nunca vai entender tudo.

TENHA CONSCIÊNCIA DE SI

Montaigne, homem brilhante, poderia ter sido um político importante. Poderia ter feito descobertas revolucionárias na ciência e na biologia. Poderia ter escrito obras literárias incríveis.

Embora tenha se aventurado em todas essas áreas, o que ele preferiu estudar foi... a si próprio.

Ele dizia ter sido treinado, desde a infância, "a ver minha vida refletida na de outras pessoas", a observar de verdade como elas viviam e o que as motivava, fosse a vida de Sócrates, fosse a de alguma autoridade importante que estivesse na cidade para visitar seu pai. Ele as olhava com um espírito crítico... a fim de poder estudar a si mesmo da mesma forma.

Pode parecer um pouco sem sentido, mas, ao longo dos séculos, desde que o Oráculo de Delfos proclamou: "Conhece a ti mesmo", quantas pessoas de fato tentaram fazer isso? Entre todos os gênios e gigantes da história, quantos demonstraram um fiapo de consciência de si? Qual foi a última pessoa que você encontrou que tinha mesmo essa qualidade?

A consciência de si é uma das coisas mais raras do mundo!

É uma busca que leva a vida inteira. "Eu, que não tenho outra profissão a não ser conhecer a mim mesmo", afirmou Montaigne, "encontro em mim uma profundeza e variedade tão infinitas que meu aprendizado só tem como fruto me fazer sentir o quanto me resta aprender". Era uma busca egoísta, mas que ao mesmo tempo incita, por natureza, à humildade. Depois de anos pensando e escrevendo, Montaigne mal arranhou a superfície.

Quais são seus pontos fortes?

Quais são seus defeitos?

Do que você gosta? O que odeia? O que ama?

Quais são os hábitos que adquiriu na infância?

Como sua mente funciona? *Por que* ela funciona assim?

Quem é você, *de verdade*?

São perguntas essenciais, não menos do que qualquer uma das questões existenciais e científicas que recebem prêmios célebres. "Deve-se conhecer a si mesmo", relembra-nos o filósofo e matemático Blaise Pascal. "Mesmo que isso não ajude a encontrar a verdade, pelo menos nos ajuda a gerir a própria vida, e não há nada mais apropriado."

Sem ter sido examinada, a vida não é tanto uma vida, seja do ponto de vista prático, seja de qualquer outro.

A maioria das pessoas devia ter a impressão de que Montaigne não trabalhava. Com certeza a esposa, os amigos e vizinhos deviam estranhar o que ele ficava fazendo lá no alto daquela torre, naquelas caminhadas, em suas viagens errantes. Havia um objetivo? Por que ele não procurava ganhar dinheiro? Ou gastar sua energia em projetos mais produtivos?

Ambrose Bierce brincou certa vez que todo mundo é lunático, mas o lunático que compreende o próprio delírio é um *filósofo*. Montaigne compreendeu que a filosofia não era uma simples contemplação dos céus; também era passar o tempo contemplando o corpo que nos foi dado, nossa consciência, nossa vida, nossa loucura. Ele estava resolvendo a equação de si mesmo, em vez de algum teorema matemático complexo.

No fim da vida, ele conhecia um pouco de suas virtudes e seus defeitos, as monstruosidades, os milagres e as coisas mundanas que ele dizia existir dentro de si. Ele sabia qual era sua fruta favorita (o melão); sabia sua posição sexual favorita (deitado); sabia com quem gostava de passar o tempo (La Boétie, a filha, o gato); sabia que tinha tendência à preguiça; mas também sabia que seus melhores momentos eram quando não estava pensando demais ou sendo muito duro consigo mesmo.

Você tem consciência de si para compreender onde sua maestria começa e onde ela termina? Onde seu domínio e expertise começa e onde termina? Quais são seus pontos fortes? Qual é seu calcanhar de aquiles? O que motiva você? Quais são seus defeitos?

Uma das coisas fascinantes nas biografias é a facilidade com que reconhecemos certos padrões e certas características da personalidade das pessoas. A forma como alguém pode ser gentil com os subordinados, mas cruel com os parentes. A maneira como a espiral de alguém rumo ao fundo do poço tem uma nítida ligação com um trauma de infância, ou a forma como é óbvio que o sucesso de alguém foi impulsionado pela necessidade de provar algo que nunca poderia ser provado. *O que essa gente tinha na cabeça? Como não conseguiram enxergar isso?*

Após algumas centenas de páginas, você as conhece melhor do que, pelo visto, elas se conheciam!

Dotado de uma habilidade incrível de reconhecer as vulnerabilidades de outras pessoas poderosas e ambiciosas, Richard Nixon parece nunca ter sido capaz de aplicar esse talento a si mesmo. "O ego é algo que todos nós temos", disse Nixon certa vez, sem o menor sinal de ter consciência de si, "ou você supera isso, ou se deixa dominar. Eu superei".

Ah, é mesmo?

Elon Musk já disse que não precisa ser benquisto. Como é que é? Não é preciso ter um diploma em psicologia para ver que o homem quer *desesperadamente* ser benquisto. Quem postaria milhares de vezes por mês sem estar desesperado por atenção, afeto e adulação? É óbvio para qualquer um... menos para ele. No entanto, é triste que, apesar dessa necessidade, ele procure amor apenas nos lugares errados.

Até os filósofos podem ser acusados de hipocrisia. Diógenes, o Cínico, achava Platão pomposo. Convidado para um jantar, Diógenes sujou de propósito os sapatos e disse que estava pisando na "vaidade de Platão" ao manchar seus tapetes. Platão, por sua vez, mais calmo e mais sensato, pelo menos nessa ocasião, enxergou o que estava por trás do menosprezo de Diógenes pelos outros, algo que o próprio muitas vezes não percebia. "Quanta vaidade você expõe à vista", retrucou Platão, vendo aquela atitude infantil, "parecendo não ser vaidoso".

Preferimos olhar diretamente para o sol a nos olharmos no espelho...

Não é preciso viver até os 80 anos para se dar conta de que o trabalho não é o mais importante ou de que estamos tentando preencher um vazio ao fingir que é esse o caso. Não precisamos terminar a vida em total solidão, com o triste consolo de nossos feitos do passado, para enfim compreender que dinheiro, poder e fama têm pouco sentido. Dá para chegar lá com um pouco de reflexão.

E é provável que você não precise das "sacadas" que são atribuídas às substâncias psicodélicas ou aos xamãs. É, isso mesmo, tais epifanias estavam o tempo todo à disposição. É verdade, estavam em todos os livros de filosofia que já foram escritos!

Você poderia ter realizado esse esforço em seus cadernos, dia após dia, como fizeram Montaigne e Marco Aurélio, e chegado lá muito antes.

É por isso que Joan Didion relutou tanto em reduzir seus cadernos a uma mera ferramenta profissional. Embora tenha tirado enorme proveito de sua compulsão a escrever e fazer registros como escritora, ela acabou se dando conta de que havia algo mais profundo naquelas páginas às quais ela dedicou tantas manhãs, tardes e madrugadas.

Ao folhear trechos de diálogos que pôs no papel em uma estação de trem em Delaware, relembrar experiências de infância ou fatos sobre a poluição em Nova York, ela ficou se perguntando por que tinha se dado ao trabalho de anotar tudo aquilo. Era para usar algum dia? Era importante? Quem era essa pessoa que sentia a necessidade de registrar tantos detalhes a princípio banais?

Foi então que ela se deu conta de que *essa era a questão*. "Acho que vale a pena manter uma relação de reconhecimento com a pessoa que fomos um dia", comentaria ela anos depois. "Esquecemos depressa demais as coisas que achávamos que nunca iríamos esquecer." As páginas de um diário, ou de um caderno de referências, são uma espécie de fotografia instantânea — daquilo que estamos lendo ou vendo, assim como de nós mesmos. Muito antes de os smartphones oferecerem essa função, Didion percebeu que as "fotos" que ela tirava, sob a forma de diário, mostravam não apenas o que estava diante dos olhos como também capturavam a ela própria ao mesmo tempo. "Lembrar-se do que era ser eu", disse ela a respeito dos diários, "essa sempre é a questão".

Um diário é uma forma de consciência de si, porque conhecer a si mesmo não é apenas uma questão de quem você é neste instante (afinal, quem nós somos hoje é um produto de todos os "eus" que já fomos). Precisamos compreender quem nós fomos *antes* e por que fizemos o que fizemos; é assim que mudamos, é assim que tomamos decisões diferentes hoje, é assim que acertamos contas conosco e com os outros.

Seria uma pena desperdiçar sua vida inteira — e única — dentro desse corpo e mal conhecê-lo. Não podemos ser estranhos para nós mesmos. É maravilhoso visitar terras estrangeiras, mas isso nada significa se nosso âmago permanece inexplorado. Nossa mente não precisa ser uma caixa-preta. Se quisermos nos libertar de vícios e predisposições, precisamos encontrar uma forma de nos vermos com distanciamento, para chegar ao que está mais a fundo, para compreender as complexidades e multidões que nós contemos.

Quanta sabedoria perdemos por estarmos perdidos... e perdidos de nós mesmos.

Precisamos de empatia pelos outros... e de empatia por nós mesmos.

Por quem somos.

Porque somos quem somos.

Quem estamos tentando ser.

Conhece a ti mesmo.

LIBERTE-SE

Epicteto teria calafrios diante do chavão *conhecimento é poder*. Ainda mais se o ouvisse enunciado por algum aristocrata ou catedrático... coisa que, infelizmente, tantos filósofos já foram.

Epicteto nasceu escravizado. Os trinta anos cativo o deixaram manco pelo resto da vida, cortesia de um proprietário sádico que o torturava.

Tendo conhecido a *verdadeira* impotência, ele não seria tão leviano em relação ao que é liberdade ou poder.

Isso não quer dizer que não acreditasse, no fundo da alma, no poder da sabedoria.

Na época, em Roma, muitos acreditavam que apenas os homens livres eram dignos de receber instrução. Na verdade, dizia Epicteto, era o contrário. Só os instruídos, segundo ele, *eram livres*.

Sabedoria é liberdade.

Aquele que não sabe quem é fica escravizado pelos impulsos, pela ignorância e pelas ilusões... por mais que possua riqueza e poder terreno incrível.

Essa era uma verdade inegável, que Epicteto constatava todos os dias na desordem moral e disfunção da corte de Nero, na qual seu senhor servia como secretário de alto nível. Havia muitas coisas que Epicteto não podia fazer, legalmente, mas ele conseguiu direcionar a própria educação dentro dessas restrições, e com isso se libertou das formas de escravização autoinfligidas que via entre os milionários ambiciosos e os articuladores sedentos por poder à sua volta.

As coisas que ele aprendeu, a sabedoria que adquiriu, isso ninguém podia tirar dele. Era a única coisa que lhe pertencia exclusivamente. E, na verdade, a coisa mais poderosa e inestimável do mundo.

Mesmo após lhe concederem a liberdade perante a lei, Epicteto viveu em um mundo que estava, em grande parte, fora de controle. Foi forçado ao exílio por um imperador paranoico. Foi assaltado por um criminoso mesquinho. Foi atacado e criticado por quem não gostava do que ele ensinava. Entretanto, Epicteto sabia que aquilo que trazia na mente era para sempre, que era algo que ninguém podia roubar. Ele era um ser humano precioso e vulnerável, como todos nós... porém também era invencível e inexpugnável, graças à filosofia e à sabedoria.

O mesmo vale para nós. Estudar não é apenas uma rota para a sabedoria, é a rota para a liberdade. E é, no fim das contas, em si mesmo uma forma de poder, um poder ainda *mais elevado*.

Há algo de poético na parada que Adriano, então imperador romano, fez em Nicópolis, durante suas viagens pela Grécia, para assistir a uma palestra de Epicteto. O escravizado não foi o senhor nesse dia? O impotente não conquistou o poderoso?

Adriano tinha tudo. Podia fazer tudo. No entanto, lá estava ele, em busca de algo que só Epicteto parecia possuir. Marco Aurélio, neto adotivo de Adriano, que estudou Epicteto durante toda a vida, comparou os grandes conquistadores aos grandes sábios da história e concluiu que os pensadores levavam vantagem. Porque, explicou, "os filósofos sabem o quê, o porquê e o como. A mente lhes pertence". Era o exemplo deles que Marco Aurélio buscava seguir... e nós devemos fazer o mesmo.

Nascemos todos iguais, com os mesmos defeitos, as mesmas ansiedades, a mesma ignorância, a mesma sentença de morte... porém alguns de nós, por meio de trabalho árduo e esforço, conseguem transcender essas limitações. Libertamo-nos.

Do que escraviza, controla e dirige as pessoas desde sempre.

Dos desejos e das ilusões.

De nossos impulsos e nossas emoções.

Do rancor, da frustração e do ressentimento.

Precisamos nos tornar *filosóficos*, ou seja, serenos, pacientes e relaxados.

Em 1859, antes de se tornar presidente, antes de sobreviver à penosa viagem de trem para Washington a caminho da posse (muitos achavam que ele seria morto na chegada), antes do banho de sangue e da violência da guerra, Lincoln fez um discurso na Feira Estadual de Wisconsin. O tema abordado deveria ter sido a agricultura, mas Lincoln decidiu ser um pouco mais profundo.

Ele contou a história de um rei do Oriente que pediu que seus filósofos mais sábios encontrassem para ele uma frase não apenas justa em toda e qualquer situação, mas que também valesse a pena ser ouvida. "Eles lhe apresentaram as seguintes palavras", disse Lincoln: "'E isso também passará.' Quanta coisa isso exprime! Que lição de humildade nos momentos de vaidade! Que consolo nos abismos do sofrimento! 'E isso também passará.'"

Será que Lincoln sabia que esse é um ensinamento central na filosofia budista? Será que tinha ciência dos incríveis êxitos e das intensas provações que teria pela frente? Será que foi tão mórbido que sentiu que aquilo se aplicava à sua breve existência neste planeta... que lhe restavam menos de seis anos de vida para realizar todos os seus esforços, antes de passar também?

Marco Aurélio compreendeu isso. Escreveu que precisamos "ter em mente o quanto as coisas passam e vão embora depressa, as de agora e as ainda por vir". Os acontecimentos do mundo, bons e ruins, belos, trágicos ou assustadores, correm depressa diante de nós. Nenhum deles é perene; um por um, desaparecem no devido tempo na correnteza, para nunca mais serem vistos. "Só um idiota", escreveu Marco Aurélio, "sente angústia, arrogância ou raiva".

No imediatismo dos acontecimentos, sem o distanciamento da história, sem a compreensão da natureza das coisas, não somos livres. Ficamos sobrecarregados. Somos subjugados por nossos receios, por nossas ansiedades, pelo espírito da época.

Superar isso não é algo espontâneo. Exige um esforço incrivelmente grande.

Do mesmo modo, a liberdade nem sempre é agradável.

"Tive que lutar a vida inteira contra meus equívocos, minhas ideias falsas, minhas percepções distorcidas", disse Joan Didion em um famoso discurso. "Tive que trabalhar com afinco, sentir-me infeliz, abandonar ideias que me deixavam confortável, tentar apreender a realidade social (...) E isso não é fácil, dá trabalho. Você tem que se despojar o tempo todo, examinando tudo que vê, livrando-se de tudo que o deixe vendado."

Contudo, a luta interna à qual ela se refere é bem diferente daquela que muitos de nós enfrentamos: brigar, revoltar-se, bater boca com o mundo à nossa volta. Assim como Elon Musk, acordamos e optamos pela violência, mergulhando, nas palavras de Sêneca, "de cabeça no meio da correnteza" do ruído, das distrações e da turbulência. Nesse caso, poderíamos pontuar, a sabedoria é a liberdade de ficar em paz, e não em guerra. Será que a possuímos?

Precisamos nos libertar da escravização mental, pois somos os únicos em condições de fazer isso.

Precisamos nos libertar das provocações, dos preconceitos e de banalidades sem sentido.

Não existe liberdade sem sabedoria, não existe sabedoria sem liberdade.

"Quanto mais as pessoas se aproximam da verdade, mais tolerantes ficam com os erros alheios", declarou Tolstói certa vez. Confúcio, ao ouvir alguém criticar um de seus discípulos, respondeu que um homem deve ser perfeito para ter tempo de atacar outro. "Eu mesmo", afirmou, "não disponho desse luxo".

Se depois de uma vida inteira, depois de todos os nossos êxitos, depois de todas as dádivas que nos foram concedidas, ainda estamos estressados, atrelados aos mesmos vícios, incomodados com as mesmas coisas, ainda em busca das mesmas coisas, até que ponto somos livres?

Se a sabedoria não nos liberta da prisão das decepções e dos vícios que escravizam a maior parte da humanidade, se ela não nos ajuda a lidar com nossos semelhantes imperfeitos, se não nos ajuda a lidar com nossas questões, de que adianta?

Ela precisa nos restituir nossa mente. Precisa nos conceder poder sobre nós mesmos.

SEJA FELIZ

Elon Musk tem dinheiro.

Tem poder.

Tem fama.

Alcançou a maestria em muitos campos de conhecimento.

No entanto, será que você desejaria ser ele?

Em 2017, Musk descreveu sua vida assim: "Estar em uma mansão vazia, passos ecoando no corredor, sem ninguém, e ninguém no travesseiro ao seu lado. Porra. Como ficar feliz em uma situação dessas?"

Em vez de trabalhar em si mesmo a fim de alcançar crescimento pessoal, Elon Musk fez aquilo que muitas pessoas brilhantes, mas infelizes, fazem: apenas *trabalhou*. Trabalhou, trabalhou e trabalhou. Ganhou ainda mais bilhões de dólares, mas não ganhou nenhum relacionamento duradouro. Teve um número espantoso de filhos, sem ter tempo para nenhum deles. Gastou tempo arrumando mais brigas nas redes sociais que um adolescente, mais tempo do que um homem com seus dons e suas responsabilidades poderia justificar.

"Houve momentos em que eu fiquei três ou quatro dias sem sair da fábrica — dias em que eu nem pisava lá fora", disse Musk a um repórter no ano seguinte, após um período complicado na Tesla. "O custo disso foi não ver meus filhos. Nem encontrar amigos."

Como seria de se esperar, sua saúde mental se deteriorou. Seus relacionamentos sofreram. Seu coração endureceu. Seus piores impulsos ficaram descontrolados. Tudo que se assemelhasse à paz ou à felicidade fugiu do seu domínio.

Musk já descreveu sua vida como "difícil" e "excruciante". Certa vez, ele comparou a gestão de uma empresa a "mastigar vidro e contemplar o abismo". Com o passar do tempo, disse ele, encarar o abismo deixa de ser tão terrível, mas a mastigação nunca termina. É por isso, provavelmente, que ele disse aos mesmos repórteres que, embora parte dos problemas de suas empresas estivesse diminuindo, "do ponto de vista do sofrimento pessoal, o pior ainda está por vir".

Quando outro repórter lhe perguntou se a tempestade em sua mente era uma "tempestade feliz", ele lamentou que não fosse. "Não", respondeu Musk. "Consigo lembrar que, até nos momentos felizes quando eu era criança, a sensação constante é a de um turbilhão de forças na minha mente."

Eis um homem capaz de resolver todo problema técnico imaginável, mas incapaz de dar um jeito na própria vida, lidando até hoje com as mesmas questões não resolvidas da infância. Ele conquistou todo o dinheiro do mundo, apenas para descobrir que não pode comprar o bem mais valioso de todos. Sua obra pode ser incrível, mas sua existência cotidiana é infeliz.

Se a consciência de si é rara entre as grandes pessoas, a verdadeira felicidade é ainda mais rara.

O que é estranho... considerando que é disso, de certa forma, que se trata a vida.

A palavra de Aristóteles para a felicidade era *eudaimonia*, segundo ele a mais elevada expressão do florescimento humano. "A sabedoria produz felicidade", afirmou, "não da forma como a medicina produz saúde, e sim da forma como a saúde produz saúde". Sabedoria é felicidade. Felicidade é sabedoria. Isso não é uma tautologia. Ninguém seria feliz sem atingir o próprio potencial. No entanto, será que é possível *florescer* sem alegria e contentamento?

Em uma troca de cair o queixo, o hoje arruinado investidor Sam Bankman-Fried escreveu um bilhete para a namorada, contando por que eles não deviam continuar juntos. "Eu deixo as pessoas infelizes", explicou. "Até aqueles que eu inspiro não faço realmente felizes. E as pessoas com quem saio... é realmente aflitivo. Enche o saco para caralho estar com alguém que (a) não consegue te fazer feliz, (b) não respeita ninguém de verdade, (c) pensa o tempo todo em coisas muito ofensivas, (d) não tem tempo para você e (e) quer ficar sozinho metade do tempo."

Em círculos de reabilitação, esse tipo de exposição pessoal é chamado de "inventário moral destemido". Entretanto, Bankman-Fried estava apenas expondo fatos, e não fazendo algum tipo de análise pessoal. Porque alguém com verdadeira consciência de si não consegue deixar de ver nessas observações alarmes de emergência máxima: algo que precisa ser abordado *de imediato*. O ego de Bankman-Fried (e o que parece ter sido uma depressão profunda) normalizou essa atitude, levando-o a aceitá-la como um traço pessoal, e não como uma falha de seus poderes mentais e estilo de vida.

"Perguntei a ele certa vez como consegue ser feliz", conta um amigo e um de seus primeiros funcionários. Ele respondeu: "A felicidade não importa."

Os antigos suspeitavam da felicidade que dependia de fatores externos. Acreditavam que a verdadeira felicidade, aquela baseada na virtude, pode ser encontrada em qualquer situação. E, embora seja duro passar vários anos no exílio ou lidar com uma doença dolorosa, eles achavam que uma pessoa sábia e disciplinada é capaz de florescer mesmo assim, de encontrar contentamento, humor e amor.

Para gente demais, com frequência demais, a felicidade é condicional. Achamos que seremos felizes se alcançarmos feitos o suficiente, adquirirmos muitas coisas, fomos respeitados o suficiente, encontrarmos a pessoa certa, vivermos tempo o bastante. Ficamos com receio, ansiedade e medo porque temos medo de que certas coisas aconteçam, ou deixem de acontecer, e nos deixem *incapazes* de ser felizes.

Lembre-se: a base do estoicismo é focar aquilo que você pode controlar. Uma felicidade que depende de coisas fora do seu controle é a receita da infelicidade.

Você não pode controlar o que os outros fazem, ou o que acontece no mundo, mas você controla sua reação. Voltaire disse que a escolha mais importante é ficar de bom humor. Podemos optar por sorrir. Podemos optar pela esperança. Podemos optar pelo distanciamento. Podemos optar pelo bom humor, não porque tudo esteja dando certo para nós, não porque fez sol e o tempo está bom, e sim porque somos sábios e fortes o suficiente para tirar proveito de qualquer situação.

O grande treinador de basquete George Raveling, falecido em setembro de 2025, costumava falar de como o trabalho o mantinha ativo. Ele acordava todas as manhãs, sentava-se na beirada da cama e dava a si mesmo duas opções. "George, você pode ser feliz ou muito feliz."

"O indicador básico de uma mente bem ordenada", disse Sêneca, "é a capacidade do homem de ficar em um lugar e desfrutar da própria companhia". Sêneca não era um estoico perfeito nem um ser humano perfeito. Entretanto, sua compreensão e sua simpatia pelo epicureanismo incutiram em sua obra — porém, mais importante ainda, em sua *vida* — uma felicidade que nem sempre está presente na obra de outros estoicos. "De todas as coisas que a sabedoria propicia que ajudam a viver a vida inteira com felicidade", disse Epicuro, "a maior, de longe, é possuir amizades".

Ao direcionar seus pensamentos de forma adequada, você pode adquirir não apenas resiliência como também a capacidade de experimentar a alegria, o amor e o contentamento. Sêneca tinha amigos. Ele se divertia. Aproveitava ao máximo a vida, tanto na adversidade como nas realizações. Chegou à conclusão de que o objetivo do autoaprimoramento é ser um bom amigo para os outros... e para si próprio.

A paz, assim como a educação, não é algo que o mundo lhe dá; é algo que você dá a si mesmo. É possível em qualquer lugar, a qualquer momento. Se aquilo que você aprende não lhe proporciona as ferramentas para atingir essa paz, de que lhe adianta?

Lincoln teve depressão. Passou por provações terríveis. O humor o ajudou a superá-las. Seu caráter filosófico também; seu senso de que essas dificuldades, como todas as coisas, um dia passariam. De certo modo, apesar de tudo, é certo afirmar que, embora Lincoln tenha lidado com a pobreza, o luto, a guerra, o estresse e um casamento conturbado, no geral ele foi um homem feliz, um homem satisfeito e calmo dentro de si, em meio a circunstâncias extraordinárias. De fato, este foi um de seus feitos mais impressionantes: conseguir ser feliz *apesar de tudo*.

Leonardo da Vinci teve uma infância sofrida. Nem sempre gostava da politicagem do mundo da arte, mas era uma companhia agradável. Sentia grande prazer com a beleza do mundo e os infinitos recantos da mente humana. A vida de Charles de Gaulle foi enriquecida pelo seu amor generoso pela filha com deficiência. "A vida é uma escola que frequentamos todos os dias", escreveu certa vez Eleanor Roosevelt, "e, aos 45 anos, temos que saber que a felicidade não se busca, porque ela não é nossa por direito, e sim que fazemos por merecê-la nos doando". "A forma mais garantida de ser feliz", escreveu muitos anos antes em uma redação escolar, "é buscar a felicidade alheia".

Quando John Stuart Mill teve seu colapso nervoso, viu-se questionando tudo: as premissas herdadas do pai, a primazia que atribuía às ideias e à racionalidade. Apesar de abalado em seu âmago, ele disse: "Eu nunca de fato vacilei na convicção de que a felicidade é o teste de todas as regras de conduta, e o propósito da vida." Ele de fato teve uma epifania quando se deu conta de que o problema era sua intenção, seu desejo intenso de ser feliz e sábio. "Mas desde então passei a pensar", disse, saindo de seu estupor, "que esse propósito só pode ser atingido se não fizermos dele o propósito direto". Não se atinge a felicidade e a sabedoria fazendo delas um alvo.

Criamos a felicidade em nós mesmos pensando menos em nós e mais nos outros. Precisamos abraçar o paradoxo de que a felicidade é essencial, mas não é algo em que devemos *mirar*. Chegamos a ela indiretamente, vivendo bem e fazendo o bem.

Assim como a própria sabedoria, a felicidade resulta de um processo, de fazer as coisas certas do jeito certo. É algo que *vem em seguida*, e não que se *persegue*. Em vez de tentar *obtê-la*, melhor é quando tentamos *oferecê-la*.

A felicidade importa. Todo mundo a merece.

SOFRA ATÉ SER FELIZ

Foi uma campanha exaustiva. Foram anos sofridos. Robert Kennedy estava prestes a fazer um discurso no centro de Indianápolis quando recebeu a notícia de que Martin Luther King Jr. tinha sido assassinado em uma sacada em Memphis.

Mais um assassinato. Mais uma luz apagada.

Foi Kennedy quem teve que dar à multidão que se aglomerava a notícia de que King, que ele conhecia tão bem e com quem havia trabalhado tão de perto, estava morto. A plateia ficou agitada de raiva e desespero. Kennedy explicou, contendo as lágrimas, que sabia o que eles queriam. Seu irmão tinha sido morto da mesma forma, apenas cinco anos antes. A multidão queria incendiar, odiar, punir. Contudo, ele também sabia, por experiência própria, que esse era um caminho sombrio e vazio.

Como o discurso que ele havia preparado era terrivelmente inadequado para a situação, Kennedy começou a improvisar, inspirando-se, sobretudo, em seu luto e em um livro que ele estava lendo, da acadêmica Edith Hamilton, especialista nos clássicos. "Meu poeta favorito era Ésquilo", explicou Kennedy, citando-o de cor: "Durante nosso sono, a dor, que não podemos esquecer, cai gota a gota no coração, até que, em meio ao nosso desespero, contra a nossa vontade, vem a sabedoria por meio da sublime graça de Deus."

Ele incitou os presentes a voltarem para casa e orarem e ofereceu uma alternativa, uma chance de extrair algum sentido daquela terrível experiência. "Vamos nos dedicar àquilo que os gregos escreveram tantos anos atrás", disse ele. "Domar a selvageria do homem e tornar gentil a vida deste mundo."

No país inteiro, multidões semelhantes se transformaram em turbas, que se transformaram em levantes com mortes. Porém isso não aconteceu em Indianápolis.

A sabedoria a que Kennedy recorreu naquele momento não veio de graça. Ele sofreu imensamente por ela, tal qual descrito por Ésquilo.

Zeus nos conduziu a saber,
o Timoneiro estabelece como lei
que devemos sofrer, sofrer até a verdade.

Aprender pela experiência é mais do que simplesmente nos envolvermos com as coisas, por mais importante que isso seja. Vai significar sofrimento, fracasso, decepção, perdas, sacrifícios.

Gota após gota. Desastre após desastre. Instante após instante.

Nem sempre serão lições que gostaríamos de aprender.

"Envelheci com toda essa sabedoria que eu nunca desejei", disse Volodymyr Zelensky, presidente da Ucrânia, quando a invasão criminosa de seu país se arrastava pelo terceiro ano. "É a sabedoria atrelada ao número de pessoas que morreram e à tortura que os soldados russos perpetraram. Para ser franco, nunca tive como meta chegar ao conhecimento assim."

Quem teria?

No entanto, onde estaríamos se essas lições não fossem aprendidas?

Não que o sofrimento sempre acarrete dor física. Felizmente, nem sempre ele será pontuado por luto e sepultamentos. Darwin se torturou durante anos, primeiro tentando entender a teoria que ele tinha começado a formular e depois tentando lidar com suas enormes consequências.

Duas décadas transcorreram entre a viagem de Darwin no *Beagle* e a publicação de *A origem das espécies*, e, embora nem de longe esse período tenha sido uma sentença de prisão, foi um fardo cansativo para ele. O mesmo aconteceu com Katalin Karikó, que sofreu nas entranhas do mundo acadêmico enquanto elaborava sua pesquisa revolucionária sobre o mRNA. Sua descoberta levou muito mais tempo do que ela esperava, exigiu muito mais sacrifício e luta do que ela poderia supor.

A sabedoria nunca vem de graça.

Sem alguém para codificar e transmitir as dolorosas lições das tragédias, dos fracassos, das injustiças, não temos como impedir que elas se repitam. Em parte, esta é a definição de liderança: canalizar o conjunto da própria vida e do sofrimento pessoal em um momento de crise para ajudar os outros a superá-lo. Também é a definição de arte. "O escritor e, acredito, todas as pessoas em geral", relembra-nos Jorge Luis Borges, "deve pensar que o que acontece com ele é um recurso. Todas as coisas nos foram dadas com um propósito, e o artista deve sentir isso mais intensamente. Tudo o que nos acontece, inclusive nossas humilhações, nossas desgraças, nossas vergonhas, tudo nos é dado como matéria-prima, como argila, para que possamos dar vida à nossa arte."

Tudo que acontece conosco é treinamento. Tudo é uma percepção em potencial sobre a experiência humana.

Lincoln não estava destinado a uma vida tranquila. Sua luta e seu sofrimento o afetaram ao extremo e nunca o abandonaram. Os amigos comentavam que, mesmo em ocasiões alegres, Lincoln não conseguia deixar de voltar a um estado de melancolia; "seu semblante, de uma hora para outra, traía uma espécie de tristeza tão profunda quanto indescritível". A melancolia, diziam, *transpirava dele por onde ele passava*.

No entanto, essa tristeza, nascida do sofrimento, proporcionou-lhe algo que ele nunca poderia ter achado nos livros. Na verdade, era uma peça que, concluiu ele, fazia falta em todas as suas leituras, a forma como os biógrafos varriam para debaixo do tapete os problemas e reveses dos grandes homens, "jamais insinuando, uma vez sequer, fracassos ou equívocos". Seu caráter pode ter sido moldado por um imenso sofrimento, mas foi também essa vivência que lhe deu a capacidade de enxergar em meio à escuridão total, seguir em frente quando tudo parecia perdido, evitando o sectarismo e o ódio. Não apenas para salvar o país como também para aproximá-lo cada vez mais do sentido original de seu credo.

Os jovens acham que a vida é só arco-íris e alvoradas. Os idosos sabem que ela é repleta de dor e sofrimento. Essa compreensão traz liberdade, essa experiência empodera. Quando Lincoln concorreu a uma eleição pela primeira vez, disse aos eleitores que não temia a derrota, por ter "familiaridade demais com a decepção para me desapontar muito". Churchill também compreendeu que essa dor era uma força e disse que cada um de nós precisa cruzar o deserto se quiser um dia criar *dinamite psicológica*.

Contudo, também é verdade que o conhecimento pode ser aquilo que nos manda ao deserto; pode nos isolar e causar sofrimento. Ser profeta não é fácil. Ter razão, às vezes, é doído. A ignorância também é uma forma de êxtase. A sabedoria, portanto, está entrelaçada com o sofrimento.

Precisamos recordar que todo sofrimento é relativo. Viktor Frankl, que sobreviveu aos campos de Theresienstadt, Auschwitz, Dachau e Türkheim, sofreu para reconhecer isso. O sofrimento é como um gás, segundo ele; expande-se até preencher todo o recinto em que se encontra. Isso significa que ele é inevitável e pode consumir uma pessoa, quer estejamos falando de um ferimento assustador, de uma memória de infância, de um relacionamento fracassado, de um aprendizado demorado ou de uma campanha política derrotada. Seja o que for, aconteceu conosco, e é algo que sentimos profundamente.

Os únicos consolos são a sabedoria que ele gera e as lições que ensina.

"O progresso se mede pela quantidade de sofrimento suportada", afirmou Gandhi. "Quanto mais puro o sofrimento, maior o progresso." Por meio do sofrimento, somos expostos à verdade: verdades sobre o mundo, sobre nós mesmos, sobre aquilo de que somos capazes. A palavra-chave, aqui, porém, é *expostos*.

Porque não está escrito que *temos* que aprender com nosso sofrimento.

Muita gente não aprende.

Nega. Transfere a culpa. Remói.

O ego não aprende. Não é isso o que ele faz. Ele protege o eu de *ter* que aprender.

É por isso que muitas vezes o sofrimento não leva a nada, não se transforma em nada ou se torna sem sentido e destrutivo... por opção.

A questão crucial da vida é: o que vamos extrair das nossas experiências? Nosso sofrimento vai nos tornar melhores ou piores? Mais sábios ou mais cínicos? Vamos nos mostrar dignos dele?

Não precisamos gostar da adversidade.

Não precisamos glamourizá-la.

Se pudermos evitá-la, é melhor. Ela não é algo que precisamos buscar.

Entretanto, sem dúvida, não devemos nunca ficar surpresos com ela.

Quando a dor nos encontra, e ela vai encontrar, precisamos aceitar o que nos é oferecido.

Temos que simplesmente sobreviver a ela, suportá-la, compreendê-la.

Vamos sofrer, isso é inevitável. Se desse sofrimento sairá a verdade, cabe a nós decidir.

DÊ RISADA

Naquele momento, parecia que a guerra seria perdida. Foi uma série de desastres, um atrás do outro.

Quando Lincoln reuniu seu gabinete no outono de 1862, é provável que a expectativa fosse de mais notícias ruins. Ou mais uma rodada de debates sobre a questão da escravização, que ainda dividia seu gabinete. Cada secretário tinha algo importante que precisava discutir com o presidente, suas pautas, que para eles eram o tema mais importante da reunião.

Porém, ao entrarem na sala, eles encontraram o presidente lendo. Erguendo os olhos, sorridente, Lincoln perguntou se conheciam o trabalho do humorista Artemus Ward. "Deixem-me ler para vocês um capítulo que é muito engraçado", disse Lincoln.

O gabinete não achou graça. Nenhum deles riu, tampouco, das piadas juvenis do capítulo que Lincoln leu em voz alta. Contudo, Lincoln (cuja risada, dizem, parecia um cavalo selvagem relinchando) tinha gostado tanto que continuou, lendo um segundo capítulo. "Senhores, por que não estão rindo?", perguntou Lincoln a eles. "Com o peso terrível que recai sobre mim, dia e noite, se eu não risse acabaria morrendo, e os senhores precisam desse remédio tanto quanto eu."

Só então, depois de ter se divertido um pouco e, como era a intenção, surpreendido seu gabinete, ele passou ao verdadeiro objetivo do encontro, propondo aquilo que viria a ser a Proclamação de Emancipação, uma das ideias políticas mais sérias e significativas da história.

Sêneca, por sua vez, afirmou que o riso é uma parte fundamental da sabedoria e, para defender seu argumento, comparou os exemplos de dois célebres filósofos da Antiguidade, Demócrito e Heráclito. "No caso deste", explicou Sêneca, "sempre que ele se pronunciava em público, chorava, enquanto aquele ria; para um, todos os atos humanos pareciam misérias; para o outro, loucuras. Portanto, devemos adotar uma visão mais leve das coisas e suportá-las com um espírito generoso; é mais humano rir da vida que a lamentar."

Será que nossa compreensão do mundo vai nos destruir ou nos fazer balançar a cabeça? Será que vamos rir ou chorar?

Lincoln compreendia que o humor é uma ferramenta poderosa. Não apenas alivia a tensão como também é um jeito eficaz de argumentar.

Antes da eclosão da Guerra de Secessão, quando um político aconselhou Lincoln a ceder ao Sul alguns fortes, a fim de evitar um conflito, ele contou uma história engraçada de Esopo, sobre uma mulher que queria se casar com um leão. Os pais temiam que o leão a machucasse. Por isso, em troca do consentimento, pediram que o leão tirasse as garras e os dentes. Assim que ele os tirou, foi logo morto por eles. O político riu da história de Lincoln, mas insistiu que não era "uma resposta de todo satisfatória".

Na verdade, era.

Lincoln estava apontando de forma indireta o absurdo do apaziguamento, empregando o humor como ferramenta. Se aquele político entendeu ou não, é irrelevante, porque todos os outros entenderam. Essa era uma técnica que Lincoln havia aperfeiçoado bastante. Contam que, quando ele era parlamentar e o debate durante um jantar político ficava acalorado, ele largava os talheres, dizia "Isso me lembra..." e começava a contar uma de suas histórias tolas. Os amigos já se preparavam para suas "explosões" de riso, e a conversa quase nunca retornava ao assunto polêmico. No ambiente político da época, sempre havia quem incitasse Lincoln a papagaiar ideias racistas. Ele possuía extrema habilidade em evitar essas armadilhas, infiltrando em seus comentários ideais de uma subversividade impressionante.

"Se um homem branco quiser se casar com uma mulher negra", brincou Lincoln a um repórter, "pode deixar que o faça, se a mulher negra aguentar". Ele era quase perverso no uso do humor para zombar de seu adversário racista, Stephen Douglas. Dizia que, embora ele nunca tenha tido propensão a se casar com uma mulher negra, "Douglas e seus amigos parecem sentir grande apreensão de que viriam a fazê-lo, se não houvesse uma lei para impedi-los". E, quando lhe pediram que condenasse abertamente a "miscigenação", durante a guerra, Lincoln explicou com um sorriso que não podia, porque era "uma forma democrática de produzir bons homens para a União, e não me proponho a violar a patente".

Uma boa risada ajuda a verdade a ser compreendida. Ela desarma. Muitas vezes fica além da compreensão daqueles que, de qualquer maneira, você não ia querer ofender. Esse é o talento do bobo da corte, não é?

Nem sempre as pessoas entendiam o senso de humor de Lincoln ou apreciavam suas histórias. De toda forma, os tolos quase nunca são bem-humorados, mas não é culpa deles. Em 1864, alguns adversários de Lincoln chegaram a brandir cartazes na convenção republicana dizendo "Chega de piadas vulgares". Há algo de trágico nisso: centenas de milhares de pessoas estavam morrendo no campo de batalha, e o que os incomodava eram piadas rudes? Que gente mais frágil e tola.

Algumas das histórias dele de fato eram um tanto pesadas, como o próprio Lincoln admitia. Um livro com suas piadas, disse certa vez, "ia feder como mil privadas". Uma das anedotas de Lincoln era sobre o dia em que ele tentou defecar no chapéu de um amigo que dormia... apenas para descobrir que o amigo, antecipando-se, havia trocado o chapéu dele pelo do próprio Lincoln.[25] Será que ele fez isso mesmo? Em se tratando de piadas, Lincoln trapaceava, rou-

---

[25] Nas *Meditações*, Marco Aurélio conta a história de um homem rico que encheu sua casa com tantas riquezas "que não tinha nem onde cagar". Piadas escatológicas (e palavrões) sempre foram engraçadas.

bando de todo tipo de fonte, adaptando-as, mudando a história para encaixá-la no objetivo do momento.

As histórias dele muitas vezes irritavam seus ministros, que as consideravam impróprias ou irrelevantes. Eles não conseguiam entender não só o que Lincoln estava fazendo como também a vida em geral. Entretanto, perguntar "Qual é a graça? Não consigo entender" é algo que diz muito mais sobre a pessoa do que ela imagina.

É preciso ter inteligência para compreender uma situação e sabedoria para perceber qual é a graça dela.

Hoje em dia, a maior parte dos poemas é séria e emotiva, mas muito da poesia antiga era pesado e humorístico. Shakespeare escreveu dezessete comédias, e até suas peças mais sombrias têm frases cômicas. Sêneca escreveu um ensaio por analogia inteiro zombando do imperador que o forçou a se exilar. O título, *Apocolocyntosis*, parece sério, mas a tradução — *A Aboborização do (Divino) Cláudio* — revela a sátira mordaz e hilariante. Churchill, é evidente, era hilário, tão conhecido por seus *bons mots* quanto por sua oratória grandiloquente.

É preciso ter o domínio da linguagem, da emoção e até da empatia para comunicar a verdade, causando ao mesmo tempo o riso ou o sorriso no outro, nas horas desejadas. Trata-se de um talento precioso, essencial à liderança e à amizade: ser capaz de animar alguém. De fazer uma pessoa se sentir melhor em relação a algo. Ajudá-la a se acalmar.

Gente engraçada é fosforescente: ilumina o mundo.

Sabemos que o poder corrompe, que cria distorções. Por isso também é importante ter bom senso de humor sobre *si próprio*. Quando o médico lhe pediu uma amostra de sangue, Churchill respondeu: "Pode tirar do meu dedo, ou do meu ouvido e, é óbvio, possuo um traseiro quase infinito." Ninguém era mais rápido para apontar sua aparência desengonçada e incomum que o próprio Lincoln. Ele gostava de contar aos risos uma anedota sobre um homem feio que havia prometido matar, caso encontrasse, alguém pior do que ele. Ao encontrar Lincoln, o futuro presidente rasgou a camisa no peito e disse: "Se eu for mais feio que você, mande bala."

No auge absoluto do poder, quando Richmond, a capital confederada, caiu diante do exército da União, Lincoln não parou de fazer piada sobre as próprias limitações. Ao constatar a demora constrangedora dos soldados para tomar Richmond, Lincoln contou uma de suas últimas piadas, sobre um homem que estava tentando ser nomeado para um posto de prestígio no exterior. Quando Lincoln se recusou a nomeá-lo, o homem pediu um cargo inferior e, quando foi recusado de novo, pediu para virar oficial de alfândega. Negado pela terceira vez, ele ponderou com Lincoln se poderia ficar com uma calça que estava pendurada em uma cadeira do escritório. "Ah", respondeu Lincoln, rindo. "É bom ser humilde."

A vida nos incita à humildade. Ela nos frustra. Deixa-nos desconcertados. Isso pode nos irritar. Podemos vociferar. Ou podemos achar graça.

A vida é sofrida e absurda.

Também é cômica e ridícula.

Tudo é uma questão de como decidimos encará-la.

NÃO DEIXE DE SE ENCANTAR

Havia uma questão que era mais importante que as outras, disse Richard Feynman a um pós-graduando em dúvida. Uma questão de princípios básica que o aluno, tentando resolver se uma carreira na física teórica era o que queria para si, precisava encarar.

"Vá observar a fotografia de um átomo no microscópio eletrônico", pediu-lhe. "Mas não basta uma olhada rápida. É muito importante que você a examine com bastante atenção. Pense naquilo que representa."

"Tudo bem", concordou o aluno.

"Depois responda à seguinte pergunta", retomou Feynman. "Observar a fotografia faz seu coração palpitar?"

"Se faz meu coração palpitar?", indagou o estudante, desconcertado.

Ao fim da aula, Feynman sinalizou se tratar de uma resposta de sim ou não. *Não elucubre demais.*

Por que é importante que um átomo faça seu coração palpitar? Porque, como disse Aristóteles, a filosofia *começa com o encanto.* Ninguém atinge a grandeza em uma área se não for impelido pelo amor, pelo fascínio e por uma reverência genuína. Tampouco conseguimos continuar na busca pela sabedoria se, conforme adquirimos conhecimento, ficamos desiludidos e céticos.

A curiosidade é o desejo de saber o que tem do outro lado do morro. O encanto é a forma mais elevada dessa curiosidade, que nos estimula a compreender o universo, a produzir poesia e arte, a explorar as profundezas do conhecimento humano, a buscar respostas para as perguntas fundamentais da existência. É o encanto que nos ergue, que nos faz seguir em frente, que faz a vida valer a pena.

Um pôr do sol. Uma folha. Um inseto que evoluiu ao longo de milhões de anos para *se parecer* com uma folha. O cheiro da chuva ao molhar o concreto. As pirâmides. Um trecho de um livro ou uma cena de uma peça que lhe arrepia a pele.

O mundo está cheio de maravilhas, cheio de coisas quase inimagináveis, quase absurdas.

Imagine a primeira vez em que um europeu pôs os olhos em um canguru! Imagine a primeira vez em que um aborígene viu um europeu pisar na praia usando armadura!

Uma das experiências mais transcendentes da vida de Lincoln foi uma breve viagem às Cataratas do Niágara, em 1848. "É uma evocação de um passado indefinido", escreveu, arrebatado. "Os olhos das espécies dos gigantes extintos, cujos ossos enchem os montes da América, contemplaram o Niágara, tais quais os nossos agora. Co[n]temporâneo de toda a raça humana, e mais velho que o primeiro homem, o Niágara está tão forte e vivo hoje quanto 10 mil anos atrás. O mamute e o mastodonte — há tanto tempo extintos que apenas fragmentos de seus monstruosos ossos testemunham que um dia viveram, contemplaram o Niágara."

Lincoln também sentia fascínio pela nossa relação com a natureza. "Cada folha de grama é digna de estudo", maravilhava-se. "E não só a grama; mas os solos, as sementes, as estações... sebes, valas e cercas, drenagens, estiagens e irrigações... lavras, capinas e nivelamentos... colheitas, ceifas e debulhas... a preservação de culturas, as pragas, as pestes, e o que as previne ou cura... ferramentas, apetrechos e máquinas, seus respectivos méritos e [como] aprimorá-los... suínos, equinos e bovinos... ovinos, caprinos e aves... árvores, arbustos, frutas, plantas e flores — as mil coisas das quais estas são exemplares... cada uma um mundo de estudo em si mesma."

Foi esse fascínio que motivou suas primeiras iniciativas na política. Ele imaginava seu país interligado por canais, estradas de ferro e rios navegáveis. A maravilha humana era a capacidade não apenas de trabalhar como também de aprimorar seu trabalho e, ao fazê-lo, aprimorar o mundo. Para Lincoln, a natureza não era simplesmente algo a ser observado, e sim algo que podia ensinar, algo cuja potência podia ser direcionada, algo que, em última instância, podia ser dominado.

Não deve nos surpreender, portanto, que Lincoln não apenas tenha criado o Departamento de Agricultura como também aquele que foi, na prática, o primeiro parque nacional do mundo, protegendo o Yosemite "para uso público, lazer e recreação (...) inalienável para todo o sempre".

O processo de brincar, explorar e buscar a beleza é uma parte essencial da ciência, sustentava Feynman. Falando aos alunos sobre as descobertas de Descartes em relação ao arco-íris, Feynman lembrava a eles que era muito fácil não perceber a parte mais importante da revolução de Descartes — o que havia lhe permitido chegar à origem do fenômeno. "Eu diria que sua inspiração", afirmou Feynman com um sorriso, "foi que ele achava o arco-íris bonito".

No entanto, uma característica infeliz da inteligência e do estudo, no caso de muitas pessoas, é uma perda do encanto. "Onde se acumula a sabedoria, se acumula a tristeza", nos diz o livro de Eclesiastes. "Aquele que aumenta o conhecimento aumenta a dor", como em Eclesiastes 1:18.

Descobrimos coisas. Repelimos mitos. Resolvemos mistérios. Descobrimos que, no fim das contas, não existe nada no fim do arco-íris. Aos poucos e com constância, abrimos buracos na trama de todas as verdades que nos entregaram. Desmantelamos toda a compreensão que nos precedeu, até restar o quê? Aprendemos que aquilo que nos contaram quando criança não era verdade. Grande parte da história que nos ensinaram era uma mentira. É natural ficarmos céticos.

É o que acontece com o tolo quando ele estuda o passado, sem perceber a realidade sutil, mas sempre presente, de que *as coisas poderiam ter acontecido de outro jeito*. As possibilidades ilimitadas do passado e do futuro deveriam fazer nosso coração palpitar. Deveriam nos encher de encanto e gratidão, de esperança e determinação.

Jean-Paul Sartre falou da tentação de confundir o desencanto com a verdade. Sem um senso constante de assombro, não é difícil derrapar em uma espécie de niilismo. O ceticismo é bom, mas Goethe escreve com dó em *Os sofrimentos do jovem Werther* sobre aqueles que "imaginam tudo tão pequeno, por serem eles mesmos tão pequenos".

Não podemos nos tornar desiludidos... mesmo que o próprio objetivo da educação seja nos livrar de nossas ilusões.

Começar pelo encanto é, de certa forma, a parte mais fácil. A parte mais difícil é *manter* esse encanto à medida que avançamos vida afora.

O mundo nem de longe é feito só de arco-íris e cataratas. Exige enorme coragem e força continuar a encontrar beleza em um mundo onde acontecem tantas coisas feias quando elas aconteceram *com* você. Maya Angelou sofreu violências sexuais tão terríveis quando era pequena que perdeu a capacidade de falar.

"Por causa dessa maldade", disse ela, "um tipo sinistro de maldade, porque na maioria das vezes o estupro do corpo de uma pessoa jovem incute o ceticismo, e não há nada tão trágico quanto um jovem cético, porque significa que a pessoa passou de não saber nada para não crer em nada. No meu caso, fui salva por essa mudez, veja, na sordidez eu fui salva. E eu fui capaz de extrair do pensamento humano, das decepções e triunfos humanos o suficiente para eu mesma triunfar."

No fim das contas, foram a poesia e a beleza da arte que a tiraram dessas trevas, assim como o professor que a incentivou a começar a recitá-la. "Não se gosta de poesia", disse a ela, "enquanto não se recita". Seus poemas e suas obras de ficção não fugiriam da discussão das realidades dolorosas da experiência humana. Mesmo assim ela se levantou, mesmo assim seu trabalho foi portador de esperança e luz.

Em seu poema mais famoso, que ela leu na posse presidencial de Bill Clinton em 1993, Maya Angelou ecoou o mesmo encanto e imagens usadas por Lincoln:

Uma Pedra, Um Rio, Uma Árvore
Abrigo de espécies que há muito partiram,
Marcaram o mastodonte,
O dinossauro, que deixaram sinais secos
De sua estadia aqui
No solo do nosso planeta.

Apesar de tudo, seu coração ainda palpitava. Apesar de tudo, ela ainda olhava para cada novo amanhecer e dava um bom-dia, querendo de fato que fosse um dia bom.

Não deixe que os acontecimentos da vida destruam sua esperança. Não deixe tampouco que os fatos e o conhecimento o façam.

"Deixe-me perguntar algo a você", disse Feynman àquele aluno que estava refletindo sobre o futuro. "Pense em quando você era um menino. Você gostava de ciência? Era sua paixão?"

"Desde que me entendo por gente", respondeu o estudante.

"Eu também", disse Feynman. "Lembre-se, é para ser divertido."

A vida também. Nem sempre, não todos os minutos, mas de forma geral tem que ser.

CAPTURE A ESSÊNCIA

Em 1863, um dos homens mais famosos dos Estados Unidos se ergueu para discursar para milhares de pessoas enlutadas reunidas em Gettysburg. Ali, naquele solo sagrado, aquele digno colega de Demóstenes falou da batalha que havia ocorrido não muito longe de onde estavam, imortalizando os heróis que ali pereceram.

A plateia ficou encantada e profundamente comovida. Muitos chegaram às lágrimas.

Contudo, você nunca ouviu esse discurso.

Na verdade, só depois que Edward Everett, principal orador da cerimônia, terminou seu discurso de duas horas foi que Lincoln se levantou, quebrando o protocolo. Ele pôs os óculos e, tirando do bolso um pedaço de papel, fez um discurso sereno, do qual ele achava que ninguém se lembraria. Foram apenas 271 palavras, e poucas delas eram compridas.

O público ficou surpreso. O discurso de Lincoln foi mais curto até do que a oração de abertura da manhã. Por isso, quando chegou ao fim, houve quem ficasse na dúvida se ainda faltava algo. Só então irromperam os aplausos e, quando o fizeram, segundo um diário, foi "não a sombra de uma recepção gentil, fria, fraca... foi uma efusão tumultuada de regozijo, de corações sinceros e amorosos...".

Everett reconheceu a grandeza ao ouvi-la. "Devo me contentar", disse a Lincoln, "se puder me gabar de ter me aproximado da ideia central da ocasião, em duas horas, como o senhor fez em dois minutos".

O êxito do Discurso de Gettysburg não se deve ao fato de ser sucinto, embora seja. Naquele campo de batalha, e em outros país afora, de Vicksburg a Shiloh, passando por Hampton Roads, norte-americanos andavam lutando em uma guerra cujo propósito não era de todo nítido. Oitenta e sete anos atrás (na verdade, bem mais tempo do que isso), os partidos políticos dos Estados Unidos se engalfinhavam em uma série interminável de debates e polêmicas: a crise constitucional da "nulificação", entre a Carolina do Sul e o governo federal, em 1832; a doutrina da soberania popular; a lei de escravizados fugitivos de 1850; o caso de Dred Scott, de 1857, em que a Suprema Corte decidiu que escravizados não eram cidadãos; a questão dos direitos dos estados.

Tantas lutas. E então tantas mortes.

Por quê? Para quê? Por que era tão importante?

Lincoln deu conta da questão em breves e belas frases que deixaram tudo muito evidente: os Estados Unidos eram uma *nação* — usou a palavra cinco vezes — e não podiam ser despedaçados. Aquela nação tinha sido "concebida na liberdade e dedicada à proposição de que todos os homens são criados iguais". A escravização era anátema a isso. Até certo ponto, todo norte-americano sabia disso. A guerra era o teste para verificar se de fato acreditavam nisso.

Lincoln optou nem tanto por homenagear o cemitério que tinham ido inaugurar, e sim por usar a ocasião para redefinir o que eram os Estados Unidos e o papel de cada cidadão neles. Com aquelas 271 palavras, não fez referências a generais ou a marcos geográficos, nem disse o nome do local onde se encontravam — nem ao menos fez menções específicas à escravização ou à secessão.

Em vez disso, buscou explicar o projeto nacional em termos moralmente transcendentes, consagrando assim uma dissensão constitucional e um conflito sangrento como causas dignas da medida plena da devoção pessoal, rumo a um "novo nascimento da liberdade" de modo que o "governo do povo, pelo povo, para o povo não pereça na Terra".[26]

Não era uma tarefa fácil. Na verdade, era o tipo de "ato hostil" a que Joan Didion se referiu ao falar de grandes escritos. Poucos norte-americanos, no início da guerra, achavam que estavam lutando pela liberdade da população negra. A maioria dos soldados que morreu em Gettysburg não teria dito que desejava a igualdade racial. Lincoln estava alterando o que a guerra representava bem debaixo do nariz deles.

Ele tinha treinado a vida inteira para aquele momento: seu fascínio pela linguagem, as palavras que rabiscou em tábuas quando era criança, com uma pena feita de penas de urubu, seu amor pela Declaração de Independência, que ele sabia quase de cor. "Pela simplicidade deste lado da complexidade, eu não daria um tostão", disse Oliver Wendell Holmes Jr., que lutou pela causa evocada por Lincoln e ficou gravemente ferido em Antietam e Chancellorsville. "Mas pela simplicidade do outro lado da complexidade, por essa eu daria tudo que eu tenho."

A simplicidade e o discernimento do Discurso de Gettysburg não eram uma exceção, não eram um acidente. Lincoln burilou o discurso durante meses. O texto era fruto dos incontáveis discursos que ele andava fazendo desde a década de 1850, assim como das provas euclidianas que ele tentou resolver em seus cadernos. Ainda naquela manhã, ele o estava revisando e refinan-

---

[26] Em 1861, Alexander Stephens, vice-presidente da Confederação, fez um discurso mais comprido, mas, para seu terrível crédito, conseguiu exprimir a essência da posição dos sulistas, que um século e meio de mitologias da "Causa Perdida" não conseguiu apagar: "As bases do nosso novo governo estão assentadas, sua pedra fundamental repousa sobre a grande verdade que o negro não é o semelhante do homem branco; que a escravidão, a subordinação à raça superior, é sua condição natural e normal. Este, nosso novo governo, é o primeiro, na história do mundo, baseado nessa grande verdade física, filosófica e moral."

do. Quando chegou a hora de falar, estava perfeito: não havia nenhuma palavra fora do lugar, nada a acrescentar ou subtrair.

Porém, mais que a simples linguagem, o Discurso de Gettysburg era uma expressão da genialidade de Lincoln, de sua capacidade de chegar ao "cerne" de um assunto, como dizia seu sócio de advocacia... e, ainda mais impressionante, sua capacidade de *explicar*.

A maioria dos norte-americanos não tinha compreendido a relevância da Lei Kansas-Nebraska, imposta por Stephen Douglas, o rival político de Lincoln. No entanto, Lincoln entendeu de imediato que ela transformava a escravização de uma instituição em declínio em um setor em crescimento, uma polêmica política que levaria o país a uma crise. Foi isso que Lincoln martelou sem parar em seus famosos debates com Douglas, que, apesar de bem mais extensos que o Discurso de Gettysburg, tiveram o efeito de galvanizar o Partido Republicano, transformando-o em uma força capaz de conquistar a presidência.

Ao longo da guerra, Lincoln ficou várias vezes exasperado com a incapacidade de pessoas em geral inteligentes de captar as questões centrais da guerra e vencê-la. "Aquele cuja sabedoria ultrapassa a de todos os filósofos", disse, citando a Bíblia em Marcos 3:25, "declarou que 'uma casa dividida contra si mesma não pode ficar de pé'". "A União é a força", disse, antes da guerra. E, quando a guerra por fim veio, ele captou o que estava em jogo e se recusou a aceitar o enquadramento dos interesses escravocratas, fratricidas e radicalizados.

"Esta é uma *rebelião*", disse ele centenas de vezes em discursos e cartas. O "Sul" não existia, relembrava ele. Os "chamados Estados Confederados da América", como se referia a eles, não existiam nem possuíam estatuto jurídico. A "União" não era algo temporário, e sim um pacto sagrado e inquebrantável a partir do qual os Estados Unidos da América enquanto *nação* haviam sido formados.

Na verdade, apenas alguns dias depois das vitórias de Gettysburg e Vicksburg, Lincoln fez um discurso extemporâneo para uma multidão reunida do lado de fora da Casa Branca. "Quanto tempo faz? Uns oitenta anos... desde que, no dia 4 de julho, pela primeira vez na história do mundo, uma nação, por meio dos seus representantes, reuniu-se e declarou como verdade evidente em si mesma que 'todos os homens são criados iguais'", disse ele, em uma evidente prévia das declarações mais célebres que faria quatro meses depois. "Agora, neste último 4 de julho recém-passado... temos uma gigantesca rebelião, no fundo da qual há um esforço para subverter o princípio de que todos os homens foram criados iguais."

Era essa a frustração de Lincoln em relação ao general George Meade, na esteira da grande vitória em Gettysburg. Meade enviou um telegrama anunciando que tinha repelido Lee de Maryland, expulsando assim o inimigo "do nosso solo". Lincoln ficou estupefato. "Será que nossos generais nunca vão tirar essa ideia da cabeça?", questionou, decepcionado. "O país inteiro é o nosso solo."

As pessoas não enxergam a questão central. Confundem as árvores com a floresta. São vendadas por suas ideias preconcebidas, a mente cheia demais para absorver as informações corretas. *Não conseguem distinguir uma coisa da outra.* "Ver o que está diante do nariz exige um esforço constante", afirmou Orwell. Um dos motivos das anotações em cadernos, disse ele, é manter um registro das coisas, isso nos ajuda a nos agarrar à verdade quando estamos cercados de mentiras, de caos, de opiniões conflitantes.

"O exército de *Lee*, e não a cidade de *Richmond*, é seu verdadeiro objetivo", relembrou Lincoln várias vezes a seus generais quando eles o procuravam com planos para tomar a capital inimiga. O objetivo era esmagar uma rebelião, e não tentar conquistar território. Se pressionarmos Lee, disse Sheridan a Lincoln em 1865, ele vai se render. *Deixe a coisa ser pressionada*, telegrafou Lincoln de volta.

O propósito da sabedoria não é conseguir acumular na cabeça um gigantesco catálogo de informações; é ser capaz de destilar essas informações para decifrar o que significam. Chegar à essência de uma questão, de um problema ou de uma história. *Enxergar o aqui e o agora, a única coisa que conta.*

O segundo discurso de posse de Lincoln também foi curto: o mais curto da história dos Estados Unidos.[27] Nele, Lincoln explica as causas da guerra de forma mais evidente que qualquer outro, antes ou depois.

Quatro anos antes, afirmou Lincoln à nação, estávamos aqui receando o espectro de uma guerra civil. "Ambas as partes criticavam a guerra, mas uma delas preferiu ir à guerra a permitir a sobrevivência da nação", disse, "e a outra preferiu aceitar a guerra a deixá-la perecer". Por que um dos lados quis a guerra? "Um oitavo de toda a população era de escravizados de cor, não distribuídos de maneira igual pela União, mas localizados em sua parte meridional", explicou. "Esses escravizados constituíam um interesse peculiar e poderoso. Todos sabiam que esse interesse era, de certa forma, a causa da guerra."

Quanta gente, desde então, tentou complicar as coisas!

Lincoln não enrolava em relação à causa da guerra, mas também sabia que acusar é diferente de culpar. O Norte também chegou a participar da escravização, vendeu escravizados para o Sul, lucrou por meio de suas instituições financeiras e comerciais, evitou a questão política por ser inconveniente, por não valer a pena. Todos eram responsáveis. Todos estavam envolvidos. Se o sofrimento e a chaga da guerra teriam que continuar um pouco mais, como castigo por seus pecados, isso estava fora do controle deles. Contudo, a questão diante deles, à medida que a guerra chegava a seu inevitável fim, era a seguinte:

---

[27] O fato de que tanto o Discurso de Gettysburg quanto seu segundo discurso de posse caibam em painéis no Memorial Lincoln é uma prova de sua concisão.

> Sem maldade em relação a ninguém, com caridade para todos, com firmeza na Justiça como Deus nos faz ver o que é justo, vamos lutar para completar a obra em que nos empregamos, para curar as feridas da nação, para cuidar daqueles que sustentaram o combate e por suas viúvas e seus órfãos, para fazer tudo aquilo que possa alcançar e cultivar uma paz justa e duradoura entre nós mesmos e com todas as nações.

Com esse discurso, ao contrário do de Gettysburg, ele sabia que seus esforços alcançaram o objetivo. Acreditava que aquelas suas palavras iriam durar mais do que tudo que já havia dito. "[Há] muita sabedoria nesse documento, suspeito", afirmou ele.

Uma sabedoria simples, obtida a muito custo, mas explicada o suficiente para uma criança em idade escolar compreendê-la... profunda o suficiente para até hoje sermos impactados por seu significado e seu apelo.

Nossa tarefa é distinguir as coisas. Descobrir o que é importante e descartar o restante. Precisamos nos esforçar para simplificar o que é complexo... e manter simples o simples... porém não simplificar o simples.

Nietzsche estava meio que brincando, mas coberto de razão, quando disse que às vezes os estoicos eram superficiais *de tão profundos*.

Entretanto, ele tinha razão.

Precisamos notar o que está na nossa cara.

É a coisa mais incomum.

É a única coisa.

PASSE NO TESTE FINAL

Sendo filósofo e dramaturgo, Sêneca sabia.

Ele sabia que tinha feito besteira. Sabia que tinha sido hipócrita. Sabia que tinha continuado tempo demais a serviço de Nero e que, ao fazê-lo, tinha solapado sua filosofia. Sabia que tinha se depreciado ao enriquecer.

No entanto, ele também sabia que o público perdoa os personagens imperfeitos (aliás, perdoa até as peças imperfeitas) quando há uma redenção. "A vida é como uma peça", disse a Lucílio em sua correspondência, "é só achar um bom final".

Sêneca demorou demais a abandonar Nero. Demorou a denunciar o imperador desvairado. Entretanto, isso acabou ajudando a preparar o último ato. E, quando os capangas surgiram para matá-lo, como haviam feito com Cícero, Sêneca estava preparado para a melhor atuação de sua vida.

"Quem desconhecia a crueldade de Nero?", perguntou aos amigos em lágrimas, surpreendidos pela sentença de morte. Sêneca não tentou fugir. Apresentou-se com coragem. Possuía a sabedoria perfeita. Por que chorar por essa parte da vida, perguntou sorridente à esposa, pensando na comparação entre Heráclito e Demócrito, se é a vida inteira que deveria arrancar lágrimas?

Contudo, e quanto à tristeza que a morte deixa em seu encalço? Foi sobre o luto que Sêneca, que enterrou um filho e vários amigos, escreveu algumas de suas melhores obras. Quem iria gostar de ser uma memória que tortura os amigos e entes queridos depois da morte? O ideal é que as pessoas sorriam ao pensar em nós. O ideal é que elas pensem em nós e pratiquem o bem. "Deixo a vocês meu exemplo", disse Sêneca aos amigos, "como meu último presente".

Por que ele não teve medo? Por que não tremeu quando os defeituosos métodos de execução falharam — primeiro o corte de suas veias, depois o envenenamento? A prática o havia preparado para aquele momento. "Filosofar", escreveu Cícero (ele mesmo morto por assassinos em uma estrada de terra na periferia de Roma), "é aprender a morrer".

Na verdade, a filosofia ensinou a Sêneca a lição mais importante a respeito da nossa mortalidade: morrer não é algo que fazemos de uma só vez, no fim da vida. Sêneca sabia que *viver é morrer*. Morremos todos os dias, Sêneca compreendeu, pois cada momento que passa no relógio está morto e no passado, assim como a pessoa que éramos naquele momento. Ele compreendeu que já tinha enfrentado aquela situação antes, como todos nós, pois não morremos uma vez só, e sim incontáveis vezes, sem perceber. A morte que deveria nos preocupar não é aquela que você encontra na velhice e na solidão, e sim aquela que você se recusou a ver quando era jovem e achava que tinha todo o tempo do mundo.

Quando veio enfim seu desfecho, na banheira em que mandaram afogá-lo, Sêneca não se queixou nem vacilou. E, assim, ele logo se foi.

O exemplo que deixou aos amigos sobreviveria por muito mais tempo que ele. Ofuscou seus defeitos da meia-idade, suavizou sua hipocrisia, tapou os buracos de sua história.

Na vida, podemos dar muitas mancadas... mas precisamos tentar acertar no instante derradeiro.

É o teste final de toda sabedoria.

Feynman. Lincoln. Montaigne. Joan Didion. Sócrates. Da Vinci. Os irmãos Wright.

O que todos eles têm em comum?

Todos morreram. Todos viram a morte de perto. E não foi só no fim. Feynman teve que sepultar a esposa aos 27 anos. A filha querida de Cícero, Túlia, morreu no parto na flor da idade.

Joan Didion, que foi criada cantando na igreja, como muitos cristãos, que "no meio da vida estamos na morte", viu o marido cair morto no meio de uma frase, na frente dela, e apenas dois anos depois assistiu ao funeral da filha.

Lincoln perdeu a mãe, a irmã e dois filhos. Apenas uma semana antes da própria morte, antes de também ser embalsamado e transportado de trem até sua terra, como incontáveis soldados que deram "a última medida plena de devoção", como descrito no Discurso de Gettysburg, naqueles grandes campos de batalha, Lincoln havia recitado de cor para seus convidados o poema "Ao Pé do Fogo", de Longfellow:

> Não existe rebanho, por mais vigiado e cuidado,
> Que não tenha um cordeiro morto!
> Não existe lareira, por mais bem defendida,
> Que não tenha uma cadeira vazia!

A vida passa depressa. A vida invade você.

De que adianta a sabedoria, se não for para nos ajudar aqui?

Para nos dar distanciamento, para nos dar força, para nos dar compreensão a respeito da coisa mais difícil que apenas nós, de todos os animais, somos dados a contemplar.

"A premeditação da morte é uma premeditação da liberdade", escreveu Montaigne. "Aquele que aprendeu a morrer desaprendeu a ser escravo. Saber morrer nos liberta de toda a sujeição e limitação."

Pense em quantas pessoas temem a morte todos os dias. Aquilo que elas temem é aquilo que menos conhecem. *Não quero pensar nisso*... no entanto, pensamos, e nunca são pensamentos bons. Tampouco são os únicos cuja vida é distorcida pela ignorância em relação à morte. Pense em quanta gente faria *qualquer coisa* para continuar viva, por medo de morrer, por querer viver para sempre. Elas depreciam, assim, a vida que possuem, tornando-a sem valor. Ou desperdiçam muita coisa ao longo dela, por recusarem o risco de perdê-la. Desperdiçam a vida em busca da fama e da imortalidade.

Se a filosofia não é capaz de nos libertar dessa prisão de medo e ansiedade, se não pode nos devolver a dádiva do momento presente, de que ela adianta?

É possível constatar a liberdade de que Montaigne estava falando nos últimos momentos de Epicuro, que foram profundamente felizes, apesar de sua grave doença. Hoje, pensamos em Epicuro como um amante dos prazeres, mas na verdade ele lutou para se libertar da dor autoinfligida, isto é, a dor *espiritual* que acrescentamos aos nossos sintomas. A morte não é terrível, como ele acabou compreendendo depois de muita reflexão sobre o assunto. *Terrível é a opinião de que a morte é terrível.* Ele não podia controlar o término da vida, mas sofrer com o medo existencial era uma decisão dele.

Afinal, o que haveria de tão ruim em *não* estar vivo? Antes de nascer, isso não o incomodava!

Uma vez mais, é por isso que recorremos à filosofia: para nos ajudar a entender o sentido da condição humana, para nos ajudar a dar conta dos pensamentos mais insistentes e dolorosos. Lucrécio, poeta bastante influenciado por Epicuro, volta e meia se surpreendia, deprimido pela ideia de morrer e deixar os filhos para trás. "Nunca mais seus filhos queridos vão correr pelo prêmio do seu primeiro beijo", escreveu, resumindo a alegria que todo pai ou mãe sente, "tocando seu coração com um prazer profundo demais para as palavras". Foi uma pequena percepção, a partir dos ensinamentos de Epicuro, que o ajudou a transcender essa dor que poderia muito bem tê-lo paralisado: "Você não vai se importar, porque não vai existir."

Nossa morte não é uma perda, porque nos perdemos com ela.

Memento mori.

Lembre-se, você é mortal.

O que significa que precisa dominar a *ars moriendi*, a arte de morrer.

Toda a sabedoria do passado visava, de certa forma, a essa última lição. Toda ela, no fim das contas, nos proporciona exemplos de como fazer isso.

Cícero, resignado, porém sem medo, repousando o queixo na mão, como costumava fazer quando estava perdido em pensamentos, fitou os olhos de seus assassinos. "Não há nada correto no que estão fazendo", disse a eles, "mas tentem me matar corretamente".

Montaigne perdeu o irmão em um acidente (por incrível que pareça, jogando tênis) e ficou profundamente abalado com a morte do melhor amigo, Étienne de La Boétie, aos 32 anos. Ele também teve a própria experiência de quase-morte. Aos 59 anos, a morte, que dançou pela primeira vez nos lábios de Montaigne quando ele sofreu um acidente, retornaria. Montaigne havia escrito sobre o medo da morte. Ele ficou com medo? Ele não viveu com medo. Não teve medo de questionar. Não teve medo de si mesmo. Mergulhou no desconhecido. Não considerava nada fora dos limites. "Privemos a morte de sua estranheza", escreveu. "Vamos frequentá-la, vamos nos habituar a ela... a cada instante, vamos evocá-la em nossa imaginação, sob todos os aspectos."

De fato, a morte não lhe era estranha. Um acidente que acabaria mudando sua vida quase a encurtou. Montaigne sobreviveu a terríveis surtos de peste, dos quais o pior ceifou um terço da população de Bordeaux. Ele testemunhou massacres e execuções. Teve que sepultar todos os amados filhos, exceto um. Sabia que não existia hora ou lugar em que a morte não pudesse encontrar alguém. Que ela pairava sobre ele e sobre todos nós como a espada de Dâmocles.

Dessas meditações sobre a morte, ele saiu com um senso de urgência. Não deixava nada por fazer, afirmou, não adiava nada para o dia seguinte. Despedia-se quando havia a oportunidade. Dizia querer que a morte o encontrasse plantando seus repolhos, e não preocupado com a mortalidade ou o estado de seu jardim, apenas desfrutando do momento presente.

Ele havia se afastado da devassidão e do caos da época, encontrando estabilidade e força... dentro de si. Tudo tinha sido para aquele instante, tudo levou àquele momento — como ocorre com todos os mortais. Com equanimidade e serenidade.

Montaigne sempre admirou aqueles capazes de brincar sobre a morte, capazes de encará-la com uma risada. Agora que estava morrendo de uma amigdalite aguda, que paralisava sua língua, cada palavra era importante para ele. Será que ele percebeu como era irônico que um dos maiores faladores da história acabou sendo silenciado? Teria sido capaz de rir disso?

Se conhecemos um pouco de Montaigne, temos que supor que sim; que ele seguiu para a morte curioso e de bom humor. Incapacitado de contar uma piada, estaria rindo por dentro.

Em 13 de setembro de 1592, ele pediu uma última missa e então deixou esta Terra, levando a bom termo uma boa vida — o maior e mais raro dos feitos.

Que possamos seguir suas sábias pegadas.

SABEDORIA É VIRTUDE.
VIRTUDE É SABEDORIA.

> "As virtudes são como a música. Vibram em um tom mais elevado, mais nobre."
>
> STEVEN PRESSFIELD

Goethe inicia *Fausto* com a seguinte frase: "No começo havia a Palavra."

Em seguida, corrige a si mesmo. Não, no começo havia o *ato*.

Este é um livro sobre sabedoria, o quarto e último de uma série sobre as virtudes cardeais. No fim, é válido destacar de novo: palavras não importam. *Atos importam*.

Pode parecer estranho dizer isso em relação a algo tão etéreo e cerebral quanto a sabedoria. Porém, tanto quanto qualquer uma das outras virtudes, a sabedoria é uma questão de *ação*. É *preciso* ler, escutar, questionar, buscar, experimentar, viver, aprender. A sabedoria dá *trabalho*, muito trabalho... e nunca termina.

A sabedoria também é o esforço que vem antes das outras virtudes. Sem uma contemplação prévia, a coragem, o autocontrole e a justiça são impossíveis... e provavelmente inúteis. Edmund Burke, que fazia parte de um famoso círculo social organizado por Samuel Johnson, dizia que a sabedoria — ou a *prudência*, que era o termo usado por ele — não apenas era a primeira na lista de todas as virtudes como também "a diretora, a reguladora, o padrão de todas elas". É por isso que dizemos que a sabedoria é a mãe de todas as virtudes. Ela nos diz o quê, quando, onde, quem.

Segundo Heráclito: “A sabedoria é uma coisa: dominar o conhecimento de como todas as coisas são conduzidas através de tudo.” Na prática, é essa condução que torna as virtudes tão inseparáveis. A sabedoria de nada vale sem a vontade e a determinação de levá-la ao mundo, de utilizá-la em nossos problemas e nossas oportunidades.

Falar de sabedoria é fácil. Celebrar as grandes mentes da história é inspirador. Submeter suas escolhas e seus equívocos à análise é simples. É algo que preenche muitas páginas, aqui apoiadas por séculos de poesia, literatura e memórias. No entanto, meu objetivo ao escrever este livro, e ao passar horas lendo, não é mero entretenimento. Não é disso que a filosofia trata.

Estamos tentando, na verdade, melhorar, nos tornar mais sábios. Ao tentarmos nos esforçar a nos dedicar a nós mesmos, ao tentarmos tomar nós mesmos essa decisão hercúlea. Hoje. Amanhã. A cada momento.

De que adianta qualquer virtude se ela só existe no papel? Qual o sentido, se você não tem a coragem para vivenciá-la? A força para persegui-la? A integridade para insistir nela mesmo com tantas recompensas que se acumulam quando a vida caminha no sentido oposto?

É evidente que, existe uma relação entre o estudo e a prática, mas em algum momento pneu e asfalto se encontram. Contemplamos a verdade e depois temos que usá-la para tomar uma atitude.

As quatro virtudes tratam de imbuir caráter, um bom caráter, de modo que, no ponto crítico, a verdadeira natureza da pessoa se revele. A sabedoria não é algo que simplesmente acontece com você, e ninguém nasce com ela. Contudo, a boa notícia é que, uma vez que você aprende algo, como a mãe do grande John Lewis costumava dizer a ele, ninguém tira isso de você. A sabedoria é nossa para sempre, se decidirmos utilizá-la.

As pessoas que acompanhamos, de Montaigne a Marco Aurélio, passando por Abraham Lincoln, Maya Angelou, Joan Didion, George Patton, Plutarco, Thomas Merton, Claude Monet, Leonardo da Vinci, Zenão e Temple Grandin, não eram perfeitas e, com certeza, não eram perfeitamente sábias. Em alguns casos, demonstraram o exato oposto das virtudes que estamos estudando, algo que não se pode ignorar. Porém, tampouco se pode negar que nos momentos-chave, críticos, o *caráter* delas veio à tona e elas realizaram coisas profundas e grandiosas. Não apenas naquela época, para as pessoas que ajudaram ou as causas que promoveram, como também até hoje, para nós, pela inspiração que seus feitos representam.

O mesmo se aplica a figuras brilhantes cujas histórias servem como um sinal de alerta.

O importante não foram suas palavras. Foi aquilo que fizeram, por serem quem eram.

Foi isso que Lincoln afirmou em Gettysburg: não importa o que dissermos aqui, importa o que *eles fizeram aqui*. Entretanto, o que ele fez não teria sido possível sem a educação singular que precedeu o ocorrido. Ele não teria conseguido fazer aquele discurso sem seus anos como advogado e político. Não poderia ter escrito aquilo sem ter lido tanto. E não poderia ter imaginado a força moral de sua argumentação sem uma compreensão e um amor profundos por todos os seres humanos.

Vale apontar que as palavras que Lincoln disse importaram, sim, e não foram esquecidas. A sabedoria que continham, por serem sinceras e resultado da sua experiência de vida, ecoa desde então, um século e meio depois, redefinindo na prática o propósito de um governo livre e inspirando as pessoas a *praticarem* o bem elas mesmas, tendo sido conclamadas à ação pelas palavras dele.

Assim é o ciclo da sabedoria: aprenda. Aplique. Repita. Não apenas na vida pessoal como também no coletivo, como sociedade, aprendendo com os que vieram antes de nós, aprendendo com nossa vida, "deixando pegadas nas areias do tempo".

A virtude brilha.

Consagrar a virtude não nos cabe. Ela é eterna por si só.

Existe apenas um jeito de honrá-la.

Incluindo-a em nossos atos, continuando seu "trabalho incompleto". Precisamos dar continuidade à tradição da qual passamos a fazer parte, conscientes disso ou não. Precisamos nos apoiar nos ombros dos gigantes que vieram antes de nós para enxergarmos mais longe, ajudarmos mais pessoas, vivermos melhor.

Não se trata de ostentar nossa inteligência. Não se trata de uma exibição de virtudes, e sim de uma *vivência* virtuosa.

Por mais que aprendamos sobre a virtude, quando chegarmos a uma encruzilhada, teremos que tomar uma decisão.

Abrimos esta série com a Bíblia e com John Steinbeck. Vamos encerrá-la juntando os dois. Em *A leste do Éden*, Steinbeck conclui que a palavra mais importante do cristianismo é *timshel* ("tu podes", em hebraico). Quando lemos os mandamentos traduzidos para o inglês, eles são apresentados dessa forma, como *mandamentos*. Todavia, Steinbeck pensa que a tradução do hebraico é mais precisa: não "tu deves", e sim "tu podes".

"Há responsabilidade individual e a invenção da consciência", disse ele a seu editor enquanto escrevia o livro. "Você pode, se quiser, mas cabe a você decidir. Essa pequena história se revela uma das mais profundas do mundo. Sempre senti que era, mas agora sei que é."

Quer seja retirada da Bíblia, quer seja da história de Hércules, de *A leste do Éden* ou de *Fausto*, a mensagem da parábola é a mesma: temos uma escolha. Nós *escolhemos* entre a sabedoria e a ignorância, a covardia e a coragem, a disciplina e o excesso, o certo e o errado, a virtude e o vício.

Nós pegamos nossas tábuas e iniciamos nossa educação. Nós evitamos as armadilhas dos tolos e as mentiras, sobretudo as mentiras e tolices que o sucesso e a inteligência podem engendrar. Continuamos carregando essas tábuas até o dia da nossa morte. Aprender, sempre, eternamente, e não só na escola, é nossa missão.

Ninguém está dando nota. Ninguém confere se estamos progredindo. Ninguém nos concede um diploma. A sabedoria sempre, eternamente, fugirá ao nosso completo controle.

Mesmo assim, vamos continuar tentando?
Vamos continuar aprendendo todos os dias?
Vamos continuar famintos e humildes?
Curiosos e gentis?
Sabedoria é dedicação.
Você tem disposição para isso?

POSFÁCIO

Eu não sei por que achei que seria uma boa ideia, mas escrevi minha redação para entrar na universidade sobre a distinção entre *escolaridade* e *educação*. Talvez tivesse sido do gosto de Sócrates, mas é pouco provável que os professores que tinham meu destino nas mãos tenham compartilhado da mesma opinião. Achei que estava sendo esperto, mas, desnecessário dizer, não fui aceito em muitas universidades.

Contudo, não tenho do que me queixar. Acabei conseguindo uma vaga na Universidade da Califórnia em Riverside (UCR), onde conheceria minha esposa e mãe dos meus filhos.

De toda forma, eu não era muito fã de salas de aula. Abandonei a faculdade no fim do segundo ano para trabalhar em Hollywood. Um produtor musical e cinematográfico me ofereceu um emprego e, enquanto eu analisava a oportunidade (com medo de acabar vivendo debaixo de alguma ponte se aquilo não desse certo), ele me fez uma pergunta que mudou minha vida: "Como você vai se sentir, sentado no campus, lendo sobre pessoas que fazem coisas que você poderia estar fazendo?"

Disscepolo della sperientia. Foi assim que eu me tornei um discípulo da experiência.

Poucos meses depois dessa conversa com o produtor, eu estava dentro de uma sala para uma apresentação que garantiu um contrato multimilionário com a banda Linkin Park. Na verdade, a nova estratégia de mídia que os gerentes estavam propondo à banda tinha sido elaborada por mim. Entretanto, como na época eu era um jovem *anteambulo*, a tarefa que me atribuíram na apresentação foi montar o projetor e os alto-falantes.

Eu estive presente na ascensão e na queda da marca American Apparel, gerindo o marketing de uma empresa com ações na bolsa antes mesmo de ter idade para alugar um carro. Deparei-me com caos e desorganização, assim como com gênios criativos. Cuidei de orçamentos de vários milhões de dólares, e minhas campanhas foram notícia no mundo inteiro. Eu tinha a reputação de uma espécie de menino-prodígio, mas, embora fosse definitivamente jovem e razoavelmente talentoso, acho que as pessoas não estavam vendo o que de fato eu estava fazendo, que era apenas absorver tudo que pudesse aprender, injetando experiência, conhecimento e conselhos na veia... e ainda sendo pago para isso!

Era uma insanidade, e eu adorava.

Além de tudo que eu já fazia, à noite cursava aulas de escrita criativa. Consegui uma vaga de estágio com o grande Robert Greene, que me ensinou, lenta e pacientemente, a arte da escrita. Transcrevi entrevistas. Li livros obscuros, que ele não tinha tempo para ler. Escrevi relatórios. Trabalhei em seu site. Fiz perguntas. Escutei. Observei. Aprendi seu método de pesquisa e fichamento, que continuo usando até hoje (inclusive para este livro).

Ele foi um dos maiores escritores do nosso tempo. Além de me dizer o que fazer, também *mostrava*. Vivia e trabalhava como um monge. Sua capacidade de foco era lendária. E, por trás de sua reputação maquiavélica, havia gentileza, paciência, decência, generosidade, sabedoria.

Ao longo daquele período, trabalhei para e com um monte de gente diferente, em vários empregos e depois fundando minha empresa. Parte do trabalho era glamourosa, parte era empolgante, parte era constrangedora e indesculpável. Não é motivo de orgulho para mim, e quase me dei mal (como relatei em *O ego é seu inimigo* e no Posfácio de *O chamado da coragem*). Entretanto, experiências dolorosas, assim como nossos muitos equívocos, não devem ser desperdiçadas. Passei a entender as pessoas; observei de perto o poder. Foi uma inspiração; foi aterrorizante. Em meio aos escombros, também comecei aos poucos a me entender melhor:

as diversas motivações e os demônios que rodavam no meu ego ambicioso da juventude e por que minha criança interior parecia tão atraída por pessoas monstruosas.

Naquela redação para entrar na universidade, discorri sobre a distinção entre escolaridade e educação, mas na verdade eu não sabia direito a diferença. Porém, hoje está evidente para mim que minha educação começou no dia em que entrei na sala da administração e pedi os formulários para trancar a matrícula.[28]

Quando meus pais descobriram, basicamente me deserdaram. Na noite da mudança para Los Angeles, meu carro foi guinchado, e o apartamento que à luz do dia parecia tão legal se revelou nojento às sombras. No primeiro dia de trabalho em Beverly Hills, sem ter como voltar atrás, descobri que meu chefe, aquele que tinha me inspirado ao perguntar sobre a diferença entre ler e fazer, tinha sumido. Ele tinha se internado em uma clínica de reabilitação e ficaria lá sabe-se lá por quanto tempo. Na ausência dele, o sócio renegociou meu salário para ficar significativamente mais baixo. Ah, e havia uma pessoa ocupando a vaga que seria minha, ainda sentada na minha cadeira.

Puxa, então o mundo real é essa bagunça.

Somos o acúmulo das lições que aprendemos. Algumas das pequenas me marcaram mais que as grandes.

Lembro-me de estar sentado em uma reunião importante, da qual é provável que eu não merecesse participar. Em algum momento, pedi a palavra e falei algo, tipo, só para contribuir. Mais tarde, meu chefe me chamou de lado e perguntou: "Você precisava mesmo dizer aquilo ou só achou que tinha que dizer algo?" Penso quase todos os dias nessa pergunta. E, é óbvio, ela também apareceu como a quarta lei em *As 48 leis do poder* (sempre diga menos que o necessário), mas também é um clássico de Zenão. Dois ouvidos, uma boca... por um motivo. É o sinal não

---

[28] Aliás, cobraram 40 dólares por esse privilégio. Foi o dinheiro mais bem gasto da minha vida.

apenas de uma pessoa com autocontrole como também de uma pessoa sábia.

Ainda tenho dificuldade com isso. Semana passada mesmo, saí de um jantar com George Raveling, o treinador de basquete (um cara que participou da Marcha sobre Washington, que conheceu John Wooden, Kareem Abdul-Jabbar, Muhammad Ali e Michael Jordan, e que passou quase nove décadas neste planeta), e, dentro do carro, no caminho de casa, pensei: *Você falou mais do que ele!*

Somos o produto de nossos pequenos hábitos.

Foi de Montaigne que eu tirei a ideia de começar um caderno de referências? Talvez. Ou foi de Emerson e sua poupança? Ou foi de Joan Didion, em cuja velha cadeira eu me sento para escrever todos os dias? As melhores ideias são propriedade coletiva. Roubei de alguém e de todo mundo e mantenho esse hábito há quase duas décadas. O hábito também me mantém — as milhares de fichas e páginas de diários que preenchi não apenas me permitiram produzir meus livros como também me ajudaram como marido e como pai e mantiveram minha sanidade nestes tempos insanos.

De qualquer forma, meu período *dentro* da escola não havia terminado. Tenho quase certeza de que entrei pela primeira vez na biblioteca da faculdade *depois* de abandoná-la. Na bibliografia de um escritor que eu estava lendo, algum livro obscuro chamou minha atenção. Considerando que custava centenas de dólares na Amazon, voltei à faculdade para encontrar minha namorada e procurei o livro. Desde então, passei incontáveis horas entre as prateleiras da biblioteca da UCR, assim como das bibliotecas da UCLA, de Tulane e da Universidade do Texas, primeiro fazendo pesquisas para Robert Greene e depois quando passei a escrever meus livros.

Ah, quem dera ser jovem de novo... Quantos grandes livros eu tinha pela frente. Quantas grandes ideias entre a capa e a quarta capa, de todos os formatos e tamanhos. Poder ler esses clássicos, essas incríveis obras de arte pela primeira vez. Quanto havia por descobrir e aprender, quantas frases bem escritas com as quais me deliciar...

Amo minha vida, porém, por mais que aquele período tenha sido incrivelmente estressante, às vezes sinto inveja daquele menino.

Preciso lembrar a mim mesmo: não são só os jovens que desperdiçam essa dádiva. Cinco mil anos de literatura nos antecedem, e todos os dias são publicados novos livros. Diante dessa fonte inesgotável de conhecimento humano, somos todos adolescentes. Existe um número inacreditável de livros dos quais você nem ouviu falar, que dirá ler. E não faltam livros para reler, nesta nova fase da sua vida, como outra pessoa, para extrair deles algo novo.

No início deste projeto, eu sugeriria a você ter lido tudo que era necessário sobre Lincoln... mas, quando me sentei para cuidar da Parte 3 deste livro, senti que não estava à altura do conselho. Por isso, li o livro de 496 páginas de Michael Gerhardt sobre os mentores de Lincoln. Li a biografia escrita por John Hay e John Nicolay. Li *Team of Rivals*, de 944 páginas, de Doris Kearns Goodwin. E ainda havia mais para descobrir. Por isso, li *Abe*, de 1.088 páginas, de David S. Reynolds. *Lincoln*, de 720 páginas, de David Herbert Donald. Meu filho de 8 anos sabe de cor o Discurso de Gettysburg, mas eu tive que ler o livro de Garry Wills, ganhador do Prêmio Pulitzer, que trata especificamente do discurso (e que tem mais páginas do que o discurso tem palavras). Conversei sobre Lincoln com Ken Burns e com Doris. Repassei os livros que eu já havia lido (o de William Lee Miller, principalmente, mas também os de Harold Holzer, Joshua Wolf Shenk e Carl Sandburg). Li os próprios escritos de Lincoln, suas cartas e seus discursos. Revisei minhas fotos (e diários) de viagens a Gettysburg, a Antietam e ao Teatro Ford. Várias vezes enquanto escrevia este livro, fui contemplar o Memorial Lincoln. Fiquei maravilhado diante da obra de arte de Krzysztof Wodiczko, que projeta o rosto e as experiências dos veteranos de guerra norte-americanos no rosto da estátua de Lincoln, no parque Union Square, em Nova York. E até agora (milhares de quilômetros e pelo menos

10 mil páginas Lincoln adentro), ainda sinto que há mais coisas que eu não sei do que sei.

Quando terminava de ler um livro, Patton rabiscava um R pequeno na capa interna, para confirmar que tinha lido. Quando eu leio algo, isso se torna evidente: o livro fica todo usado. Os cantos das páginas, dobrados para marcar o que quero passar para meu caderno de referências. As margens, cheias de anotações: com caneta, lápis, um giz de cera que roubei de um dos meus filhos que estava colorindo ali por perto. Tem manchas e água derramada, imortalizando o que eu estava comendo enquanto lia. Alguns livros estão autografados pelos autores, que eu gosto de procurar para fazer perguntas.

Que alegria foi retornar a alguns desses livros. Revisitar meu velho amigo Montaigne. Ver o que me impressionou em Lincoln dez anos atrás. Visitar o que anotei sobre Didion no ensaio dela sobre cadernos. Foi como se eu viajasse no tempo até mundos diferentes.

O "como se" é por conta, é óbvio, de não haver nada que se equipare ao poder das viagens de verdade. Ainda quero conhecer a cidade natal de Lincoln. Como ele disse em uma de suas últimas conversas pouco antes de morrer, também quero conhecer Jerusalém. Já estive em tantos lugares, e restam tantos outros para ir.

Há algo de especial em viajar, em caminhar em solo sagrado: aqui um grande homem fez um discurso. Aqui um soldado pagou o preço mais alto. Aqui caminhou uma mulher, carregando um bebê, deixando passos que ficaram preservados na areia pelos 20 mil anos seguintes. Estive nas ruas de Aquincum, onde Marco Aurélio escreveu parte das *Meditações*. Perto de uma propriedade minha na Califórnia, existe uma árvore que é um dos seres vivos mais velhos do planeta: já era velha quando Alexandre, o Grande, estava fazendo suas conquistas. Aqui fica a ágora onde Zenão conversava com os mortos. Aquela é *A última ceia*, de Da Vinci. Aqui, em Waverley, nas colinas de Bronte, fica o cemitério mais bonito do mundo... cheio de gente que um dia foi famosa e que provavelmente não esperava ser esquecida tão cedo.

Cada um de nós tem um chamado. Nossa missão de vida é ouvi-lo... e ter coragem suficiente para segui-lo.

Eu imagino que poderia ter continuado na minha profissão. Poderia ter pulado de uma marca de moda para a seguinte; poderia ter fundado uma startup, como fizeram tantos amigos meus. Poderia ter investido mais, e vi meus amigos ganharem muitos milhões fazendo exatamente isso. Poderia ter ganhado bem mais dinheiro fazendo, basicamente, qualquer coisa além de escrever sobre uma obscura escola de filosofia da Antiguidade.

Passei meus 20 e poucos anos tentando ajudar pessoas a vender coisas. Empresas, marcas, personalidades. Eu me saí muito bem nisso. Poderia estar fazendo coisas bem piores, e de um jeito bem pior, com certeza, mas chegou um ponto em que pensei: *ninguém quer gastar a vida fazendo isso.* "O grande gênio desdenha dos caminhos já percorridos", disse Lincoln em um discurso de 1838. "Arde nele a sede de se distinguir; e, se puder, conseguirá, seja à custa da emancipação de escravos, seja da escravização de homens."

Também podemos aplicar essa lógica a ambições e inteligência muito mais banais. No fim das contas, a sabedoria, como todas as virtudes, pode ser santificada ou aviltada conforme o *uso*. Você usa seu cérebro para tornar o mundo melhor ou pior? Eis a questão.

Sabe, eu também queria ser feliz. Na vida, tive vários mentores, mas a mulher que encontrei em uma festa em 2007 (minha esposa, Samantha) me ensinou mais que todos eles. Nunca fui rei, mas ela me impediu de me tornar um rei insensato mais vezes do que sou capaz de contar. E foi ela quem me convenceu a abandonar a carreira que eu havia construído e me tornar escritor.

Foi o incentivo dela e minhas leituras de história e literatura que me levaram ao meu primeiro livro.

Ainda tenho meu exemplar de *The Harder They Fall*, de Budd Schulberg. Quase todas as últimas páginas estão destacadas com um marcador de texto amarelo neon, agora desbotado. No entanto, são sobretudo os trechos sobre a ilusão de que dá para chafurdar na lama sem se contaminar que me levaram a começar a pular fora do mundo da publicidade e publicar aquilo que eu pretendia que fosse uma espécie de relato-denúncia do atual sistema midiático.

Apesar disso, o que eu sempre quis mesmo era escrever sobre filosofia. Minha introdução aos estoicos veio pouco tempo depois do fim de minha educação formal: uma recomendação de livro mudou o rumo da minha vida.

Pois bem, Marco Aurélio registra nas páginas iniciais das *Meditações* sua gratidão a Rústico "por me apresentar às palestras de Epicteto — e me emprestar seu exemplar". A sabedoria de um escravizado grego, obtida a duras penas após a escravização e o exílio, moldaria a mente de um imperador por intermédio de um professor e pensador.

Ele era, como espero que eu e você também sejamos, parte de uma cadeia que existe há séculos de pessoas apresentadas ao segredo do estoicismo, essa filosofia da sabedoria. Ali, na mesa do meu alojamento universitário em Riverside, enormes diferenças culturais e tecnológicas foram eliminadas. De uma hora para outra, eu estava conversando com os mortos. De uma hora para outra, estava sentado com uma grande mente, envolvido não com sofismas ou paradoxos filosóficos, e sim, como Brand Blanshard comentou sobre as *Meditações*, com "algo de interesse muito mais permanente, os ideais e as aspirações segundo os quais viveu um espírito raro".

Lembro-me de ter lido isso e pensado: *Como é que não contam isso a todo mundo?* Lembro-me de ter pensado: *É isso... é isso o que eu quero fazer.*

Levou algum tempo, mas um dia retornei a esse assunto. Era até certo ponto insano, reconheço, escrever um livro sobre filosofia aos 25 anos. Eu não tinha diploma... e ainda não tenho. Não sei ler em grego nem latim. Até hoje, escrever este livro sobre sabedoria com menos de 40 anos me assusta. Tudo bem que escrever um livro não figura no topo do ranking da coragem, mas, mesmo assim, o livro me pareceu um passo enorme. Quem sou eu para falar de sabedoria?

Não posso afirmar de modo algum que a possuo. Entretanto, posso afirmar que a estudo.

Também rejeito a ideia de que a virtude é inacessível ou inalterável. Ou que esse é um assunto restrito aos gregos e romanos, ou a quem tem um doutorado.

"Sempre imaginamos Platão e Aristóteles usando longas togas acadêmicas", escreveu Blaise Pascal, "mas eles eram pessoas comuns e dignas, como todo mundo, que gostavam de dar risada com os amigos. E, quando eles se divertiam [com o trabalho filosófico], era por puro prazer. Era a parte menos filosófica e menos séria da vida deles: a parte mais filosófica era viver de forma simples e sem alarde." As "escolas" do mundo clássico não eram instituições formais. Zenão montou a dele na *stoa*, um pórtico bem perto da feira de livros que mudou sua vida. Montaigne, podemos supor, aprendeu tanto com a família de camponeses com quem morou quanto com todos os livros de sua biblioteca.

Podemos olhar para o passado com reverência... mas também não devemos ter medo de desafiá-lo. Emerson apontou como era absurdo que rapazes e moças aceitem mansamente as ideias dos antigos, quando "Cícero, Locke e Bacon não passavam de jovens em bibliotecas quando escreveram seus livros".

A obra da minha vida tem sido escrever e ensinar sobre os estoicos. Espero ter, nesse processo, acrescentado algumas de minhas ideias.

De qualquer forma, o verdadeiro motivo para escrever um livro é que *você* melhora ao escrevê-lo. O tempo que passo com a filosofia estoica fez de mim uma pessoa melhor... assim como escrever *O pai estoico* (e a newsletter *Daily Dad*) me ajudou a me tornar um pai melhor.

Por quê?

Porque escrever é um ato contemplativo.

Passei os últimos seis anos quase totalmente concentrado nas quatro virtudes cardeais. E que anos foram esses: pandemia, incêndios, enchentes, ondas de frio. Demagogos e guerras. Inflação e crise na bolsa. Rupturas tecnológicas. Meus filhos crescendo. Meu cabelo ficando branco.

Como manter a sanidade em um mundo que a perdeu?

Retornando o tempo todo às mesmas verdades. Em uma de suas cartas, Sêneca disse que esse é o caminho da sabedoria: pegar um tema ou um pensamento para resumir a cada dia — algo que o fortaleça contra a pobreza, a morte, a adversidade ou qualquer coisa que a vida lhe traz, e refletir a respeito.

Produzir a newsletter *Daily Stoic*, que iniciei em 2016, é ao mesmo tempo um grande privilégio e o tipo de penitência de que falava Thomas Merton. Já são mais de 4 mil e-mails. E 700 mil palavras. E 8 milhões de envios. Só meus textos da série sobre virtude somam quase 300 mil palavras — talvez até mais se eu contasse aquilo que a disciplina exigiu que eu cortasse metodicamente no processo de edição (só no caso deste livro, foram quase 20 mil palavras).

Isso fez de mim um sábio? Não. Porém, me fez *mais sábio* do que eu seria sem isso!

E ainda me pagam para isso? Para popularizar a filosofia aplicada enquanto aprendo? É o mesmo truque que aprendi quando era criança. Além disso, é uma satisfação. É uma dívida que pago ajudando os outros.

Termino este livro no momento em que o mundo começa a lidar com a existência de formas funcionais de inteligência artificial. Enquanto escrevo esta frase, o software não apenas me dá sugestões de ortografia e me ajuda a eliminar erros como também sugere como posso completar frases ou formulá-las melhor. Se eu quiser, posso apenas clicar em outro software e pedir que escreva um rascunho para mim.

Será que devo fazer isso?

Não, porque, mais uma vez, o alerta de Sêneca de quase 2 mil anos atrás ainda é válido. Sabedoria é dedicação. Escrever é para ser difícil. É feito para obrigar você a pensar. Por isso, estou escrevendo estes capítulos com uma pilha de fichas, algumas das quais remontam há quinze anos ou mais, assim como capítulos deste livro recorrem a livros que eu li quase vinte anos atrás (Heródoto me vem à mente).

Ao mesmo tempo, há algo fundamentalmente estúpido em ser um ludita — o que me recuso a ser. É óbvio que eu consulto a Wikipédia. Pesquiso coisas no Google Books. É óbvio que ouço podcasts. Os antigos adorariam dispor dessa mágica na ponta dos dedos. A Biblioteca de Alexandria? Hoje em dia, cada um de nós tem dentro do bolso uma versão dela, que sorte a nossa... enquanto usarmos esse acesso para nos tornarmos *mais* eficientes e aprendermos mais, e não para nos tornarmos preguiçosos.

Passei muitas e muitas horas tentando entender as ferramentas de IA e os grandes modelos de linguagem (LLMs), descobrindo como poderiam me tornar melhor, com o que poderiam me ajudar. Em alguns casos, ajudaram. Em outros, relembraram-me o valor de antigas técnicas, como quando tentei confirmar uma afirmação sobre Abraham Lincoln. Primeiro, o ChatGPT me disse que era Tolstói falando de Dickens... depois tentou me dizer que vinha do livro de Hay e Nicolay, e depois me disse que na verdade ela não existia. Só quando fui folhear, página por página, uma premiada biografia de oitocentas páginas é que eu consegui confirmar que minha ficha manuscrita estava, de fato, correta.[29]

É o tipo de esforço a que é preciso estar disposto... e do qual muita gente acha que a tecnologia pode nos poupar.

Escrevo isto em uma época em que milhões de pessoas, no mundo inteiro, se entregaram a demagogos; em que estamos soterrados por ruído e desinformação. Em uma época de problemas complexos, talvez faça sentido que sejamos seduzidos por soluções simples e discursos sedutores.

Essa é a tragédia de Elon Musk, creio eu, e é por isso que neste livro ele é um dos principais pontos focais. Nunca dá para saber aqui-

---

[29] Quando diz "Não sei" ou "Não tenho certeza", a IA é particularmente terrível. Ela quer agradar você... e por isso tantas vezes acaba *enganando* você.

lo que um dia suas experiências lhe ajudarão a entender, mas, tendo sido testemunha ocular de Dov Charney na American Apparel (uma pessoa parecida quando se trata do brilhantismo e da instabilidade de Musk), acho que estava bem-posicionado para entender aquilo que falta em muitas outras pessoas inteligentes que conheço. Escrever de forma tão crítica sobre uma pessoa tão importante e brilhante não foi uma decisão fácil de tomar — afinal, já em 2017, escrevi um livro sobre outro bilionário, que gastou uma década e dezenas de milhões de dólares tentando destruir um veículo de comunicação que ele odiava. Elon Musk não apenas é o homem mais rico do mundo, com um presidente no bolso e um exército de seguidores às ordens, como também transferiu suas fábricas e empresas para a cidadezinha onde moro e onde fica minha livraria. É uma pessoa impulsiva e suscetível. Ele poderia ter criado um monte de problemas para mim.

Além disso, temos muitos amigos em comum. Já fui convidado à casa dele. Sou fã dele. Teria sido muito mais fácil e seguro escrever sobre quase qualquer outra pessoa. Tenho certeza de que uma parcela significativa dos meus leitores vai discordar por completo do meu ponto de vista.

Contudo, é disso que estamos falando, não é? Precisamos fazer o que achamos certo. Dizer a verdade tal como a vislumbramos.

Este é outro lembrete: por mais que você seja muito inteligente, muito poderoso e até muito brilhante, nada disso compra consciência, dignidade ou felicidade.

Nas *Meditações*, há um trecho interessante sobre o qual tenho pensado muito nos últimos tempos. Nele, Marco Aurélio relembra uma ocasião em que ele estava no púlpito, aclamado pela multidão. Para um homem em geral tão contido e sensato, deve ter sido uma experiência estranha, porém empolgante. No entanto, passado o prazer de ser bajulado, ele foi tomado pela culpa, envergonhado com o que havia dito. Ele comentou que a plateia não se importava nem percebeu as técnicas rasteiras que ele utilizou. "Então, é preciso ser um idiota também?", pergunta ele, contestando a própria argumentação, deixando a resposta em aberto.

Já estive errado sobre muita coisa, mas pelo menos em relação ao maior vigarista do nosso tempo posso afirmar com orgulho que não me deixei enganar um minuto sequer. Mesmo quando seria mais conveniente para mim. Mesmo quando pessoas inteligentes que eu conheço conseguiram se deixar enganar.

Não é porque o mundo atual parece cruel e estúpido que ele tem que ser. Não é porque algumas pessoas parecem se deleitar no mundo de fantasia que criaram, preferindo a ficção à realidade complicada, que devemos fazer o mesmo. É disso que trata a filosofia, disse Crisipo: não virar parte da turba e da corja.

É preciso seguir lutando, mesmo que em relativa solidão, mesmo que duvidando às vezes de nós mesmos.

Eu me nego a perder a esperança. Me nego a ceder ao cinismo.

Conheço a história. Conheço o ser humano. Ou melhor, conheço *um pouco*.

Apesar de tudo, meu coração palpita.

De qualquer forma, aqui estou eu agora, chegando ao fim desta série. Gibbon, ao terminar *Declínio e queda do Império Romano*, comentou sua tristeza por "abandonar para sempre companhia tão antiga e agradável". Não me sinto bem assim, porque a virtude não é algo que se abandone, mas há algo de melancólico em encerrar estes livros.

Sou melhor agora por tê-los escrito, não apenas como pessoa como também como escritor. É claro que, penso em todas as coisas que eu faria de outro jeito se recomeçasse agora, nas coisas que aprendi desde que publiquei o primeiro livro, em 2021. Porém, não é disso que se trata? Evoluir ao longo do caminho. Nossa missão é aprender durante nosso tempo aqui. O objetivo é deixar para trás nosso eu do passado, mesmo que nossos cadernos sejam uma forma de manter o contato com quem fomos.

No geral, porém, sinto orgulho do que coloquei no papel. Sou grato a você, leitor, por ter chegado até aqui. Obrigado.

Como uma pessoa pode saber se está progredindo se a sabedoria é tão fugidia? Da mesma forma que acontece com o horizonte. A gente nunca se aproxima dele de verdade, mas se olharmos para trás constataremos que pelo menos cobrimos uma distância enorme — dá para ver o quanto avançamos desde que começamos.

Sabe algo que notei? Fiquei mais calmo. Mais sossegado. Brigo menos. Também me irrito menos. Admito com mais frequência que estou errado.

Isso é sabedoria, disse Epicteto. Envolver-se em menos brigas, deixar mais coisas para lá, focar mais aquilo que se pode controlar. *O fluxo tranquilo da vida.*

Ainda há um longo caminho pela frente, mas me orgulho do progresso que fiz.

A consciência de si não é comum — não entre presidentes ou figurões, nem mesmo entre os escritores. Dá trabalho se submeter a uma avaliação. Na terapia. Nas conversas com o cônjuge. Sozinho, nas páginas de um diário.

Entretanto, é o único jeito. O único jeito de curar a criança interior ferida. De aprender com os erros. De descobrir quem é quem e o que interessa.

Encerro aqui esta série, mas continuo comprometido com o esforço.

Dia a dia. Página a página. Desafio a desafio.

Sábio, não. *Mais sábio.*

Miramar Beach, Flórida
Janeiro de 2025

QUAL A PRÓXIMA LEITURA?

A maioria das pessoas acha a seção de bibliografia chata. Para aqueles apaixonados por ler, é a melhor parte. No caso deste livro, que recorreu a tantos escritores e pensadores maravilhosos, não haveria como publicar aqui a bibliografia inteira. Em vez disso, preparei uma lista completa não apenas com todos os ótimos livros que influenciaram as ideias que você acabou de ler como também com aquilo que extraí deles e por que talvez você goste deles. Para obter a lista, envie um e-mail para books@wisdomtakeswork.com ou entre em wisdomtakeswork.com/books (em inglês).

POSSO RECEBER AINDA MAIS RECOMENDAÇÕES DE LIVROS?

Pode. Você também pode assinar minha lista mensal de recomendações de livros (que já está em sua segunda década). A lista cresceu e hoje reúne mais de 200 mil pessoas do mundo inteiro, tendo recomendado milhares de livros que transformaram vidas. Está disponível em: RyanHoliday.net/readingnewsletter (em inglês). Vou iniciar você com dez livros incríveis, que sei que vai adorar.

AGRADECIMENTOS

Como todo mundo neste livro, sou um produto de toda a sabedoria que me antecedeu e dos mentores e professores que me orientaram. Nunca vou me esquecer do som tonitruante da professora Whitaker no quinto ano: "O que você está fazendo?!" Ela me pegou escondendo algo embaixo da minha carteira parcialmente aberta. Veio a passos largos ver o que era. Era um livro de Louis L'Amour que eu estava lendo às escondidas. "Você consegue entender?", perguntou ela. "Consigo", respondi, "é bom demais". Em vez de ficar brava, ela me incluiu em um programa para alunos superdotados. Devo muito ao professor Dell'Orto e à professora Kars. O primeiro abriu meus olhos para a história de verdade e a segunda me incentivou a virar escritor. Um professor pode mudar o rumo da vida de alguém... e, se a vida de alguém foi transformada pelo meu trabalho, isso só foi possível porque esses três professores (além de outros, com certeza) mudaram minha vida antes.

Sou grato ao general James Mattis, não apenas por seu exemplo como também por algumas das histórias que figuram nesta série. Robert Greene, que não apenas foi meu mentor, mas também me ensinou a ser escritor. Existem poucas pessoas cuja sabedoria e cujos conselhos eu valorizo mais. Agradeço ao grande George Raveling pela mentoria. Dolores Molina, tenho muita sorte por você ter voltado à minha vida.

Preciso reconhecer aqui meus dois meninos, com quem eu estava fazendo trilha (um no carrinho e o outro no canguru) no parque estadual de Bastrop quando a ideia desta série brotou em minha mente pela primeira vez, em 2019. Foi então que comecei a ficar semiabsorvido e distraído por este projeto, e aprecio a compreensão... assim como tudo que vocês me ensinaram. Queria dizer que agora acabou, mas vocês sabem que já estou partindo para o projeto seguinte.

Obrigado a Billy Oppenheimer por toda a pesquisa que fez. Hristo Vassilev, perdi a conta de quantos livros e artigos você me ajudou a consertar. À equipe do *Daily Stoic* e do Painted Porch, obrigado — Dena Beattie, Brendan Bures, Jessica Davidson, Chelsea Debrot, Eric Empson, Jordan Gracey, Claire Hooker, Liz Shear, Ashley Weldon, Trysten Tinajero, Peyton White — por terem feito tudo funcionar e por me aguentarem. Obrigado ao meu agente, Stephen Hanselman, e a Julia Serebrinsky, cuja edição rigorosa me ajudou a cortar aquelas 20 mil palavras. Obrigado a toda a equipe da Portfolio, que, apesar de ser um selo empresarial, arriscou-se não apenas com um jovem de 24 anos interessado em filosofia da Antiguidade como também apoiou e financiou durante anos esta série de livros sobre as *virtudes*.

E, é óbvio, Samantha, obrigado por me mostrar como funciona na prática muito desse negócio de virtude... e por me cobrar por coisas que sou insano o bastante para colocar no papel.

CONHEÇA OUTROS TÍTULOS DO AUTOR

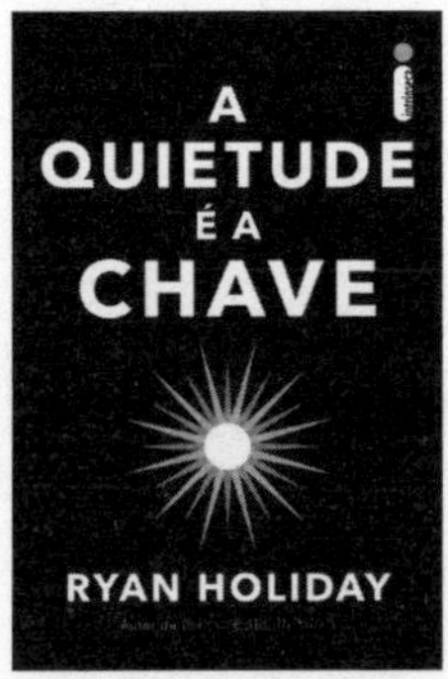

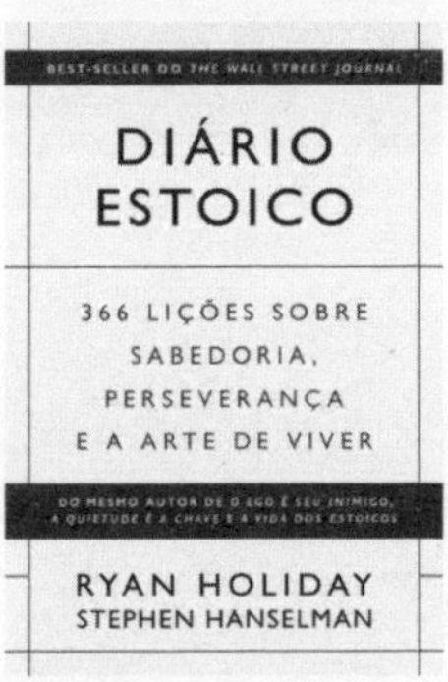

intrinseca.com.br

@intrinseca

editoraintrinseca

@intrinseca

@editoraintrinseca

intrinsecaeditora

1ª edição	JANEIRO DE 2026
impressão	IMPRENSA DA FÉ
papel de miolo	HYLTE 60 G/M^2
papel de capa	CARTÃO SUPREMO ALTA ALVURA 250 G/M^2
tipografia	REGISTER*